哭泣的耳朵

北京上河卓远文化传播有限公司 出品

苏童 著

哭泣的耳朵

苏童短篇小说自选集

河南大学出版社
HENAN UNIVERSITY PRESS

图书在版编目（CIP）数据

哭泣的耳朵 / 苏童著 . —郑州：河南大学出版社，
2013.9
ISBN 978-7-5649-1209-3

Ⅰ.①哭… Ⅱ.①苏… Ⅲ.①短篇小说—小说集—中国—当代Ⅳ.①I247.7

中国版本图书馆CIP数据核字（2013）第094064号

出 版 人　马小泉
出 品 人　张云鹏　杨全强
责任编辑　张　珊　潘　博
封面设计　周伟伟

出　　版　河南大学出版社
地址：郑州市郑东新区商务外环中华大厦2401号　邮编：450046
电话：0371－86059701（营销部）　网址：www.hupress.com
制　　作　北京百川东汇文化传播有限公司
印　　刷　开封智圣印务有限公司
版　次　2013年9月第1版　　　印　次　2013年9月第1次印刷
开　本　850mm×1168mm　1/32　印　张　10.5
字　数　218千字　　　　　　　定　价　32.00元

版权所有，侵权必究

（本书如有印装质量问题，请与河南大学出版社营销部联系调换）

目录

1 伞

14 七三年冬天的一个夜晚

26 人民的鱼

43 骑　兵

61 小舅理生

78 五月回家

94 手

111 桥上的疯妈妈

132 哭泣的耳朵

149 水　鬼

159 古巴刀

170 天赐的亲人

182 你丈夫是干什么的

196 独立纵队

208 开往瓷厂的班车

219 亲戚们谈论的事情

230 犯罪现场
241 红桃Q
252 告诉他们,我乘白鹤去了
263 稻草人
273 西　窗
283 像天使一样美丽
295 一个礼拜天的早晨
304 小　莫
316 一朵云

伞

一把花雨伞害了小女孩锦红。锦红的姨妈在伞厂工作,她从出口品仓库里捞了几把花雨伞出来,兄弟姐妹一家送一把。送给锦红家的这把伞尤其漂亮,绿色的绸布面上洒着红蘑菇,伞柄是有机玻璃的,里面还嵌着一朵玫瑰,看上去像是水晶嵌了红宝石。雨伞归了锦红,从那天起锦红天天听有线广播里的天气预报。天气预报存心与这个小女孩过不去,说明天天晴,后天天也晴,再后天是多云转晴,锦红气坏了,她冲着广播骂,讨厌讨厌,为什么不下雨?去年我没有伞,你天天下雨,等我有了伞,你偏偏不下了,气死我啦!

好不容易盼来了雨。那是一个星期天的早晨。屋檐上的雨声一响锦红就冲出去,李文芝在厨房骂女儿,说,死丫头,是短脚雨,下不长的,你急着出去显你的宝。锦红顾不上听母亲的数落,她慌慌张张地把伞打开,听见雨点打在花伞上,啪啪地响了几下,伞面就沉寂了。锦红抬头看了看天色,天气确实像她母亲所说,不像是要好好下雨的样子。锦红很失望,她站在门口,将伞转了一圈,还是没有听见雨的动静,但是下雨前街道上特有的慌乱气氛安慰了锦红。她看见小玉的奶奶抢救晾在外面的被子。不知怎么把三脚杆撞翻了,那老妇人就操着绍兴口音尖叫起来,小玉,快出来收被子了。与此同时,得了肺炎的珠珠正从她父亲的自行车上跳下来,她的头上顶着一只用手帕做的小帽子。珠珠被她父亲拉进家门的时候向锦红这里瞟了一眼。她一定看见了我手里的雨伞。锦红举着伞走到街道中央,向前后左右张望着,她想雨也许会下大的,这么多天不下雨,也该下一场雨了。

锦红打着雨伞向小玉家走了几步,夸张的步态像一只开屏的孔雀。有人注意到了锦红的伞,冯明的姐姐倚靠在门边说,锦红,在哪儿买的伞呀?这么漂亮!锦红犹豫了一下,机灵地撒了个谎,北京,在北京买的。冯明的姐姐很惊讶,追问道,你们家谁去北京了?锦红没有来得及把她的谎言编造下去,一阵大风不知从何而来,风的大手蛮横地掰开锦红的小手,那把雨伞竟然跳了起来,它在空中翻了一个筋斗,然后开始在街道上奔逃,锦红尖叫着,伞,我的伞,快帮帮我。她回头向冯明的姐姐求援,但冯明的姐姐只是弯着腰咯咯地笑。锦红就去追她的伞,伞毕竟是伞,它只有一条腿,跑不快,锦红看见它最终卡在春耕家的门洞里,不跑了。锦红松了一口气,叉着腰教训雨伞说,看你跑,看你还跑!锦红后来回想起来都是教训雨伞惹来的祸,她如果当时赶快把雨伞抓在手里就好了,可她偏偏多嘴,站在那里叉着腰教训雨伞,结果雨伞在她的眼皮底下被人抢到了手中。

春耕抢了她的雨伞。春耕把雨伞高高地举起来,端详着有机玻璃的伞柄,不让锦红接触她自己的伞。锦红跳几次,都没有够到她的雨伞,她说,你把伞还我,你不还我就叫你妈妈来。春耕说,谁说是你的伞?伞在我手里就是我的。锦红急红了眼,锦红一急就把春耕他母亲的绰号叫出来了,大屁股,她跺着脚叫道,大屁股,你儿子抢我的伞!屋里没有回应,很明显只有春耕一个人在家。锦红对包丽君的不敬把春耕惹恼了,春耕推了锦红一把,瞪着她说,好呀,我看你是不想要这把伞了,你敢骂我妈是大屁股?你妈才是大屁股,你妈不光屁股大,×也大,你妈是大×!锦红惊恐地看着春耕,更准确地说是看着春耕的手,她预感到一种危险,春耕可能会在狂怒中把她的雨伞撕成碎片。锦红的头脑中一片空白,锦红忽然尖叫了一声,然后就抱住春耕的腿,在春耕的腿上咬了一口。

现在已经很难鉴别是什么导致了锦红最终的灾难了。锦红记得春耕的腿上已经长出了男人才有的黑黑的汗毛,这本来会让锦红吃惊的,但是锦红来不及吃惊了,春耕的拳头把锦红打出去很远,撞在墙上,锦红便失去了知觉。此后的事情是锦红所有记忆中的一个黑洞,她记得是私处强烈的疼痛唤醒了她,她浮出一个深不可测的黑洞,看见春耕抓着他的短裤,坐在她身边发呆,锦红起初不知道发生了什么事情,她竭力想看清楚包围着她的幽暗的房间,依稀看见春耕家的那个笨重的五斗橱,五斗橱上的台钟,一只玻璃花瓶里插着一束塑料花,还有春耕父母的一张结婚照。锦红叫了一声妈妈,妈妈不在,她便想到了她的雨伞,她扭过头寻找着雨伞,可是春耕的黝黑的身体挡住了她的视线。春耕坐在地上发呆。锦红呻吟起来,我的雨伞，我疼。她说，疼死我了，我的雨伞呢。春耕动了一下，往上拉他的短裤，于是锦红从春耕的双腿缝隙中看见了她的雨伞，她的雨伞，伞面上的红色蘑菇闪烁着红色的光芒。

起初香椿树街上的人们不知道锦红的遭遇。

包丽君带着老母鸡、金华火腿来找李文芝谢罪。李文芝拒不见客。李文芝在里面咬牙切齿地说，我们法庭上见。包丽君在门外哭。李文芝在里面静静地听，听了一会儿，冷笑一声，说，你也哭？你哭什么？包丽君说，我哭我命苦呀，生了这么个没出息的儿子。李文芝说，现在哭迟了，你那个杂种儿子，畜生儿子，就不该让他生出来，生出来那天就该把他掐死。李文芝把话说到这份上，包丽君在门外也站不下去，掉脸就走了。

隔了一天，包丽君又来了，这次除了老母鸡和金华火腿，还推来了一辆新的永久自行车。包丽君在门外说，文芝呀，你去年托我买的自行车我一直放在心上，这回总算是弄到手啦。快开门，让我把车子推进去。李文芝仍然不开门，而且李文芝在里面呜呜地哭起来，说，该死，包丽君你也该死，你用自行车换我女儿的贞操，你该死，我要了你的自行车我还是人吗？不是人，是畜生！包丽君估计到了这个局面，她似乎有备而来，包丽君说，文芝你别嚷嚷呀，让街坊邻居听到了多不好。你就让我进来，我进来说一句话就走，行不行？包丽君的这招数奏效了，李文芝开了门，让人进来，让贿赂之物都留在了外面。

包丽君进去以后就看见了那把雨伞，雨伞挂在墙上，锦红坐在雨伞的下面，茫然地看着她。包丽君伸手摸锦红的头发，锦红闪开了，包丽君就顺势去摸那把雨伞，讪讪地说了一句，好漂亮的雨伞。李文芝把锦红推进了里屋，行啊，让你说一句话，她冷冷地看着包丽君，忽然转过身，说，其他的话都到法庭上说去。包丽君涨红了脸，说，我就说一句话。可是这一句话包丽君似乎难以出口，包丽君叹了一口气，又叹了一口气，终于憋出了那句话。其实，她说，其实，我们家春耕不满十八岁。李文芝没有什么文化，她没有听懂包丽君的潜台词，说，你就说这句话？这是什么话？不满十八岁怎么的？该杀就得杀，该剐就得剐！包丽君尽管对李文芝的愤怒有所准备，但她还是被她决绝的态度激怒了，该杀该剐由不得你，也由不得我，法院的法官同志说了才算，包丽君开始不卑不亢了，而且她用一种异常冷静的语气告诉李文芝，你再怎么闹我儿子也死不了，你再这么闹下去，锦红以后就嫁不出去了，文芝，你好好考虑考虑呀。

李文芝直到后来才彻底明白包丽君的底牌。原来底牌是春耕的年龄。李文芝听说春耕被送去少年管教所，当场就哭了，她说，这是什么王法，这个小畜生，光是管教一下就行了吗？包丽君开后门开到法院来了，她本事通天！早知道这样我就不告了，我自己动手，看我不把这小畜生给阉了！

纸终于没能包住火。很快春耕和锦红的事情在街上传得沸沸扬扬的，人们在市场和杂货店看见包丽君便左右为难，不知说点什么好，所以打量她的眼神显得有点鬼鬼祟祟的，看见李文芝，则更加不知所措，自从发生了这件事情以后，热情爽朗的李文芝就像变了一个人，走在街上，谁也不理，而且铁青着个脸，好像随时准备要杀人。

春耕是从街上消失了。锦红也不容易看见，据说李文芝后来给锦红定了规矩，除了上学，锦红不能迈出家门一步。这就像不允许猴子爬树，不允许猫捉老鼠一样，对锦红是一个天大的惩罚。邻居们常常听见锦红在家里的哭闹声，有一天他们看见李文芝怒气冲天地跑出来，把一柄绿绸面的花雨伞砸在地上，她在雨伞上踩了一气，还不解恨，又捡起来，把雨伞扔到了她家的屋顶上。

锦红惊天动地的哭声使整条香椿树街颤抖了，许多人都向李文芝家跑，等他们到达李文芝家，事件已经结束，李文芝关上了她家的门，而锦红的哭声也突然沉寂下来。看热闹的人不甘心，他们凑到李文芝家临街的窗户上向里面张望，正好遇到李文芝在窗玻璃上糊报纸，有人眼尖，看见锦红一边抹着眼泪，一边帮她母亲糊窗子。可怜的锦红，她哭过了就做事，替母亲扶着凳子，手里还端着一碗糨糊。

锦红的故事也是一把折断的雨伞，随着有人修好雨伞，再次把伞打开已经是二十年以后了。

一个人在二十年中可以经历许多事情，对于锦红来说，她的履历写满了不幸。她的不幸五花八门：早年丧父（她父亲是卡车司机，有一年除夕急着从外地赶回家过年，出了车祸），童年受辱失身（这事大家都知道了，不宜再提），少女时代得过腮腺炎、甲状腺炎，还得过肝炎（这使锦红的肤色灰暗，眼睛像鱼一样向外面鼓起来。不适宜体力劳动，招工的时候勉强进了油品仓库当保管员，仓库在很远的郊外，每天上下班恰好最需要体力）。最主要的不幸当然是她的婚姻。锦红的丈夫是李文芝相中的，是个干力气活的建筑工人，李文芝认定女婿忠厚可靠，对锦红会好，李文芝的判断没有什么错误，那男人的品德没有问题，问题是出在难于启齿的方面，女婿天天要做那件事，锦红天天拒绝那件事。女婿恼羞成怒，就开始打锦红，起初是威吓性质的，打得不重，后来看锦红在这事情上毫不妥协，就开始大打出手。锦红也古怪，情愿受皮肉之苦，也不愿意与丈夫行房事，那个建筑工人头脑简单，也不知道打听一下锦红的身世，一味地用暴力解决问题，有一次用皮带襻子把锦红的额头打出了一个洞，锦红用一块手帕捂着额头跑回了家，浑身上下都是血，一进家门就说，妈，看你给我找的好人家！李文芝又急又气，替锦红包扎伤口时，随口问了几句，都问在点子上，于是就知道是怎么回事了，李文芝也不净是护犊子，她说，你这个死脾气，也是找打，天下哪对夫妻不做那号事，他打你，一半是他错，一半是你错。锦红一听这话就呜呜哭开了，说，那你让他把我打死算了，打死我我也不跟他做！锦红把母亲推开了，李文芝站在一边，恨铁不成钢地看着她，过了一会儿，她醒过神来，卷起袖子说，不行，得去找他算账，否则他以为我们孤儿寡母好欺负，打上瘾了还得了？

　　李文芝集合了几个身强力壮的亲戚去找女婿算账，走到铁路桥那里，正好看见春耕的修车铺子，春耕正在替人修理自行车。李文芝的腿一软，就蹲下来了，李文芝突然发现了一个祸害的根源，她蹲在路上，被痛苦压得站不起来，亲戚们问她，不去找小张算账了？李文芝摇摇头，眼泪一下溢满了她的眼眶，二十年以后李文芝再也无法在众人面前藏匿那段往事，李文芝指着春耕说，该打的是那个畜生，你们上去打他，往死里打，把他打死了，我去替你们偿命！

那些亲戚看见春耕向李文芝这里瞟了一眼，立刻就钻回到他的修车棚里去了。亲戚们都没有丧失理智，他们虽然记得那段令人难堪的往事，但谁会为了往事去侵犯一个街坊邻居呢，况且谁都沾过春耕的光，人家现在学好了，给邻居们补胎打气，一分钱也不收。亲戚们后来就本着大事化小的原则，把李文芝从春耕的修车棚那里劝走了，一直劝回了家，他们的态度很清楚，该打的要打，不该打的不打，如果李文芝原谅了她女婿，该打的也可以不打。

锦红的婚姻不伦不类地维持了好几年，她一直住在娘家，丈夫不答应，来拽她回去，李文芝出面调停，说回去可以，但有个条件，那件事情，一个星期最多做一次，女婿答应了，锦红却涨红脸叫起来，说，一次也不行，要做你跟他去做！李文芝气得扇了锦红一个耳光，李文芝说，你这个死人样子，结什么婚，世上女人结婚都要做那事的，你这么犟，只好嫁太监！锦红还是很冲动，说，谁要嫁，是你逼我嫁的！李文芝是做惯了女儿主的，偏偏在这种事情上没法做她的主，李文芝又气又急，听见炉子上水煮开了，正要走过去的时候人突然不会动弹了，李文芝僵硬地站在那里，眼睛愤怒地斜视着锦红，嘴巴也是歪斜的，锦红尖叫起来，上去抱住母亲，她丈夫这时候反应倒是很快，说，大概是中风了。你看你，把你妈气中风了。

所以锦红的不幸好比六月的梅雨，梅雨一场一场地下，她却没有了那把雨伞，不幸的雨点每一点都瞄准她，及时地落下，不让锦红有任何走运的机会。锦红是认命的，冬天邻居们看见锦红扶她母亲出来晒太阳，喂她吃饭，夏天锦红把母亲抱到一只大木盆里，为她擦洗，洗好了还要搽上一脖子的痱子粉。锦红做这些事情时无怨无恨，邻居们突然记起锦红是嫁了人的，怎么光是伺候母亲，丈夫也不要，家也不要了，他们绕着圈子问锦红，锦红从不回答不该回答的问题，倒是李文芝，虽然说话很不利落了，还是用简短的回答打发了那些好事的邻居，离——了，她说，畜——生。后面这句话当然是骂她女婿小张的，别人不会见怪。

锦红也许是世界上最应该离婚的人。她的离婚因此倒不能算是不幸。锦红有时候愿意和她的小学同学小玉说点知心话，锦红向小玉描述了她离开丈夫的最后时刻，她说她回家正好撞见她丈夫和一个女人在做那件事，丈夫和那个女人都很慌张，他们盯着她，防备她做出什么举动，但锦红什么也没做，她从床边绕过去，拿了东西就走了。小玉听了很惊讶，问锦红，你回家拿什么东西？锦红说，雨伞，拿一把雨伞，我最喜欢那把雨伞。

二十年过去以后锦红仍然酷爱雨伞，也许这是锦红的故事能够讲到最后的唯一的理由。

李文芝去世之前人很清醒，口齿也突然变得清楚了，她嘱咐自己的兄弟姐妹照顾锦红。人之将死，其言也善，李文芝却特别，她对兄弟姐妹说，你们如果亏待了锦红，我变了鬼魂也不会放过你们。一边的亲人都听得倒吸了一口凉气。

锦红一个人留在了世上。锦红的头发上别着一朵白花在香椿树街上来来往往，面容有点憔悴，肤色还是粗糙而焦黄，但看她的样子也没有什么受难的迹象，她一个人住在她出生长大的房子里，似乎一生从来没有离开过这间房子。她的舅舅和姨妈信守诺言，经常带着吃的用的来看她，锦红却嫌烦，而且从来不掩饰她的厌烦情绪，你们别来，她说，你们不来烦我就是照顾我了，有空去照顾照顾你们自己的孩子。锦红的一个舅妈来给锦红说媒，锦红居然把她从门里推了出来，舅妈见不得这种不知好歹的脾气，拍腿跺脚地说，我再管她的闲事我就是狗，让她妈妈的鬼魂来找我好了，鬼魂怎么的，鬼魂也要讲道理！

没有人知道锦红对未来的生活有何打算。她的亲戚同样也不知道。锦红对她的同学小玉是比较亲近的，她告诉小玉别再为她介绍对象。我迟早是要结婚的，锦红说，没你们的事，我心里有主张。小玉曾想打探那个人选，费尽了口舌也没成功，只是听锦红说，妈妈反正不在了，我的事我自己做主。

谁也猜不到锦红心里的那个人。也许这会儿有聪明的读者已经猜到了那个人，猜到了也没关系，反正锦红的故事说得差不多了。

锦红生命中值得纪念的第二个雨天很快来临了。那是一个大雨滂沱的日子，傍晚时分下班的人群顶着雨披骑着自行车仓皇穿越雨雾，街上一片嘈杂。锦红扶车站在铁路桥的桥洞里，她没带任何雨具，看样子她是在躲雨，小玉路过桥洞时看见锦红，她停下来要把雨披借给锦红。锦红摇头，她说是自行车的车胎被扎破了。小玉顺手指了指旁边春耕的修车棚，说，那赶快去补胎呀。锦红笑了笑，说，是呀，得去补胎。小玉骑上车以后才意识到自己的建议不合理，她也是知道锦红和春耕二十年前的过节的，小玉回头看看锦红，正好看见锦红在桥洞里打开一把雨伞，一把玫瑰红色的尼龙伞，小玉还纳闷呢，她带着伞，离家又这么近，为什么站在桥洞里躲雨呢？

二十年以后锦红打着一把玫瑰红的雨伞向春耕的车棚走去。春耕对即将发生的传奇毫无觉察，他看见一把雨伞突然挤进了他的局促的修车棚，许多水珠洒落在地上，然后他看见一个女人的脸从雨伞后面露出来，是锦红的脸，锦红的神情很平静，但她的嘴唇在颤动，锦红枯瘦的面颊上很干燥，没有淋雨的痕迹，可是她的眼睛里积满了水，她的眼睛里在下雨。

锦红坐了下来，坐在一只小马扎上，身体散发着隐隐的雾气。她的目光省略了春耕的脸，在他的膝盖和手之间游移不定。

春耕不敢相信自己的眼睛，他的手上还抓着一团擦油用的纱团，你来干什么，春耕没法掩饰他的慌乱，他把纱团塞进了裤子口袋，你要修车吗？

锦红仍然盯着春耕的膝盖，锦红说，今天我送上门来了，我们的事，得有个结果。

什么结果？什么结果不结果的。春耕嘟囔着，向后面缩了缩，他说，都过去二十年了，你没看见这二十年我是怎么过来的？你还要什么结果。

你在装傻？锦红说，我送上门来，难道是找你来算账的？你这样装傻可不行。你一直是一个人，我现在也是一个人过，我的意思，你要我先开口吗？

春耕这回听清楚了，春耕还是不相信自己的耳朵，二十年的往事在这个瞬间全部浮上了心头。春耕有点害怕，有点茫然，有一点惊喜的感觉，也有一点虫咬似的悲伤。春耕不敢相信自己的眼睛，他看见锦红的一只手迟疑地解开了衬衣的第一颗纽扣，锦红浅短的乳沟半掩半露，一颗暗红色的疣子清晰可见。春耕突然嘿嘿地笑了，你是糊涂了？他说，你没听说我跟冷娟的事？卤菜店的冷娟。我们好了两年了，别人都知道，你不知道？

锦红湿润的身子颤动了几下，她的胸腔内部一定发出了尖叫声，只是春耕没有听见。她没有叫出声音来。锦红的目光变得僵直，一点一点地下坠，落在春耕的鞋上，是一双穿破了的旅游鞋，鞋上沾了一块湿泥。锦红慢慢地伸出一只手，把那块湿泥抠掉了。锦红突然清了清嗓子，说，如果我和冷娟都愿意，愿意跟你，你会选谁？

春耕用一种近乎好奇的眼神看着锦红，很明显他想笑，因为忍着不笑，他说话的声音听来有点轻佻，选你——春耕模仿某种笑话的程式，拉长了声调说，那是不可能的。当然选冷娟，她长得漂亮。

春耕说完就后悔自己的言行了。他看见锦红跳了起来，锦红满脸是泪。锦红抓着雨伞像抓着一把复仇之剑向春耕扑来，伞尖直刺春耕，第一下刺到了春耕的胳膊，第二下刺到了春耕的大腿，第三下却扑了空。锦红栽倒在一堆废弃的自行车轮胎中，一动也不动。春耕吓坏了，正要去拉锦红，锦红已经爬了起来，敏捷地躲开了春耕的手。锦红脸色煞白，站在门口整理着衣服，她向车棚的外面张望着，东面看一看，西面看一看，前面也看一看，然后飞快地冲了出去。

大概是一个星期以后，锦红的姨妈到春耕这里来补胎，小玉恰好也来打气。春耕听见两个女人在谈论锦红的再婚。提起锦红，春耕便觉得胳膊上和大腿上的伤处隐隐作痛，幸亏她们谈得更多的是锦红的新丈夫。姨妈说锦红是瞎了眼睛，挑那么个男人，快五十了，还有糖尿病！小玉依然是为她的朋友说话，她说，锦红自己有主张，她早就选好老梁了。老梁会对锦红好的，锦红看人的眼光，不会错的。

春耕没说什么。女人说话时春耕从不插嘴。他一直耐心地听两个女人说话，等到事情都做完了，春耕从车棚里抓出一把雨伞来，塞给锦红的姨妈，说，是锦红的伞，替我还给她。

七三年冬天的一个夜晚

一九七三年冬天的一个下午,白马湖五七干校的高音喇叭催促一个姓佟的干部去团部办公室,佟文光,佟文光,赶快到团部来!女播音员的声音听上去很不耐烦,佟文光跑哪儿去了,他的家属来了,最后一次广播,佟文光赶快到团部来,再不来我不管了,我要下田劳动了!然后是播音器材被什么东西擦碰的声音,夹杂着一个小女孩嘤嘤的哭声。广播里反常的声音引起了干校所有人的注意,农田、猪圈里的男女干部都好奇地望着高音喇叭。佟文光是谁?是燃料公司那个老佟吧?突然喇叭里的女声把大家吓了一跳,佟文光,你耳朵聋了?女播音员明显是愤怒了,她说,佟文光,你女儿在这儿哭呢!

佟文光是我父亲。那天的事情不怪他,不怪他耳朵,他当时正在湖边围湖造田,湖边的高音喇叭原来是好的,但是一场大风把电线刮断了,他什么也没听见。他是五七干校的劳动能手,劳动能手在劳动的时候是很专心的,他才不会去关心远处喇叭里嗡嗡地在说什么。

所以佟文光临近天黑才见到我姐姐。我姐姐坐在团部的会议室里，背上的一个包裹卷仍然坚固地缠在她的背上，看上去像一个逃难的驼背小姐，她的左手抓着一只黑色的人造革包，右手抓着一只红薯。人造革包是佟文光以前上班时用的公文包，而红薯是那个急躁的女播音员送给她吃的。佟文光进去的时候看见我姐姐张大嘴，满脸是泪，他知道这个馋嘴女孩是让红薯噎着了，于是他冲过去对着女孩背上的包裹卷猛拍了一下，我姐姐就哭出声来了。

佟文光接待的是一个不速之客。他把包裹卷从我姐姐身上卸下来，去隔壁向人要了一杯热水，估计她嘴里的红薯不碍事了，就开始训斥我姐姐。

胡闹。谁让你来的？他说，妈妈身子不方便，你不在家帮她做事，跑这儿来干什么？

不是我要来的，是妈妈让我来的！

你妈妈胡闹。大老远的，这么冷的天，她让你来干什么？

妈妈说降温了，让我送你的大棉袄来，怕你受冻又犯胃病嘛，还有围巾，还有棉鞋，还有甜面酱。说到甜面酱的事，我姐姐就站起来，小心地打开了那只人造革包，没有打翻，她欣喜地叫起来，一点都没有打翻！

胡闹。我父亲捏了一下包裹里的东西，说，我是在干校，又不是去西北垦荒，怕我冻着饿着？还带甜面酱，不怕让人——姐姐，你又挖鼻孔，不准挖鼻孔！

我姐姐的手被佟文光一把抓住了。那双小手让西北风吹得又红又胖，手背上新生的冻疮清晰可见。又长冻疮！佟文光皱着眉头，他在我姐姐的手上揉搓着，突然想起一个关键的问题,这么冷的天,这么远的路,妈妈怎么让你来了?

我姐姐扭着身子,努力挣脱我父亲的大手,别搓,越搓越痒痒——便车,她说,是妈妈厂里的便车。张叔叔把车停在砖瓦厂,让我自己问路,我就问路,有个男孩很坏,他不肯好好给我指路,还像个特务似的跟着我,幸亏我跑得快,我把他甩掉了。

你从砖瓦厂下的车?我父亲惊叫起来,从那里走过来有五里多地呀,胡闹,你妈妈在胡闹!我不是写信告诉她了吗,挺着大肚子,绝对不能来干校,胡闹,不让她送,就让孩子来送!五里地呢,这么冷的天,谁让她送东西的,我什么也不缺,送个屁呀!

佟文光有点气急败坏,但我姐姐很冷静,她看见会议室外面有人向这儿探头探脑的,你嚷嚷什么?她像我母亲那样向父亲翻了个白眼,说,狗咬吕——洞洞,不识好人心。虽然吕洞宾的名字记错了,大致的意思是对的,所以佟文光立刻收敛了他的火爆脾气。他把东西都挎在肩上,拉着我姐姐的手就向外面走,胡闹,让孩子受多大的罪,五里地,这么冷的天,让孩子走五里地!佟文光一路走一路埋怨着我母亲,但他也清醒地知道这损失补不回来,他只能从别的方面向我姐姐作出补偿,谁都知道我姐姐是个馋嘴小姑娘,吃?佟文光突然大叫一声,不好,食堂快关门了,我们快跑!

饭后散步的下放干部们看见我父亲和我姐姐向食堂仓皇奔去,他们说,老佟,是你女儿?你们父女俩在开运动会呀?我父亲没心思回应别人的幽默,他说,她饿坏了,带她去吃!

食堂快关门了,他们几乎是冲到了售饭菜的窗口。从半掩的窗外能看见里面的大桌子,桌子上盛饭的大铝盆只剩下一点米粒,盛菜的盆里还剩下一些酱油汤。有个大师傅对佟文光说,这么晚来吃饭?只有几个红薯了!我姐姐当即就跺起脚来,我不吃红薯,我不吃!佟文光有点慌张,他说,那你要吃什么?什么都没了嘛。我姐姐说,我要吃炒鸡蛋!佟文光说,你这孩子,告诉你什么都没有了,你还要炒鸡蛋!我姐姐说,我就是要吃炒鸡蛋!佟文光摇了摇头,他的脑袋钻到窗内,开始和里面那个大师傅交涉,刘师傅,特殊情况特殊处理一下,行不行?小孩子饿坏了,你就给她炒两个鸡蛋吃吧。大师傅说,你让我做小灶?不行,我要下班了,你们要吃就吃红薯,不吃我就关窗子了。佟文光大叫起来,别关窗子,你这是什么服务态度?这么一句话把大师傅惹恼了,他说,我就是这个态度,你脑袋闪开,压破脑袋可不怪我!大师傅把窗往下拉,佟文光拼命顶着那窗子,什么态度?他怒吼着,什么态度?他们这么一闹把我姐姐急坏了,我姐姐就在一边拉我父亲的衣服,她说,你们别吵了,我不吃炒鸡蛋了,我吃红薯,吃红薯!可是佟文光犟脾气上来了,他一边用头和脖子顶着窗,一边还腾出一只手去指着大师傅的鼻子,胡闹!你还有没有一点革命人道主义精神?他说,我在这里下放锻炼,我女儿来给我送棉衣,她才九岁,这么冷的天,她走了五里地才找到这里——佟文光说到这里声音突然哽住了,情绪的波动影响了他的斗志,他的脑袋终于从窗子里退出来,我姐姐看见他用衣袖抹了抹眼睛,然后他的大手在空中劈了一下,不吃他的饭!他拉着我姐姐的手向食堂外面走,说,不吃了,现在不是三年自然灾害,饿不死人!

他们从外面绕过食堂的厨房,看见那个大师傅在窗前向他们张望,我姐姐清楚地记得他突然推开厨房的窗子,手举两个鸡蛋,向她挤眼睛,他用其中一个鸡蛋轻轻敲着另一个鸡蛋,这意思再明显不过,炒鸡蛋还是有希望的。我的馋嘴姐姐就走不动路了,她也不懂得摆个架子什么的,盯着人家手里的鸡蛋,好像一辈子没吃过鸡蛋。然后他们父女俩在那里开始拔河了,一个要向前走,一个要往后退。值得描述的当然是佟文光,他冷冷地瞥了眼大师傅和鸡蛋,说,走啊!他用一只手按着我姐姐的脑袋,不让她扭头看那两只鸡蛋,颤抖的手指反映了他犹豫的心情,但是犹豫仅仅是几秒钟,那只手突然恢复了力量,犹如推土机一般推着我姐姐走,他说,孩子,做人要有志气,说不吃就不吃,我们回宿舍去,我去借个电炉,借些鸡蛋,我们煮鸡蛋吃!

直到此时,我姐姐仍然没有把最重要的消息告诉父亲,由于炒鸡蛋的原因,她一路上闷闷不乐,撅着个嘴。我父亲问什么,她都不肯好好回答。很快宿舍区一排排平房出现在我姐姐眼前,其中一个窗口闪烁着电视机模糊的图像,声音却是清晰的,一个藏族女歌手正在电视机里唱歌,金珠玛米亚古度,亚古度。我姐姐尖叫起来,电视机!这么一来拔河又开始了,我姐姐要去看电视,我父亲要让她去宿舍。他们在那里拉拽,路过的下放干部都笑,老佟,你们父女俩在拔河比赛呢?佟文光说,不听话,刚刚嚷嚷要吃,这会儿又要看电视!我姐姐从小难缠，这一点佟文光是知道的，为了避免在众人面前的尴尬，他许诺我姐姐，吃完鸡蛋就带她去看电视。这么着佟文光终于把我姐姐拉到了宿舍门口，进宿舍以前，佟文光打定主意要问清楚一件事，他弯下腰，将嘴巴凑到我姐姐的耳朵边，你妈的肚子，他说，她的肚子怎么样了？我姐姐那年才九岁，也不知道她是懂事呢，还是不懂事，她就是不肯痛痛快快地把我出生的事情告诉父亲，她偏要卖关子，什么肚子？佟文光就耐着性子比划了一下大肚子的模样，他说，你妈妈肚子里的小宝宝，怎么样了？这么一问所有的事情终于水落石出。我姐姐很不情愿地通报了我出生的消息，昨天就生了，她一边吸溜着鼻子，一边向父亲的宿舍里面张望着，她说，是弟弟，弟弟也没什么稀奇的，像个小老鼠，比小老鼠还难看。

佟文光就是这时候开始忙乱的，他什么也没说，只是用狂喜的目光和莽撞的动作表达他的心情，他把我姐姐按在属于他的床铺上，说，你坐着别动。我去给你弄鸡蛋！佟文光冲出去，一只脚踢翻了人家的脸盆，脸盆的主人抗议说，老佟你怎么回事，慌慌张张的！佟文光慌慌张张地出去了一会儿，又慌慌张张地回来，他没有带回鸡蛋来，带回来一只尼龙网兜，网兜里装着一堆红薯，还是红薯。我姐姐立刻叫起来，我不吃红薯！佟文光如梦初醒，他说，我忘了，我再去。这一去起码花了一刻钟，我姐姐眼巴巴地等着鸡蛋，心里还想着电视，所以那些叔叔伯伯跟她说话，她全当耳旁风。宿舍门上的棉帘再次被佟文光撞开了，这次我姐姐预感到了什么，她瞪大眼睛，惊恐地看着佟文光手里的另一只更大的网袋，更大的网袋里装着更多的红薯。佟文光站在门口,咧着嘴笑了一会儿,然后他像是对他的战友,也像是对我姐姐宣布,我请假三天,我爱人生了个儿子!一切来得太突然,我姐姐没来得及追问鸡蛋的事,甚至来不及哭,她像一只悲伤的胡蜂绕着佟文光转圈,一心阻止佟文光收拾行李,但你想想这事怎么阻止得了,很快佟文光把两只尼龙网袋挎到了肩上,然后他在宿舍里追逐四处逃窜的我姐姐。有人劝佟文光明天再上路,他们说,老佟你怎么回城?这么晚了,没有车了呀!佟文光在捕捉我姐姐的空隙里回答了战友的疑问,他说,不怕,搭便车去,不行的话就走回城去,只当是夜行军。

就这样,我姐姐哭着闹着离开了五七干校。她的这次旅程之冤屈程度放在现在,应该可以进入吉尼斯世界记录。

一九七三年冬天的一个夜晚,北风料峭,佟文光拉着我姐姐在白马湖一带的低洼地里逆风而行。稀薄的月光照耀着白菜地、萝卜地和红薯地,照耀着泥泞的通往大堤的小路,在穿越一片坟地时,我姐姐自觉地停止了她的哭闹,她顺从地让父亲握紧她的手,出于对鬼魂的想象和恐惧,她把脑袋钻进了佟文光的棉大衣里。感谢坟地帮了佟文光的忙,感谢故事传说中的大鬼小鬼红毛鬼绿毛鬼把我姐姐的嚣张气焰打了下去,佟文光一边阻止鬼魂来骚扰我姐姐,一边尽情地打听起儿子出世的消息来。

是个弟弟?你没有弄错,看见他的——那个,是弟弟?你看见了?看见他的小鸡鸡了?

谁要看他的小鸡鸡?是张阿姨非让我们看。丑死了,他像个老鼠!

那你还是看见了嘛。是小弟弟。他有多大?几斤重?

谁知道?像一只老鼠——比老鼠大多了,比——猫大,跟对面老铁匠的狗差不多大。

不该这么说你弟弟,什么猫啊狗啊,你是姐姐,姐姐不能这么说弟弟。现在谁在医院里照顾妈妈?

不知道。妈妈没让我照顾她,她就让我给你送棉衣。她答应让我住宿舍的,——我不要回家,我要住宿舍,我从来没住过宿舍!

别嚷嚷,一嚷嚷鬼火又要出来了。到底谁在陪妈妈?妈妈一个人在医院里?你怎么不去陪她?

我不知道。妈妈就让我给你送东西,没说让我去陪她。

你怎么什么都不懂?胡闹,妈妈刚刚生了小宝宝,怎么能让她一个人在医院里?你去告诉大舅了吗?小姨?胡闹!那绍兴奶奶呢,你也没告诉?你这孩子,这不是胡闹吗!

你也嚷嚷了,大人嚷嚷鬼火也会出来的!

我们谁也别嚷嚷,爸爸轻轻地问你话,你轻轻地告诉我就行了。谁在医院里照顾妈妈?

我不知道。妈妈没让我告诉他们,她光让我来给你送棉衣。她说是早生,本来下个月才生的,张阿姨说妈妈不该去搬那包水泥,一搬水泥就早生了,要不是早生,妈妈就自己来送了。

你乱七八糟说些什么,你妈妈是早产了。她不该这么拼命干活的,胡闹,他们厂的领导混账,让一个孕妇搬水泥!

你又嚷嚷，鬼火又来了，快把我的眼睛蒙上——电视！我要回去看电视！

不过也不能都怪人家领导，她就是不惜力，先进生产者嘛，挺那么大个肚子，还在那儿争先进。你干什么？别胡闹，往前面走，快走。

我走不动了。我要回去，我要看电视！

胡闹。电视早没了，你想想电视里的人不要睡觉吗。坚持一下，看，我们到大堤了。

我不要大堤。我肚子饿，肚子疼，我要吃鸡蛋！

别嚷嚷！越嚷嚷越饿，吃红薯吧。红薯抗饿，以前红军长征时都没有红薯吃。鸡蛋就是你们小孩子爱吃，其实鸡蛋不是什么好东西。不消化，吃了爱放屁，卜，卜，卜，老是放屁，臭死了！

你骗人，吃红薯才会放屁，吃一个鸡蛋就像什么也没吃，怎么会放屁？

他们爬上了大堤，堤上的风更加肆虐，风将土路两侧的杂树灌木林吹得飒飒作响，月亮跟着他们走了一程，忽然失去耐心，躲进了云层，于是旷野里的黑暗看上去更加浓重了，只有远处的五七干校方向闪烁着几点浑黄的灯光。大堤上有一条路，他们站在路上。佟文光对我姐姐说，跺跺脚，别光站着，要不你脚上也要长冻疮了。我姐姐说，我要回干校，我要回去睡宿舍！我姐姐推搡着佟文光，佟文光说，回去你不怕让小鬼抓了去？不能回去。我姐姐眼泪汪汪，她说，你骗人，干校人多，鬼魂不敢来，这里一个人也没有，我们站在这里才会被鬼魂抓走！佟文光被逼得没办法，只好说了实话。我们大概走错路了，他说，黑灯瞎火的，看不清路嘛，我们在这里等等看，会有拖拉机过路的，附近村里人经常开拖拉机去城里送菜。

一九七三年冬天的一个夜晚，在一条荒凉漆黑的堤坝路上，佟文光将我姐姐藏在他的棉大衣里，顶着凛冽刺骨的寒风，等待某辆拖拉机的到来。

很明显佟文光的回城计划是狂热而不切实际的，我姐姐虽然才九岁，可她从来不是个好骗的傻瓜，她放弃了电视、鸡蛋和宿舍生活，难道是为了在寒风中等一辆并不存在的拖拉机吗？你骗人，你故意不让我看电视吃鸡蛋！我姐姐哭，哭得上气不接下气，送我去宿舍！她用脚去踢佟文光，送我回去，我要看电视，我要睡觉，我要那张上下床！佟文光不能容忍孩子的无理取闹，但是如果是有理取闹，他也没什么办法，那天在大堤上佟文光让我姐姐闹得没办法，后来干脆把我姐姐扛在肩上走。佟文光知错认错，他默认了自己的错误，但他还是不断地向我姐姐强调客观理由，这是近路，省下十里地，我们能早到半个钟头。他扛着我姐姐向公路方向走，他说，你是小学生了，该知道什么叫归心似箭，我们是不该走这条路，可是，归心似箭呀！我姐姐才不理会什么归心似箭呢，她趴在佟文光的肩上，像一只不安的小鸟栖息在某棵大树的树枝上，起先她嘤嘤地哭，泪眼瞪着夜空中的星星，星星没碍着谁，你瞪它它也瞪着你，渐渐地我姐姐的上下眼皮打架了，她放弃了一切努力，呼呼地睡去了。睡意蒙眬中她觉得佟文光在拍她，妞妞，别睡，不能睡着！我姐姐不管这一套，她只顾趴在佟文光的肩上睡，而且她还危言耸听地咕哝道，爸爸，我快死了！

去城里送菜的拖拉机没有出现，或许那天夜里拖拉机手嫌天气太冷，没有出门，或许拖拉机从另一个方向驶向城里了，或许附近的拖拉机只是偶尔在夜间去城里送菜，或许关于拖拉机的说法只是我父亲的一厢情愿，谁知道？那些归心似箭的人，对于交通工具总有这样那样不切实际的幻想。

一条道走到黑，说的就是佟文光那天夜里的行程。佟文光后来脱下他的棉衣把我姐姐抱成一团驮在身上，两只装红薯的网兜则悬挂在胸前，他在大堤上一路小跑——不跑不行，他里面就穿了一件毛衣，他有严重的胃病，如果不那么拼命跑会冻出病来。但是跑着跑着他意识到自己选择的路线不是近道，他怀疑自己多跑了十里冤枉路，后悔没什么用。他向远处的公路一路小跑着，听见自己身体的各个器脏和关节正在散架，变成了拖拉机的零件、引擎和油箱，他听见这辆拖拉机在黑暗中突突地向前冲，引擎在勉励油箱：加油，去看儿子！车轴在为轮胎打气：别泄气，去看儿子！去看儿子！除此之外，佟文光还感觉到一棵沉重的热乎乎的大白菜在车斗里摇晃——那是我姐姐，是佟文光最疼爱的女儿，谁知道她是怎么想的，那样的一个激动人心的夜晚，她竟然在我父亲的背上睡着了。

一九七三年冬天的一个凌晨，我在妇产医院的病房里看见棉门帘被什么撞开了，一个怪模怪样的男人浑身冒着寒气，弓着身子站在那里，向我和我母亲傻笑，我发现那男人的背上有个东西突然冒了出来，是一个睡眼惺忪的小女孩，小女孩蓬乱的头发上同样散发着冰冷的寒气，她木然地看着我，间或打一个哈欠,我发现她的小脸上到处是鼻涕和眼泪的痕迹。

那会儿我出世才三天,除了母亲的乳房,我谁也不认识。我被两个不速之客吓着了,所以我用尖锐而响亮的哭声表示了抗议。

谁让你来的?

谁让你们来的?

这是无法抗拒的事情了,他们还是来了。两个冬夜来客,一个是我父亲,一个是我姐姐。

而医院的窗外开始飘起了鹅毛大雪。

人民的鱼

春节临近,鱼的末日也来临了。我们街上的傻子光春热爱垂钓,有一天他从铁路那边的鱼塘回来,棉裤是湿的,裤腿上结了一层冰碴儿,他扛着一根用晾衣竿做成的竹子鱼竿在街上走,沿途告诉别人一个古怪的消息。他们把抽水机搬去了,鱼塘里的鱼就哭起来了,他说,鱼塘里有好多鱼,都在水底下哭!

没有人在意傻子光春的话,大家已经在街上看见了鱼,已经有好多鱼告别了河流和池塘,来到了我们香椿树街,让智力正常的人们感到纳闷或者不公的是鱼的去向,干部居林生的家似乎变成了一口鱼塘,那么多的鱼都游到他家里去了。

善妒的邻居们倚门传播着这件事情,他们指着几只在街上疾奔的猫说,看见了没有,居林生家快成鱼塘了,街上的猫都在往他家跑呢。

鱼和送鱼的人在香椿树街127号门口来来往往。多少鱼呀,有的鱼很威风,是从红旗牌小轿车上下来的,有的鱼坐着面包车、卡车、拖拉机来,也有的鱼被人随便挂在自行车车把上，很委屈地晃荡了一路，撅着个嘴来到了居林生家的天井。居家的天井里荡漾着鱼类特有的甜蜜的腥气。青鱼、草鱼、鲤鱼，还有黑鱼，几乎都是五斤以上的大鱼，它们水淋淋的，嘴上被人拴了根草绳，有的绳子上还绑着纸条，未及腐烂的纸条上那个"居"字还清晰可见，含义很明显，这是一条属于居林生的鱼，那么多鱼，躺着的挂着的，都是居林生收到的年货。鱼与鱼之间本来素不相识，来到这么个神秘陌生的地方，死去的鱼保持沉默，幸存的活鱼大多瞪着迷惘的眼睛：这是什么地方？他们要拿我们怎么样？可惜鱼儿们都只能躺在地上，连呼吸都困难了，也就不能交谈。也许有几条聪明的鱼知道自己是一种年货，但再聪明的鱼也无法了解近年来人们送礼的时尚，这时尚可说是抬举鱼类，也可说是与鱼类为敌，不知是从哪个部门哪个区域开始的，鱼流行起来了。本地人将鱼作为最吉祥最时髦的礼物，送来送去，在春节前寒风凛冽的街头，随处可见人与鱼结伴匆匆而行，这景象使冬天萧瑟冷寂的香椿树街显出了节日喜庆祥和的气氛。鱼不懂事，年年有鱼，年年有余，连小学生都懂得其中的奥秘，鱼类自己却不懂。鱼不认识字，不懂谐音，不懂灾难为何独独降临到鱼类身上，它们悲愤地瞪着眼珠子，或者不耐烦地甩着尾巴，有的用最后一点力气在人的手下跳跃着，抗议着，但我们知道，失去了水以后鱼的所有愤怒都是徒劳的，怎么跳也跳不回池塘里去了。

　　一到过年，居家宾客盈门，我们也就有机会看见我们街上最大的干部居林生了。尤其是傍晚时分，居林生夫妻经常站在门口送客人，有时候是柳月芳送，有时候是居林生送，有时候客人明显来头不小，夫妻俩就一起出来送客。居林生当时尽管只是个科级干部，但他的肚子已经像领导一样鼓得规模很大了，他剔牙齿剔得厉害，大家看见他挺着将军肚，一手叉腰，另一只手随意地向客人挥着，眼睛尖的邻居会注意到他的另一只手上还抓着一根牙签呢。相比之下，柳月芳送客有送客的礼数，她笔直地站在门口，脸上堆满了热情的笑容，大家都能听见她清脆的声音，过年来吃饭，一定要来啊，不来看我以后怎么骂你！

好东西多了也棘手，那么多鱼把柳月芳忙坏了。她是个街道办事处的妇女干部，与人打交道的，现在却被迫与鱼群打成一片，所有鱼种中柳月芳最喜欢黑鱼。黑鱼是唯一体贴主人的鱼，柳月芳把它们扔在一只水缸里，黑鱼翻一个身便游开了，好像说，你忙你的，我好养，随便什么时候处理我，其他的鱼都是一副英雄主义的模样，悲壮地瞪着柳月芳和她手里的刀，好像说，来来，杀我，怕死我就不是鱼！那些鱼不能养，也养不活，非杀了不可。柳月芳把鱼一条条地提到厨房里去，刮鳞，剖鱼，都是她一个人干。她让居林生帮忙刮鳞，居林生笨手笨脚的，鱼没怎么样，自己的手倒割破了，也难怪，从来不做家务的男人，怎么会刮鱼鳞？柳月芳只好把丈夫赶回房间里去看电视。她叫儿子出来，儿子在里面恶声恶气地说，让你送人你不舍得送，弄这么多鱼在家里，天天吃鱼，吃得头发上都是腥味，现在看见鱼我就犯恶心！

柳月芳只好一个人对付那么多鱼。柳月芳脾气虽好，也不是圣人，干着干着就发牢骚了。她说，这些人也是死脑筋，怎么光知道送鱼？就不能送点别的？现在的社会风气——真是的，今年过年我们家缺只鸭子，就是没有人想到送只鸭子来。

外面时兴送鱼，我有什么办法？居林生说，我总不能告诉别人，家里鱼太多，缺只鸭子，不让人家笑话？

鸭子也不好，宰起来麻烦，柳月芳说，有人送礼送得聪明，不送别的，送金华火腿，送干货。

居林生听得不受用，在里面讥讽妻子说，好，我明天就告诉他们，别送鱼，让他们送火腿送干货！

柳月芳叹着气说，怎么就时兴送鱼的呢？鱼当然是好的，市场上买条大青鱼起码四五十块，可也不能一窝蜂都送鱼呀，送一条鱼，不如直接送五十块钱实惠呢。

居林生听得火了，冲出来对妻子嚷道，好，我让他们送五十块钱来——你还有没有一点觉悟了？你是要让我犯法蹲学习班去吧？

看丈夫一脸怒气的，柳月芳知道自己牢骚过了头，居林生误会了，以为她在埋怨他无能，柳月芳扑哧一笑，赶紧站起来用肩膀将丈夫往房间里拱，她说，你这人，干什么这么正经，在家里随便说说的话，你也当真？还嫌我没觉悟，没觉悟我就把鱼拎给鱼贩子了，这么大一条青鱼，他们起码给我五十块钱。

即使是能干的柳月芳，忙过了头也会发昏，她出去倒掉了一大盆鱼内脏，突然想起来家里腌鱼的缸不够用，就跑到隔壁张慧琴家去借缸，说是要腌雪里蕻。张慧琴撇着嘴说，什么雪里蕻，你们家的鱼腥了一条街了，没看见街上的猫都往你家门口跑？柳月芳有点尴尬，但还是死撑着说，就送来那么几条鱼，哪能腥一条街呢，我们家老居最反感别人给他送年货了，他也不爱吃鱼。不骗你，是腌菜用的。柳月芳忙昏了头，借回了缸，却把装鱼内脏的盆扔在门口，后来隔壁的张慧琴就来敲门了。

张慧琴拿着那只盆站在门口，侧着身子看天井里的那排鱼，那排鱼挂在一条绳子上，整整齐齐的，像一支有组织有纪律的自缢殉命的队伍，张慧琴捂嘴笑起来说，腌这么多雪里蕻呀？吃一年也吃不光。

人家亲眼看见了鱼，柳月芳也就不瞒她了，说，不瞒你，这都是内部价买的鱼，便宜，不买可惜。

张慧琴也不点破，仍然站在那里笑，指着一只腌鱼缸说，你怎么把鱼头扔了呢，鱼头可以一起腌的。柳月芳说，我一个人对付这么多鱼，哪里忙得过来？说着突然想起来张慧琴做事手脚是最麻利的，干脆请张慧琴帮她的忙，在开口之前柳月芳就想好了，要送张慧琴一条三斤重的鲤鱼。

张慧琴这人大家知道的，没什么优点，就是热心肠，天生喜欢参与别人家的事务。后来张慧琴就蹲在居家的天井里，和柳月芳一起组成一条流水线，一个刮鳞，一个剖鱼，两个女人并肩劳动，免不了要说些与劳动无关的闲话。

这么大一条鱼，够一大家子吃两天。张慧琴抚摸着一条大青鱼隆起的鱼脊，她说，你好福气呀。

什么好福气？柳月芳明白她的意思，偏要装傻。

你好福气呀。张慧琴叹了口气，说的还是那句话。

柳月芳在昏暗的灯光下偷偷地瞟了她一眼，看见的与其说是一张充满妒意的脸，不如说是女邻居哀伤自怜的表情，柳月芳没说什么，站起来从煤堆后面拖出一个麻袋，拎出了那条鲤鱼往张慧琴脚下一扔，说，别跟我客气，这条鱼你带回去，红烧，给孩子们吃。

张慧琴没有推辞，但也没有接受，只是扫了一眼那条鱼，说，你不要跟我客气的。

烧鲤鱼一定要多放黄酒，鲤鱼虽然土腥味重了点，鱼肉还是很嫩的。柳月芳说，我们这里人不大吃鲤鱼，到了北方，北方人还就爱吃鲤鱼呢。

再怎么腥也比不上冰冻黄鱼腥。张慧琴说，不瞒你说，我们家老孙和孩子都是属猫的，穷命偏偏长个富贵胃，不吃蔬菜，吃鱼，只要是腥的，什么鱼都吃。我们家老孙爱吃鱼眼睛，老三更绝，爱吃鱼泡泡。

鱼价钱贵，你要是再去照顾他们的胃口，当这个家就更不容易了。

可不是嘛，不瞒你说，我买过猫鱼给他们解馋的，张慧琴说，没办法，也是让他们逼的，我拿肉膘熬油，炸猫鱼给他们吃，放一点干辣椒，哎，味道就是好，你要是不嫌弃，哪天我端一碗过来让你尝尝。

这倒是的，不值钱的东西也能做出好味道的菜来。柳月芳表示同意，不过她对吃猫鱼心里多少有点障碍，就没接女邻居的话茬，看看几天来积存的鱼处理得也差不多了，房间里居林生已经关了电视，还夸张地打了个哈欠，大概是提醒妻子他要休息了。柳月芳下意识地看了眼门后的洗脚盆,突然发现盆里还堆了一堆鱼头,那些鱼头原来准备送给王德基家的,一忙就忘了这事。柳月芳急着把盆腾空,决定把鱼头改送张慧琴,她说,鱼头你们家吃不吃?本来是送王德基的,他老是帮我家拉煤,你如果要,干脆就给你算了。

怎么不吃?张慧琴说,鱼身上的东西,除了苦胆,都能吃,不瞒你说,我最爱吃鱼头了。

就这样,柳月芳把一堆鱼头也给了张慧琴。隔天柳月芳走过张慧琴家厨房的窗口,闻到一股扑鼻的鲜香,她隔着窗子随口问了一声,你做什么菜做得这么香?张慧琴在里面说,你给我的鱼头呀,进来尝一尝?柳月芳说,我不吃鱼头的。话一出口柳月芳便觉得自己有点缺心眼,何必把这事告诉人家呢,她听见张慧琴在里面哦了一声,恍然大悟的声音,柳月芳后悔自己嘴快,把好好的一份人情弄薄了。

鱼在很大程度上促进了柳月芳和张慧琴的邻里之情。没有鱼,两个女人的关系也是和睦的,但有了鱼之后,他们的关系几乎可以说是亲如姐妹了。

她们互相赠送自己的拿手好菜。柳月芳善于做腌鱼,这大家也能想见,每年收那么多鱼,一时吃不了,腌起来,这么吃那么吃,熟能生巧,自然就有心得体会,但张慧琴不一样,这个女人是巧媳妇能做无米之炊,她送过来的什么东西柳月芳都觉得好吃,菜肉馄饨好吃,盐水炝毛豆好吃,白切肚肺好吃,有一回柳月芳去串门,看见张慧琴一个人在吃饭,没有菜,只有一碗汤,是海带葱花汤,点了几滴麻油,柳月芳是好奇,拿了勺子尝了一口，味道居然也很好！

那时大家还不说发掘人才这种时髦话，柳月芳尽管自己也很能干，但她是真心赞赏女邻居的厨艺，加之居林生在外面结交的朋友多，家宴便也多，凡是有一定规模的家宴，柳月芳必然央求张慧琴来帮忙。张慧琴从来不推辞，大家知道她这个人的，你看不起她她在你背后吐唾沫，你敬她一尺她还你一丈，柳月芳跟她要好，她用自己的发卡为柳月芳掏过耳垢。张慧琴在居家厨房里忙碌就像在自己家一样，柳月芳无形之中沦落为她的助手，自己还不知道。张慧琴爱听表扬，她这边忙着耳朵还竖着，听桌上客人对她手艺的反响，反响当然是不错的，大家对居林生大夸柳月芳的厨艺，张慧琴也不计较，只是捂着嘴对柳月芳咯咯地笑，倒是柳月芳不好意思贪功，她要把女邻居推出去引见给客人们，张慧琴死也不肯，她说，人家都是头头脑脑的，我又不认识人家，我又不能提干，出去见面算哪一出？

就像餐馆里的厨师一样，等到宴席散了，便轮到两个女人吃工作餐了。工作餐以残羹剩饭为主，柳月芳总过意不去，她建议张慧琴带这个回去，不要，带那个回去，人家也不要，张慧琴说，我把那个大鱼头端回家就行了。

柳月芳知道张慧琴爱吃鱼头，这不奇怪，还有爱吃蚕蛹爱吃鸡屁股的人呢，柳月芳自己的饮食是比较雅致清淡的，她的饮食风格自然也影响了丈夫和儿子，他们一家人都忌讳吃牲畜鱼禽的头部，也不知道为什么，好像觉得吃那些东西有点低贱，有点野蛮，下不了嘴。张慧琴多次怂恿她尝一筷子红烧鱼头，柳月芳能够想象她做的鱼头有多么美味，可就是不敢接过张慧琴递过来的筷子。张慧琴说，你不吃鱼头就别吃，吃里面的雪菜和粉皮。柳月芳不好拂人好意，夹了一筷子粉皮，味道果然是无比鲜美，但人的心理作用是很强大的，柳月芳莫名地觉得那粉皮的美味也来路不正，美味得有点下贱。

据柳月芳后来告诉邻居，那几年她送给张慧琴的鱼头可以装一卡车了，邻居们清楚她说得有点夸张，但基本上是符合事实的。大家都记得鱼的风光岁月也是居林生的风光岁月，而居林生风光，张慧琴作为居家最亲密的邻居跟着沾光，沾的主要是食物的光，除了春节时候的鱼头，平时张慧琴的炒青菜碗里会盖着两三只鸡头、鸭头什么的，别人好奇，张慧琴也不在乎，指着隔壁说，柳月芳送过来的，她家人嘴刁，什么头都不吃，拿过来我们吃——怎么不吃？鱼头、鸡头、鸭头，都很好吃的！

很可惜，张慧琴与柳月芳两家以鱼为媒的友情后来趋于冷淡了，两家的主妇仍然来来往往，但没有了鱼的穿针引线，这友情好像一件贴身的旧衣服，不知道哪里有点松，随时会绽线，谁也不敢穿。如果我们有心以此为例来考察邻里关系在新形势新时代的嬗变，时尚恐怕是个罪魁祸首。对的，首先要归咎于时尚的变迁让大家摸不着头脑，不知从哪年开始，人们送礼不送鱼了，除了甲鱼偶尔可见，过年的时候人们送来送去的东西开始与世界接轨，以西洋参、龟鳖丸、螺旋藻、脑白金一类的营养保健品为主，辅之以包装精美携带方便的山珍海味——都是些华而不实的东西，鱼呢，好像被人遗忘在池塘里了。这是鱼的幸运,但却是张慧琴的不幸——此话是背着张慧琴说,当她面说非挨她骂,不吃饭会饿死,不吃鱼头死不了的。谁都知道张慧琴家的儿女都长大了,挣钱了,有个儿子做个体户,发了财,买多少鱼都买得起。我没有看轻张慧琴的意思,只是要说清楚这其中的变故原因是多方面的。另外一个原因与居林生仕途失意有直接关系。我们香椿树街的人一直以来都对居林生的官运抱有一种盲目的信心,后来却听说他爬不上去了,不仅爬不上去,还因为年龄偏大、没有学历、缺乏政治理论修养和专业领导才能等诸多因素,掉下来了,至于那个谣言,说居林生下台是因为喜欢拧女同事的屁股,拧多了把自己拧下台来,可信度就不高了,从来就没听说过有人因为拧屁股把自己的政治前途拧掉了的事,一定是那些忌妒居林生的人编排出来的谣言。道听途说不足信,不过邻居们相信居林生确实是掉下来了,他们得出这个结论依据的是自己的观察,每年过年前夕送礼高峰的时候,居林生家门前冷冷清清的,有时候迎着暮色看见一个人拎了东西站在他家门口,细看一下,是居林生自己。

好像又换了个人间。居林生一家失意了,张慧琴家的日子却开始红火起来。回顾张慧琴后来的幸福生活的源头,大家一致认为是靠了她的大儿子东风。靠的是东风的什么呢,说起来不那么顺嘴。不是东风有多孝顺,不是东风学历高,也不是东风天生有一颗商人的精明脑袋,是东风有一年捅了人,差点闹出人命,上了"山"去劳改,后来从"山"上下来,没有工作,就干了个体户,结果偏偏靠这名不正言不顺的个体户发了家！东风和几个朋友合伙从海上走私香烟，虽然有一定的风险，风险背后是巨额的利润，东风每次从海上回来，人晒得像一根木炭，一身汗臭和海腥味，但是他怀里揣着一个黑色塑料袋子，里面都是钱。张慧琴提心吊胆地数儿子的钱，数得怕起来，她在丝厂挡车，挡一辈子车不如儿子辛苦一天的钱多，怎么能不怕？她怕儿子再出事，死活不让儿子再到海上去接香烟，一定要他做一件什么安稳的事情，这件事情是什么，一时没想起来，儿子没什么脑子，当然也没主意。有一天夜里张慧琴路过百货商场前的灯光夜市，看见好多人夜里跑出来吃螺蛳吃臭豆腐什么的，夜空中回荡着一片吃的声音，吮螺蛳的声音像一种表达爱情的电子音乐，炸臭豆腐的气味远处闻着是臭，走近了却是香气四溢。那么多人呀，他们在一个国泰民安的夜晚尽情地吃，什么都吃，吃了那么多！张慧琴站在一个卖炒年糕的摊子前，情不自禁地抓住了摊主篮子里的年糕，拿一条年糕去敲另外一条年糕，她眼睛发亮，站在那里敲年糕，摊主不干了，夺下年糕说，你吃什么快说，别敲我的年糕。张慧琴是不愿受人抢白的人，瞟了眼对方摊子上的配料，脸上立刻浮现出了一丝鄙夷之色，你这么炒年糕的？她说，炒年糕不用菠菜能好吃吗？可以这么说，离开了那个炒年糕的摊子后，一个新的张慧琴就诞生了。这个女人虽然没有多少文化，却在无意中发现了一个朴素而永恒的商机，不管时代怎么样变化，人长了一张嘴，总是要吃的呀！有人爱吃，有人爱烹饪，怎么也犯不了法，这不就是天下最安稳的生意嘛。

　　张慧琴的儿子东风后来就开了那个餐馆，也就是现在我们街上大名鼎鼎的东风鱼头馆。用餐饮业的行话来说，东风的餐馆是特色餐饮，家常风格，主打产品是鱼头。我因为有一点美术功底，被东风拉去为餐馆画了几个鱼头，写了一些美术字，现在大家在鱼头馆看见的玻璃橱窗上的大鱼头，还有菜单第一页上的四行大字，都是我的作品。

  白汤鱼头
  红烧鱼头
  酸辣鱼头
  五味鱼头

至于东风鱼头馆的厨师是谁，不用我说大家一定已经猜到了，厨师就是东风他妈张慧琴。

我一直对我们香椿树街的落后风貌直言不讳，这个现代化进程异常缓慢的街区，至今有人在偷国家的电，有人在水表上做了手脚，一滴一滴地偷国家的水——恕我不在这里点他们的名了。令人费解的是大家捂自己的钱包捂这么紧，却都愿意去捧东风鱼头馆的场，这几年来，鱼头馆做的居然是高难度的街坊生意！冷静地探讨一下，此事也许不那么奇怪，是个健康的人都会嘴馋，更何况张慧琴每天在灶上炖那个白汤鱼头，炖得奇香扑鼻的，大家住在附近，天天从那儿经过，总不能掩着鼻子吧——说句题外话，这对餐饮业的从业人员或许会有所启发，好广告不用花什么钱，不用到电视上去做，不用到报纸上做，就在空气里做，大家听到的是更加具体更加可信的广告词：挡不住的诱惑挡不住的诱惑!

大家都挡不住来自东风鱼头馆的诱惑，加上街坊邻居能够享受八折优惠，很多从不上馆子的居民都去鱼头馆品尝了张慧琴拿手的鱼头菜。只有柳月芳一家挡得住，也许是过去鱼吃多了，柳月芳一家从来没去过鱼头馆。邻居知道柳月芳和张慧琴关系好，都纳闷柳月芳为什么不去，有人还自作聪明地分析，是不是张慧琴现在发了，居林生现在无权无势了，张慧琴就那个什么了，柳月芳最不爱听别人提她丈夫的失意，一句话堵住了别人的嘴，她说，你们不知道的，我们不吃鱼头，我们一家人，不吃头，什么头都不吃!

张慧琴是被冤枉的，其实只有柳月芳知道，张慧琴是多么诚心地邀请他们一家去东风鱼头馆做客，当然说好是一切免费。张慧琴一直在劝说柳月芳去她的鱼头馆，她说，我知道你们不吃鱼头，我做别的给你们吃不行吗？柳月芳还是固执地微笑着，她这人有特点，微笑代表了否定，说，你不用客气的，你们做生意，又不是开慈善会，怎么能白吃？张慧琴说，别人不能白吃，你们一家人来是可以白吃的，我以前吃过你们家多少东西，不也是白吃的嘛，柳月芳还是摆手，以前是以前，现在是现在，不一样，不一样了。这句话让张慧琴听出了一点别的味道，她也是聪明人，能够体谅对方的心境，柳月芳这几年不如意，就像鸡群中的一只鹤，突然变成一只鸡，而她张慧琴，虽不能说从一只鸡变成了鹤，但在别人眼里她现在就是发了，念及这些，张慧琴也就不能动人家的气，她抓住柳月芳的手，用力晃了晃，说，我不管你说什么，反正我这客是请定了，你给面子就自己来，不给面子我让店里的小伙子准备上麻绳，五花大绑地也要把你们一家绑来！

也是张慧琴的一片诚意打动了柳月芳，有一天柳月芳终于带着居林生和儿子居强，还有居强的女朋友去了东风鱼头馆。张慧琴把他们一家请进了刚刚装修好的包厢。一桌子冷菜就可以看出张慧琴对这次宴请的重视程度，不光是丰盛，是张慧琴的有心让柳月芳一下领了情：柳月芳一进去就瞥见了糯米糖藕，那是她最爱吃的，白切猪肝，那是居林生爱吃的，甚至儿子爱吃凉拌豆腐，张慧琴也记得。柳月芳知道女邻居是用一颗真心在还过去的情，人就有点走神，想起过去的那许许多多的鱼，许许多多的鱼头，不由得百感交集起来，她对丈夫和儿子还有他的女朋友说，人家是真心的，吃，来了就不要客气了，吃！

正如张慧琴事先许诺的那样，他们的桌上没有鱼头。他们本来是不会吃鱼头的，可是当张慧琴亲手端上一锅老鸭汤时，居强的女朋友小声地向居强嘀咕，怎么是鸭汤，我以为是鱼头汤呢，这家馆子不是鱼头最有名吗？

大家都听见了那姑娘的疑惑。这疑惑后面显示了她对鱼头的向往，听得出来的。张慧琴抿着嘴笑，还偷偷地看了柳月芳一眼，柳月芳不知是恼还是窘，躲着张慧琴的目光，看看丈夫，又看看儿子，最后就看着砂锅里的老鸭——老鸭的鸭头也让细心的主人拿掉了。对面的居强此时有点尴尬，他用手盖着嘴向女朋友解释着什么，柳月芳猜得出来，一定是说，我们一家人不吃鱼头的。那姑娘却有个性，什么场合都敢于撒娇，学的是电视里的还珠格格,她好像在桌子底下踢了居强一脚,桌子上的碗盏猛地一颤,她抓着居强的耳朵说悄悄话,嗓音却天生的尖利,柳月芳听得清清楚楚:你前天还吃鱼头的!居强有点急了,慌乱地向父母这里扫了一眼,仍然压低了声音说话,但逃不过柳月芳灵敏的耳朵,儿子说,我是陪你吃的!

张慧琴就是这时候咯咯地笑起来,或许是感谢一对青年维护了鱼头的荣誉,她用疼爱的目光看着柳月芳的儿子和未来的儿媳妇,什么陪你吃陪他吃的,这叛徒当得好!她用手指戳着居强的脑袋说,鱼头最好吃,吃过了你就知道了吧?你不光要陪女朋友吃,还应该陪你父母吃!

宴席的格调突然急转直下,鱼头变成了某种态度的象征,涉及对姑娘的关爱,对张慧琴的尊重,也隐隐涉及到当事者对变革的态度。张慧琴把握了时机,眼睛发亮,盯着柳月芳说,怎么样,看清形势了吧?这鱼头不吃不行,我今天非破你这个戒不可。

柳月芳更窘了,她一定是意识到自己的决定不仅关系到鱼头,责任重大,便有点像踢皮球似的,把皮球踢到居林生那里去了,她对张慧琴说,我吃东西哪有这么挑剔?问老居吃不吃,鱼头,他吃不吃?张慧琴知道这是柳月芳让步了,当然乘胜追击,她说,老居呀,你疼不疼儿子,疼不疼儿媳妇,就看你的表现啦!居林生当时正在剔牙,年龄不饶人,他现在吃一点东西就得剔剔牙,听到要他表态,下意识地扔掉了牙签,人也坐端正了,居林生毕竟是居林生,能够认清形势,也善于表态,他的表态豁达而仁慈。这又不是什么原则问题,他说,上鱼头就上鱼头吧，谁爱吃谁吃，什么事都应该百花齐放百家争鸣嘛，鱼头又不是其他什么头，本来就可以吃的。

　　后来就给居林生一家上了鱼头。上鱼头不吃也不算张慧琴的什么胜利，让张慧琴感到骄傲的是居林生柳月芳最后终于没能抵挡住红烧鱼头的香味，吃了红烧鱼头，再给他们上一盆鱼头白汤，夫妇俩也没推辞！张慧琴后来绘声绘色地向别人描述那场特别的晚宴，她说，我也不知道怎么回事，着了魔似的，就是要让他们吃我的鱼头，看他们一家吃了鱼头，我就心安了。当然张慧琴这么多年来始终没学会谦虚，她借居林生一家之口赞美自己制作鱼头的厨艺，听听她怎么学人家说话的——

　　居林生是这么说的，鱼头，味道很不错嘛。

　　柳月芳是这么说的，好吃的，没想到鱼头这么好吃。

　　居强的女朋友是那么说的，明天要减肥了，这鱼头汤，不要太好吃哦！

　　居强近来迷上了文学创作，时常即兴地念出一些诗句让女朋友鉴赏，那天在鱼头馆他偶得小诗一首：

　　　　年年有鱼
　　　　年年有余
　　　　有鱼的世界多么美丽
　　　　有鱼的世界多么富裕

　　平心而论，居强那首诗是有感而发，连张慧琴都听出了诗句中饱含着作者的感情和世事沧桑，她在一边为居强拍手，柳月芳没有什么表示,但看得出来她对儿子的才华是很自豪的,居林生听出来儿子的诗韵脚整齐,他说,有一点进步,这首诗还是押韵的。居强那女朋友却很扫兴,她只顾嗞溜嗞溜地喝鱼汤,一边喝一边说,别念了别念了,什么破诗!

骑 兵

　　我表弟左林是个罗圈腿，这意味着他无论如何努力，腿部以及膝盖是无法合拢的。我姨父左礼生将这不幸归咎于左林幼时对一匹木马的迷恋，也不知道有没有科学根据。那是一匹从街道幼儿园淘汰下来的木马，苦命的大姨当时还健在，是幼儿园的保育员。她利用关系，花五毛钱为儿子买下了这件庞大的礼物。她知道这礼物对丈夫也有益，有了木马，左礼生就不用天天趴在床上给儿子当马骑了。那匹木马我小时候也见过，却无缘一试，左林不让别人骑。我记得马身蓝色的油漆已经剥落，马头两侧的手柄经过无数个孩子的抓捏，很像一对活生生的光滑而油腻的马耳朵。左林从早到晚骑在木马上摇晃，他在木马上吃饭，看连环画，有时候困了，就抱着马头睡着了，左林就是那么自私，宁肯抱着木马睡，也不让别人骑。

　　左林九岁那年冬天，我大姨在幼儿园门口出了车祸，她双手提着孩子们的两个尿桶在结冰的街上走，结果被煤店运煤的卡车撞了。就隔了一夜，好端端的大姨像一只惊鸟似的飞走，飞走再也不回来了，也应了大姨讲的鬼故事里的圈套，任何东西都会变成魔鬼，任何魔鬼都擅长变戏法，最后不知是尿桶魔鬼还是煤渣魔鬼变了这个恶毒的戏法，把大姨自己变没了。据我母亲他们回忆，给大姨办丧事的时候他们便发现左林的腿不对劲，他不会跪。他跪着的时候两个膝盖井水不犯河水，并不拢，人好像盘腿坐在地上。大家当时处在混乱与哀恸之中，有人上去搬弄过左林的腿，弄了几下，没用，也就算了，那样的场合谁还顾得上讨论左林的腿形问题呢。过了很长时间左礼生带左林去看骨科医生，他扒下儿子的裤子问医生，我儿子不会是罗圈腿吧？医生说，就是罗圈腿呀。左礼生急了，在医院里等着医生手到病除，医生却告诉他，你儿子的腿形矫正不过来了，也没有必要矫正，不碍什么事，只不过走路难看一点。左礼生对医生的话是信任的，同时也不盲从，他认定儿子的腿与木马有关，回家后就把那匹木马当柴火劈了。左林那天的尖叫声引来了半条街的邻居，孩子们面对那匹被毁的木马心情复杂，一方面感到可惜，一方面忍不住地幸灾乐祸，而大人们对左礼生的劝慰引起了他更大的愤怒，骑马骑马，左礼生挥舞着柴刀说，骑马骑出个罗圈腿，我劝你们以后别让孩子骑马，木马也别骑！

左林是个罗圈腿。我们香椿树街上的孩子崇拜胳膊上有老虎刺青的三霸，崇拜断了一根食指的阿荣，甚至崇拜练拳击的豁嘴丰收；却没有人瞧得起我表弟左林。大家认为左林走路不仅是难看，而且可笑，他站立的时候两条腿似乎永远准备夹一件什么东西，如果他确实是骑在一匹马上，我们会敬仰他，可惜他不是在内蒙古的大草原上，我们香椿树街除了几条狗、几只猫,还有王德基家不顾卫生禁令擅自养的一群鸡,连一头小毛驴也不产,连地头蛇三霸也无马可骑,他左林能骑什么呢?左林唯一可骑的是我大姨留下来的旧自行车,他借助黄昏暮色的掩护,在街上偷偷地骑车玩,总有人无事生非,斜刺里插出来拽住他的自行车。下来下来,我骑车,你来追!有人特别喜欢出左林的洋相。有人喜欢看左林出洋相。他们互相挤眉弄眼,目光的焦点对准了左林的腿。左林弯着腿站在人们的视线里,他那两个可怜的膝盖似乎在艰难地喘息着,就像牢笼里的困兽在喘息,然后左林奔跑起来,他徒劳地向劫车人高喊道,停住,给我停住!他的两只膝盖也依次发出了嘶哑的呼喊声,黄昏的香椿树街两侧响起了一片笑声——为什么左林一奔跑大家就发笑呢,说起来你不会相信的,左林的膝盖在奔跑时会发出声音,它们会尖叫,它们甚至还会哭泣。

如果左林是一棵树就好了,树永远不需要立正,随便怎么长得歪歪斜斜的,都无人在意。可左林不是树,是人就会听到立正的命令,这命令对绝大多数人是容易执行的,人人都能立正,我表弟左林却立不正。

左林不喜欢体育课,不喜欢团体操,不喜欢军训,可我们的学生时代几乎就忙着做那些事了。平心而论好多教师或领队在处理左林的特殊情况时能够特殊处理,别人立正时由他一直稍息着,有的干脆就将他从整齐的队列中剔除出来了,但也有人天生多疑,吹毛求疵,比如我们学校的体育教师,他误解了左林那种故作轻松的微笑,始终怀疑左林是以调皮的站姿逃避着什么,发泄着什么,对抗着什么。他曾经把左林从操场拉到了厕所里，让左林褪下裤子，亲手检查了他的膝盖，在分外安静的环境中，体育教师也惊愕地听见了左林膝盖的声音。你的膝盖在吱吱地响！体育教师蹲在地上用两根手指敲打左林的双腿，他受惊似的瞪着左林，你的膝盖怎么会响的呢？

左林的嘴角上流露出一丝得意之色，一种不恰当的表现欲使他把双腿交叉起来，人像一根麻花一样站在体育教师面前，他没说话，但眼神分明是在向体育教师炫耀着什么，于是体育教师清晰地听见左林膝盖发出了尖叫声，一种浊重的带有金属碎裂的尖叫声。

怎么叫起来了？别这么站！体育教师一定被左林的膝盖吓着了，他开始慌乱地替左林摆弄站姿，他说，快别这样，小心拧断了腿！

左林记得很清楚，他是如何依靠自己的膝盖震慑一个粗暴蛮横的成年男子的，这种机会并不是太多，左林因此感到莫名的宽慰，他好像局外人似的欣赏着对方脸上丰富的表情变化，从惊吓到尴尬，从尴尬到悲悯，左林咬着手指偷偷地笑。后来体育教师叹了口气说，是站不直，冤枉你了，可是……可是你这腿，以后不能当兵啦。左林满不在乎地拉好了裤子，拉好裤子后又解下，对着小便池撒尿，他说，谁稀罕当兵！他侧过脸偷窥着体育教师，体育教师是当过兵的，他的军裤在左林眼前放射着沉重的绿色的光芒，绿军裤下隐约可见一个体型标准的男人健壮而笔直的下肢线条。那个瞬间左林耳边响起了很多人和他开过的一个玩笑，左林，你以后可以当骑兵。那些人心情各异，却为他的腿设计了同一个美妙的未来，包括街上的地头蛇三霸,他也这么安慰过他——腿弯怎么了,好骑兵腿都是弯的,左林,你以后当骑兵去!

我以后当骑兵。左林站在小便池前左顾右盼,他开始嘟囔起来。某种处境逼迫他思考着什么。厕所的地面中午时被冲洗过,现在半干半湿的,秋天的阳光从排窗里投进来,左林突然发现那块不规则的光影和地上的水渍尿痕混在一起,形状酷似一匹奔马。我骑马。他说。我当骑兵。

体育教师离开后左林仍然留在厕所里,他瞪着厕所的地面,他看见奔马状的水渍在阳光的辐射下开始膨胀,开始起伏,开始向上跳,向上跳,然后那件神奇的事情便发生了,他听见外面的女贞树丛里响起了一阵细碎但异常悦耳的马蹄声,他抬起头向厕所窗外张望,清晰地看见一匹白色的长鬃骏马从树影中向操场奔驰而去。

是一块宣传橱窗挡住了左林的视线,当他追到宣传橱窗后面,白马不见了,马消失的速度比它的到来更加迅捷,最后的马蹄声也被一种嘈杂的刺耳的声浪淹没了。左林看见的依然是学校的灰土操场,操场上尘土飞扬,九月干燥的阳光映照着排练国庆团体操的队列,广播喇叭里一个女声重复着口令,一二,打开……三四,收拢。操场上排成花环形状的人群按照口令模仿花朵的绽放。那匹白马不见了。左林躲在宣传橱窗后心神不定,他怀疑是自己看花了眼,学校里永远也不会跑来一匹马的。但左林不甘心放弃一个奇迹,他耐心地等待着,向每一个发出可疑声息的方向张望。奇迹却没有再次出现,他看见的只是一座类似军营的学校,一半安静,一半喧闹,安静与喧闹尖锐地对峙着。一只金黄色的蜻蜓撞击着玻璃橱窗，一页作业纸在低空中飞了一会儿，落在花坛上。那不是左林等待的奇迹。白马不见了。左林很失望，他不愿意再回到操场上去，在排练接近尾声的时候他独自离开了学校。

按理说左林经过传达室应该是猫着腰匆匆而过的，但左林想再次证实一下来访的白马到底是一次奇迹还是一种幻觉，他敲传达室的玻璃窗，问里面那个老门卫，有没有一匹白马跑到我们学校来？老头说，什么马跑到我们学校来了？左林说，一匹白马，你有没有看见一匹马跑到我们学校来？老头这回听清楚了，他暴怒的反应令左林不知所措，一定是误以为左林戏弄他眼神不好，老头抓过一把扫帚向窗户外扔了出来，我没看见白马，就看见你这头黑驴！

好多人对左林怀着炽热的仇恨，左林下意识地夺门而逃，他是突然想起来老头患有眼疾的，一只眼睛时常用一块纱布蒙着，有时分不清谁是教员谁是学生。他记得老头从传达室里追了出来，老头咒骂他的声音先是愤慨，而后充满了意外的惊喜，他说，好呀，左礼生的儿子！你也配笑话我，我看不清别人看得清你这头小黑驴，你跑呀，跑呀，长着个罗圈腿，你他妈的还想跑多快？

侮辱对于左林是司空见惯的，左林很少为受辱而生气，但他很好奇，为什么别人用了这么多的智慧和词汇来形容他的步态。有人说他走路像撒着尿，一路走一路撒，有人打赌说铁匠家的大黄狗能从他的腿裆里穿过去，有人形容得温和，说他像南极洲的企鹅，有的就令左林记仇了，春耕就这么说过他，像一个刚刚被日本鬼子强奸过的妇女！左林在黄昏的街道上奔跑，他的膝盖照例发出了无声的尖叫。左林听不见自己膝盖的叫声，他纳闷老头为什么把他称为黑驴，隐约记起来在一部战争电影里看见过一个村妇骑着驴子到敌占区去，驴背上驮着两只花包裹，里面装的是地雷。但驴子的模样在他的记忆中有点模糊，左林在一路奔跑的时候看见的仍然是一匹白马，这回他清醒地意识到那是一匹虚拟的马，因此马奔跑的速度近乎疯狂，他看见自己骑在那匹疯马的马背上，从狭窄的人来人往的香椿树街上疾驰而过，所有的人都驻足观望，左林的嘴里发出了驭手雄壮的吆喝，驾，驾，驾，他对准前方的一辆自行车做了个挥鞭的动作，而后他像一匹马或者像一个骑兵一样在黄昏的街道上奔驰起来。

那年秋天左林按照他想象中的骑兵那样在马背上生活。我母亲去他家送鸡汤，看见他把一堆棉被放在三张椅子上，人坐在棉被上晃着腿，肩膀一耸一耸的。我母亲说左林你搞什么名堂，被子会让你磨坏的。左林从来不向别人解释他古怪的行为，他坐在那匹虚拟的马上把一锅鸡汤都喝完了。我母亲说，喝鸡汤还抖腿呀，看汤都洒了，左林你都那么大了，怎么还玩小孩子的把戏呢？我母亲回家后一直在哀叹没娘疼的孩子不容易长大，更让她担心的是左林坚定的旁若无人的表情，那表情在宣告，我玩的就是小孩子的把戏，不要你管。那年秋天左林独来独往，心中怀着一个灼热而令人费解的秘密。连我都觉察出左林对骑兵生活的疯狂的妄想，我看见过他骑在学校的围墙上，就像骑在马上，一只手威武地指向空中。左林的举止让大家为之担忧，他们都提醒左礼生注意儿子的心智发育问题，左礼生却不乐意听这些，他说，左林就是腿骨头歪了，大脑没长歪，他脾气怪，是让人欺负的，再说他立志要当骑兵有什么不好？瞎子学算命，罗圈当骑兵，那是造化！

由于香椿树街地处南方，除了动物园养着几匹光吃不跑的斑马，你甚至找不到可以替代的牲畜。左林的骑兵生涯的难度大家可想而知。左林为他的马而时刻焦虑着。他无法慢慢地走路，他一走路就听见踢踏踢踏的马蹄声，这声音逼着他以驭手的速度一路小跑，可是他清楚胯下的马并不存在。他从家里找到了一把镰刀，拆下木柄挂在腰上试一试，有点像一把马刀，马刀马靴马鞭都可以用别的替代，独独最重要的马却很难寻觅，整整一个秋天左林做着马的梦，他在学校的厕所附近等待奇迹，但白马再也没有来。然后是一个雨后的清晨来临了，左林醒来发现宿醉的父亲正躺在他的身下，在梦里他爬到了父亲的背上，在梦里他像一个骑兵跃马一样跃到了父亲的背上。那个瞬间左林很惶惑也很惊喜，他轻轻地在父亲背上颠了几下，左礼生宽厚的后背柔软而坚实，让他联想起一匹好马的马背。左林是多么留恋父亲的后背，可是他听见父亲在睡梦中咕哝了一声，起来，小便去。左林就去小便了，一种奇妙的快感仓促间结束了，它不会再来。左林深知他再也不能跃到父亲的后背上去了。

大家都说创作讲究灵感，我表弟左林也是从一次意外中吸取灵感的，就是从那个雨过天晴的日子开始，左林着手从人中间物色他的马。

左林在纸盒厂附近拦马，第一个拦住的是小安，他让小安弯下腰，做他的马。小安是个精明的孩子，怎么肯做左林的马，推开左林就溜了，回过头还威胁道，左林你给我小心点，明天我让三霸来打你。左林说，三霸算老几，明天我让我表哥来打三霸！左林退回到墙影下，继续在街上来往的人群里物色他的目标。他成功地拦住了纸盒厂张会计八岁的儿子，这次他吸取了教训，用了智慧，他说，怎么没有人跟你玩？我来跟你玩，我们玩个好玩的游戏吧。张会计的儿子上了当，可是当他发现左林其实是把他变成一匹马在街道上骑着玩的时候，他就不干了，他怎么推搡左林左林也不下来，小男孩就哭叫起来了。纸盒厂的好多女工都从窗户里向他们探头张望，左林不得不放开小男孩从纸盒厂转移。只骑了五六米远就终止了骑马练习，左林不甘心，他怏怏地环顾四周，忽然觉得这条热闹的街道其实很荒凉。

香椿树街上行人无数，每一个行人其实都可以当他的马，他们好像一匹一匹马从左林面前奔驰而过，却没有一匹马愿意停下来让他跃上马背。火车隆隆地驶过了香椿树街，火车是世界上跑得最快的铁骏马，那么多人骑过它，离得这么近，左林却从来没有上过火车。左林向火车车厢里一些模糊的人脸挥手，那些人一闪而过，火车也像一匹骏马一样一闪而过。在秋天苍白的阳光里，左林感受到了某种深深的孤独。

左林沮丧地来到了铁路桥桥洞，他看见傻子光春胖墩墩的身影在桥洞里左右摇晃着，他在水泥墙上磨一把锁。左林说，傻子，你磨锁干什么？傻子光春说，你不知道锁里面的芯子是铜的？把铜芯子取出来呀。左林说，傻子就是傻子，你花那么大力气磨那点铜？有个屁用，收购站不收的。傻子光春说，不送收购站，我跟货郎换洋画片的。左林说，你简直是世界上最傻的傻子，你不会从家里找吗，听说你奶奶以前是个地主婆，别说是铜了，没准她还有金子呢。傻子光春说，我们家什么也没有，我奶奶喜欢藏东西，家里找不到铜了，我奶奶把她箱子上那把铜锁藏起来了，货郎说那样的大铜锁能换十五张，水浒一百零八将，我再有三十多张就收齐啦。左林鄙夷地从鼻孔里哼了一声，这么大的人了，还收洋画片。但与此同时左林听见桥洞里开始回荡着马蹄杂沓的声音，那声音来自于傻子的脚下，左林的心跳得厉害。在幽暗的光线里傻子光春呈现出令人欣喜的马的气象，傻子的黑色塑料凉鞋像两片现代化的马掌，傻子修长的骨节突出的双腿比马还要粗壮，傻子浑圆结实的后背是多么理想的马背，而傻子蓬乱的不加修剪的头发似乎模拟着马鬃的形状。左林的呼吸急促起来。他的迷离的眼神透露了一个狂热的心思，傻子光春，多好的一匹马！傻子光春，你就是我的马！

仅仅是在一瞬间，左林的眼前降落下一块小小的草原，还有一匹马。左林像一个驭手向他的马走过去，他忍不住地摸了摸傻子光春的脖子，那脖子很光滑，而且有点油腻，但左林还是感觉到了他想象中的柔软浓密的白色马鬃，傻子光春对左林的举动有点惊讶，他推开左林的手，你为什么摸我脖子？左林凝视着傻子光春，他的手固执地伸过来，在傻子光春的后背上抚摸了一下，他的手告诉他，这是在香椿树街上能找到的最宽厚最安全的马背。但傻子光春怕痒痒，他一边躲闪一边咯咯地笑起来了，他说，左林你疯啦？我又不是女的，你为什么要摸我脖子？左林看了看经过桥洞的行人，竖起一根手指示意他别嚷嚷，他对傻子光春说，我们做个游戏，你当马，我当骑兵，你不会吃亏的，如果你做得好，我马上送你一把铜锁，如果你天天做我的马，我把我的一百零八将洋画片都送给你！

桥洞听见了左林的承诺，当时从两个孩子头顶上经过的一列货车也听见了左林的承诺，却都是没有记性没有嘴巴的东西，没有一个人可以为此作证，傻子光春不放心，他提出要和左林勾指起誓，左林犹疑了一会儿答应了，他说，平时看你傻，要东西的时候怎么不傻了呢？后来他们就隆重地勾了手指。

属于铁路部门的贮木场是左林练习骑术的主要场地。从香椿树街到贮木场去要穿过三条肠状小巷，一个化学品仓库，还有一口池塘。别人不去那里。别人不去的地方是左林的乐园。左林用他父亲的一双高帮雨靴替代骑兵们的马靴，马鞭相对容易一些，左林一开始用的是一条麻绳，但麻绳看起来太粗笨，不像一条马鞭，更重要的是傻子光春怕疼，总是埋怨麻绳抽起来太疼，左林只好换了一条废电线，废电线当马鞭用，傻子光春不怎么抗议了，但它不能发出那种响亮的清脆的啪啪之声，这是左林的一大遗憾。

也可以沿着铁路走到贮木场去。贮木场其实就坐落在铁路路坡下面，很大的一片地方，用铁丝网和木棍草草地围着，除了铁路货运部的人偶尔开着卡车来装运木材，此地永远是安静的。曾经有个高大的长着鱼泡眼的老人看守过这里的木材，后来看不见那老人了，或许是去世了，或许是回乡下养老去了。贮木场的大门锁了起来，但门的两个部分好像闹不团结，都赌气似的歪着，留下一个空隙，正好可容闯入者侧身通过。左林和傻子光春就是从门缝里钻进去的。

看门人的小屋空空荡荡的，透过破碎的窗玻璃能够看见一个脸盆架和半片床板立在满地废纸和煤渣中间，无人居住的屋子看上去都很脏，似乎隐藏着某个阴谋。左林对所有看门人都怀着某种怨恨，包括贮木场的老头。他有个模糊的印象，老头也曾经像别人一样吓唬过他，不知在什么时候什么地方，他也曾模仿过自己走路的模样。左林头一次来贮木场的时候就说服傻子光春，一人在小屋里拉了一泡屎，这让左林感到报复的快乐，但是这个唐突的行为也给他们自己带来了不利，两个人后来走过小屋时，都忍着不向窗户里看，一看就看见了那两堆东西，苍蝇绕着它们飞，更不利的是小屋本来可以作为他们的休息室的，现在却搬了石头砸自己的脚，不好进去了。

秋日的阳光照耀着贮木场的木材和杂草，不远处的铁路上时而有列车轻盈地驶过，车上的旅客如果向南侧路坡下张望，他们会有幸见到左林最辉煌的那段骑兵生涯，他的马是另一个少年，他的马场虽不正规，却是全封闭的无人干扰的，马和骑手当时明显地处于艰难的训练阶段，而贮木场里的一堆堆陈年的圆木和沥青泡过的枕木充当着沉默的观众。

不准偷懒，你再把腰弯低一点，再低一点，左林说，你这么弓着背，哪像一匹马，你像一头长颈鹿！

弯不下来了，再弯我就没法跑了。傻子光春说，你还说我偷懒？你不信，不信我们换一下试试？

慢点，慢点，我要掉下来了。左林说，这哪像个骑兵，像骑驴。

一会儿要快一会儿要慢，我累死了。傻子光春说，我不跑了，休息，休息休息。

不准休息，才跑了一圈你又偷懒。左林高高地举起了他的电线马鞭，练习的不顺利使他控制不了自己的火气，啪的一声，他听见傻子光春尖叫了一声，傻子光春惊恐地回过头，小罗圈，你真用鞭子抽我？你抽那么狠？傻子光春起初仍然以马的姿势驮着左林，突然意识到什么，猛地就把左林从背上掀下去了，一只手使劲地往后背上摸，却摸不到，傻子突然哭起来，说，出血了，一定出血了！

左林跌坐在地上，他知道傻子怕疼，不该抽鞭子的，可是后悔也来不及了，他站起来查看傻子的后背，一边安慰他说，没事，只起了一道红印，划破了一点点皮。左林怀着歉意在傻子光春的伤处比划了一下，没想到傻子推开了左林，傻子空洞的眼睛里燃烧着觉醒的怒火，这怒火使他吼叫起来，我要抽还你一鞭！

傻子光春夺下了左林手里的电线，左林起初一边躲闪一边还用语言威胁对方，很快发现那已经不起作用，傻子就是傻子，他冲动起来就只认唯一一件事，抽还你一鞭！抽还你一鞭！左林能够想象傻子的蛮力会使那一鞭变得多么可怕，所以他只好拼命向大门那里跑，这个情景描述起来似乎有点可笑，一匹马挥着马鞭追逐着骑兵，而骑兵落荒而逃，尽管可笑，但这是一个事实,左林后来脸色煞白地从贮木场逃了出来,他的马不依不饶地在后面追赶他!

傍晚时分绍兴奶奶拉着傻子光春闯进了左林家。他们确实是闯进来的,如果他们事先敲门了,或者绍兴奶奶不是那么沉得住气,先骂几句发个警报什么的,左林是有时间从窗户里逃避这场灾难的。可是左林和父亲两个人吃着饭,只听见门吱嘎一声,绍兴奶奶的声音就像霹雳在身后炸起来了。

左礼生,你还吃得下饭?又吃米饭又吃馒头,你们不怕噎着?

左礼生茫然的表情很快转化为阴郁的怒火,他看了看绍兴奶奶祖孙俩,一只大手敏捷地捉住了左林的手,别动,他对儿子说,你跑我打断你的腿!

绍兴奶奶对事件的描述虽然有添油加醋的成分,但总体上是事实,事实简洁明了,他让傻子当他的马,他答应给傻子一套水浒一百零八将的洋画片,结果傻子一张画片也没得到,后背上却挨了一鞭子。你看看,你那好儿子下的毒手,绍兴奶奶把傻子的衣服撩了起来,看看,看看,皮都烂了,左礼生,平时看你是个忠厚老实的人,我还张罗着给你说媒呢,是不是,你怎么教育了个禽兽不如的儿子出来,别人欺负他,他就来欺负我家傻子,你们家的祖坟要冒黑烟的呀!

左林说,我不是故意抽他的,我不是故意的——这句话没说完,左礼生掴了儿子一巴掌,下半句话咽回去了。左礼生说,给我跪在那里,现在没你说话的份儿,你去把你的一百零八将拿出来给他。左林就跪在地上了。他看见绍兴奶奶还撩着傻子的衣服，展示傻子背上的鞭痕，突然觉得不公平，便在一边嚷了一句，他也要打我——这句话同样没有说完，左礼生过来掴了儿子第二个耳光，他说，你给我去拿你的画片，马上去拿。左林说，你让我跪的。左礼生说，先去拿，拿给他了再跪，你要跪一晚上呢，有你跪的。左林不动，仍然端正地跪着。左礼生踢了儿子一脚，紧接着他意识到了什么，他看见左林的眼睛里突然涌出了泪光。怎么回事，你没有一百零八将的画片了？你舅舅给你的画片呢？左林转过脸看着墙壁说，都送光了，林冲鲁智深李逵，那些好的都给东风拿去了，春耕打我，我让东风去打他的。左礼生焦急之中顾不上别的了，追问道，那剩下的呢，一百零八将，有一百零八张呢！左林似乎感觉到父亲的巴掌将再次袭来，预先用手捂住了脸，他就那么捂着脸交代了画片的去向，其他都给郁勇抢走了，他说他当我的保护人。

　　左林记得父亲举起了拳头，值得庆幸的是傻子光春突然爆发的哭声救了他，绝望的傻子哭起来就像一个三岁的孩子，左礼生被那样沙哑而稚气的哭声吓着了，他丢下儿子向傻子光春走过去，他摸着傻子的脑袋，傻子晃了晃脑袋，把左礼生的手晃开了，继续张着大嘴，绝望地哭。左礼生手足无措地看着绍兴奶奶，他说，我要打死他，绍兴奶奶，我让左林给气晕了，事情弄到这一步，该怎么罚他，该怎么罚我，你老人家说句话吧。绍兴奶奶向左礼生翻了个白眼，似乎要说出什么刻毒的话来，突然却急火攻心，喉咙里涌上一口痰，就是这一口痰的停顿，让绍兴奶奶想起了事件之外的许多事件，绍兴奶奶一下子悲上心头，捂着胸，叫了一句，我们祖孙俩的命怎么这样苦呀——竟然也哭起来了。

绍兴奶奶和傻子光春一个尖锐一个粗哑的哭声在左家回荡了大约三分钟，三分钟后左礼生恢复了理智，他做出了一个非常合理而公正的决定，他把左林推到傻子光春面前，一只手按住了左林的背部。光春，现在轮到你骑他了！只有这个办法才能解决问题，左礼生一只手按住儿子，一只手去扶傻子上马。傻子光春止住了哭声，看得出来他对左礼生的方案很感兴趣，只是不敢贸然行事，他用眼神向绍兴奶奶征求意见，绍兴奶奶却沉浸在几十年的悲伤中了，她在左家的藤椅上坐了下来，闭着眼睛，一口口地吐气，吸气。傻子光春听从了自己的意愿，他骑到左林背上的时候有点羞涩，还要马鞭呢，他说，左林把马鞭放在抽屉里的。左礼生说，好的，给你拿马鞭。左礼生从抽屉里果然找到了那条废电线，他把电线递给傻子的时候看了看左林，左林弯着腰驮着傻子，他的矮小的发育不良的身体在微微摇晃，他的干瘦的双腿也颤抖着，呈现出一个悲壮的半圆形，左礼生很想看见儿子的脸，却看不见，左林低着头把傻子光春驮在背上，他的脸埋在灯光的阴影里。

傻子光春一会儿便快乐起来了，他咧着嘴笑，似乎对他的角色转变充满了信心和期望。他说，左叔叔，我能把他骑到街上去吗？

左礼生迟疑地看了看藤椅上的绍兴奶奶，绍兴奶奶睁开了眼睛，她犀利而坚硬的目光使左礼生有点慌乱，左礼生嘿地一笑，说，当然能骑到街上去，左林骑你也是在外面嘛。

先是三个人来到了夜色初降的香椿树街上，后来绍兴奶奶也出来了。四个人，其中包括一个骑兵，一匹"马"，两个观众兼裁判，他们在刚刚亮起的路灯下以混乱的队形和速度由东向西行进。路人们和一些邻居都看见了这支队伍，孩子们之间的骑兵游戏并不让人吃惊，人们好奇的是为什么左林和傻子光春的这场游戏由左礼生和绍兴奶奶陪伴着，他们居然不加制止。他们问绍兴奶奶，绍兴奶奶，你为什么让光春骑在左林背上呀？绍兴奶奶觉得人家问得没道理，她气呼呼地不理睬人家，倒是左礼生，自己给自己一路打着圆场，说，孩子闹着玩，让他们闹着玩去。

左礼生一直紧跟着儿子和傻子光春，他关注的是儿子的腿，以及儿子的膝盖，正如预料的那样，左礼生很快听见儿子的膝盖发出了呻吟的声音，儿子没有哭，但他的膝盖开始哭泣了，那声音是努力压抑着的，却像碎玻璃一样溅开来刺痛了左礼生的心，左礼生感到了那种难以承受的刺痛，他向傻子光春赔着笑脸，说，怎么样，出了气了吧，街上人多，还有汽车，要不要先下来，让他给你再道个歉。傻子光春却骑得正得意，他说，不行，他骑我骑了很多次了，他骑我骑得比这久多了。左礼生转过脸看绍兴奶奶，绍兴奶奶偏不回应他的信号，只是看管着孙子手里的电线。不许用鞭子，骑就骑了，不能用鞭子抽人。她说着忽然加强了语气，旧社会的恶霸地主才用鞭子抽人呢。左礼生无奈地说，那就再骑一会儿吧。

左林的膝盖却开始尖叫了，左礼生听见了那尖叫声，他相信绍兴奶奶和傻子都忽略了左林膝盖的声音，左林的膝盖快碎裂了，左林的膝盖快爆炸了，他们听不见那可怕的声音。他们听不见。左礼生在万箭穿心的情况下急中生智，他果断地拉住了骑兵和马，不由分说地把傻子光春架到了自己的背上，给你换一匹大马骑，左礼生说，骑大马最舒服了。快，叔叔让你骑大马！

绍兴奶奶反应过来以后试图去拦马，她摆着手说，礼生这可使不得，孩子的事情，你大人不该夹进去，你这让我的脸往哪儿放？绍兴奶奶命令孙子下马，但傻子光春一定发现骑左礼生这匹大马舒服多了畅快多了，他不肯下马，于是骑兵和他的马在香椿树街上一路奔驰起来，骑马啦，骑马啦！左礼生和傻子光春的欢呼声一个低沉一个高亢，骑兵和马都在急速奔驰中发出了狂热的呼啸声，骑马啦，骑马啦，骑马啦！

我表弟左林记得那天夜里空中飘着些小雨，昏暗的路灯光下有一些昆虫在飞舞，他坐在地上，看着傻子光春骄傲地骑在父亲背上，他像一个真正的骑兵，手执马鞭，身体直立，策马向前飞奔。他看见骑兵和马融为一体，渐渐消失在香椿树街的夜色中，就像他梦想过的骑兵和马消失在草原上。

左林哭了。左林一哭他的膝盖也跟着哭了，膝盖一哭左林就哭得更伤心了。在极度的虚弱和疼痛中他再次看见了马，马从铁路上下来，不只一匹马，是一群马向他驰骋而来，群马穿越黑暗的雨中的城市，无数马蹄发出惊雷似的巨响，他依稀闻见细雨中充满了青草和马的气味，整条街道回荡着马的嘶鸣声，后来他感到马群来到了他身边，他感觉到谁的手，不知道是谁的手，把他扶到了马背上，他骑上了一匹真正的白色的顿河马，他骑在马上，像一支箭射向黑暗的夜空。

小舅理生

一直想告诉大家我小舅理生的故事,却不知从何说起。考虑再三,我还是决定从铁路桥下面的那间公厕说起。为了艺术,顾不得他的面子了,反正我小舅也从来不读我的小说。

香椿树街的居民一定都记得铁路桥下的公厕,否则只能说他是忘本了。在过去幸福而艰苦的年代里,粗茶淡饭加快了男女老少消化系统的运转,那间公厕帮了大家多少忙啊!我记得男厕所一侧的基本概貌,八个蹲坑,分成两排整齐匀称地排列着,其中面向铁路的四个蹲坑用现在的话来说有点贵宾席的意思,如果有人和某个德高望重或者有权有势的人一齐进了厕所,而那四个蹲坑只剩下最后一个了,他多半会把它谦让给对方,为什么,一说大家就明白了,蹲在那边可以看火车。一边蹲着,一边可以看到镂空墙外盛开的向日葵和铁路上的风景,这么如厕,视觉与生理便得到了双重享受。

毫不夸张地说,公厕在它的全盛时期甚至带有一点社交场所的功能。我记得穿深蓝色呢子中山装的于德奎上厕所的时候也是官僚主义作风,绷着脸抽着烟读报纸,对人爱理不理的,可是大家都赔了笑脸跟他说话，求他帮这个忙帮那个忙的，油条铺里的老冯酷爱象棋，又珍惜时间，我有好几次看见他铺开一张报纸，蹲在那里，和相邻的人下棋。听说也有利用厕所做其他事的，理发店的老花花公子陈某经常在中午公厕相对清闲之时进去，他和某个作风不正派的有夫之妇隔墙传情，在这里商定下次幽会的时间和地点。

而我外婆对于那间公厕的感情是最特殊的，街上好多上了年纪的人都知道，她是在那间公厕里生了我小舅理生。那是很多年前一个夏天的早晨，我外婆当时分娩的征兆非常明显，可她仗着自己丰富的生育经验，不听女邻居好心的劝告，走路已经比企鹅还要笨拙了，偏要去赶什么菜市场的早市，结果走到铁路桥下面，正好一列火车从桥上轰隆隆地驶过去，也不知是让火车吓的，还是急着要看火车，我小舅闹着要出来，外婆知道这事情不可阻挡，她弯着腰考察了一下周围的地形，头上是铁路桥，脚下是麻石铺的街道，东面西面是有人家的，但都是别人的家。没有一个地方适合这次分娩，只有几步之遥的公共厕所热情地呼唤着我外婆，也是别无选择了，我外婆最后只好选择了公厕。

他们说小舅出世的时候正是公厕一天中第一个高峰期，男厕方面的人听见墙那边响起一阵女人们慌乱而喜悦的声音，小脑袋出来了！小屁股出来了！看，有小鸡鸡的！有个女声对着男厕这边大声嚷嚷，那边有没有人带剪刀？这边的于德奎应声回答，旅行剪刀行不行？那边说，行，快拿来，能剪脐带就行！于德奎这种时候也不好耍官僚作风，跳起来，从钥匙扣上解下旅行剪刀，提着裤子就跑了过去。

幸亏于德奎那把旅行剪刀，也幸亏公厕人多，又都是热心人，我小舅就这么着在众人七手八脚的相帮下出世了。

小舅理生从小就给大家添麻烦，对于我外婆一家来说，理生的健康始终是个令人揪心的悬念。小病大病他都有，那些毛病现在看来有的是病理性的，比如遗尿、梦游、多动症，比如哮喘和哮喘引发的急性休克。有的却是恶习，他的手总是处于运动之中。当他被人们抱在怀里的时候，理生拍打所有悬荡在空中的东西，电灯、腌菜、别人晾晒在架子上的衣服，包括别人怀抱里的孩子，他拧他们的脸。大多数小孩子看见理生的手抬起来，先就拉警报似的尖叫起来，偶尔有勇敢的对手，你拧他他也抓你，理生被抓疼了便哭，一下子露出了纸老虎的面目。我外婆为儿子讨厌的手操碎了心，她养育理生的过程很大程度上是看管一只手的过程。幸亏我小舅不是白痴，他大些了，就不再用手去侵犯别的物体和别的孩子了。他的手仍然不能闲着，就抠自己的鼻子。他抠鼻子的习惯保持得最为悠久。不管有没有鼻涕，他总是把手指放在鼻孔里，狠狠地抠，抠出血来他哭着跑回家，很委屈的样子，好像是谁把他的鼻子打出血来的。我母亲我大姨二姨大舅二舅以前都接受过相似的任务。看着理生的手，我外婆命令他们，别让他抠鼻子，再抠出血来拿你们是问！

我小舅不是白痴，尽管是降生在公厕里的孩子，也照样幸福地成长。到了不该抠鼻子的年龄他就不抠了。我母亲和大姨他们对理生有偏见，他们说不是他改好了，是他的手长得太大，手指太粗，塞不进去才不抠的。我小舅的手确实很大，这要归功于他长年不懈的手部运动。他喜欢炫耀自己的大手，他把他的手掌竖起来挡着小孩子们的脸，重复地卖弄他的一丁点幽默感，你的脸呢？你没有脸了。你不要脸。

其实他自己才不要脸。他的手掌上有一股难闻的淡淡的腥味，不是偷吃了鱼的腥味，等我自己到了那样的年龄，才猛然醒悟到那是什么气味。我小姨也骂理生不要脸，有一次理生躲在房间里做他的好事时，忘了把锁孔堵起来，结果我小姨看见了理生偷偷干的勾当。这种丑事她想检举也说不出口，偏偏理生那天哮喘病犯了。我外婆回来盘问这个盘问那个的，怀疑是别人把他弄病的，我小姨仗义执言，在一边突然冒出一句，他玩自己的小便，我看见的！我小姨大胆的揭发遭到了外婆的训斥，女孩子家，胡说些什么！但我外婆包庇理生也是有限度的，过了一会儿她走到儿子的床边，抓起一把量布的尺子，啪，啪，啪，在理生的手上狠狠地打了三下。

我外婆说，你这只手该死，还是闲不住，什么都摸！我恨不得把你这只手剁了，剁下来喂狗！

这都是我小舅理生成年以前不光彩的历史，主要与他的手有关。理生自己也害怕自己的手，他下了决心把自己的手看管起来，一个最简单的方法是随时随地把手插在裤兜里。所以我小舅后来就成了香椿树街上仪态最为特别的一个人，他总是把手插在裤兜里，即使是夏天，他也穿着有两个口袋的西装短裤，不怕热，他坚持把自己的手插在口袋里。所谓世上无难事，只怕有心人，后来理生的手再也没给大家惹什么麻烦。

这是好事，更大的好事是理生的哮喘病在关键时刻帮了自己的忙。理生中学毕业那年，他的同学狗毛、老鼠、红旗他们都下了乡，理生天天把手插在口袋里去汽车站送人，汽车走了他也郁郁寡欢地往家走，别人知道理生按政策应该下乡去，问他为什么不走，我小舅就不知好歹地嚷嚷起来，谁不想走？我为什么走不成，你去问他们！

"他们"指的是我外婆外公大舅大姨他们，也应该包括有权有势的于德奎。香椿树街上的消息灵通人士知道我外婆在理生下乡的事情上花了多大的心血，她左手举着一把黑阳伞，右手挎一只公文包在七月炎热的街道上奔走，乍看像一个公事繁忙的妇女干部。我外婆的公文包里装着两包牡丹牌香烟、理生的一堆病历，还有于德奎写给各部门熟人的条子。她在许多办公室里向许多陌生人敬烟，向他们反映我小舅理生的特殊情况，劳动锻炼是好事，可我们家理生干不了农活，让他搬一块压腌菜的石头他都喘半天啊，喘了就休克，好几次差点就见了阎王爷！我外婆抹着眼泪说，不是我们不听毛主席的话，人命关天，特殊情况特殊分析，就是毛主席知道我们家的情况，他老人家也不会让我儿子下去的。

我小舅理生后来很幸运地留了城，所谓幸运是我们的看法，理生自己一直是视其为不幸的。他天生是那种把别人好心当成驴肝肺的人，我外婆对他的宠爱在他看来是惩罚，他怀着一肚子怨恨进了街道办的纸扇厂，由于同事多为女人和老人，他每天下班回来的样子好像刚刚从地狱归来，他看见我外婆慈爱的目光就肝火中升，好像看见了一只惹人憎厌的苍蝇。据我母亲回忆说，有一次我外婆不肯给他钱买一件时髦的衬衫，他竟然张嘴骂我外婆是个老不死的吝啬鬼，要把钱带到棺材里去。我外婆气得站在水池边发抖，我大舅二舅和小姨他们当时正好在家，大舅说，反了天啦！二舅冲着我外婆嚷道，这就是你宠他宠出来的下场！小姨平时有点怕理生，这会儿也不怕了，去灶上拿了把锅刷递给我大舅，说，大哥二哥，你们快去把他的嘴刷刷，好好刷刷！

我大舅二舅他们按捺不住对理生多年来的不满（或许也有一点嫉妒），他们扑上去把理生按在一张椅子上，拳脚相加，原本是准备好好地收拾他一通的，怪我外婆不答应，她尖叫着打不得，打不得，人就像一面盾牌一样插在三个儿子之间，他有病，打不得。我外婆一着急说话便丧失了立场，她哭着把儿子们一起骂了，你们这些不肖子，我还没死你们就打起来了，要打先把我打死算了！然后她把理生从椅子上拉起来，向门那儿推了一把，没脑子的东西，你还不快跑！

据我大舅的说法，理生那天是跑到铁路桥下的公厕里去了。我外婆担心他犯哮喘，逼着大舅去找他，结果我大舅看见理生蹲在厕所里，和浴室里烧锅炉的小纪相对甚欢，一只手不时地伸出去比划着，嘴里嚷嚷着什么七匹马呀八匹马的，屁事也没有，他在向小纪学习划拳令呢。我大舅冲进去在他屁股上踹了一脚就走了，回家抱怨说，他屁事也没有，我倒是快让他弄出哮喘病来啦！

说我小舅的故事，还是要回到令人不快的公厕。有一年我们这个城市的爱国卫生运动搞得热火朝天，在有关方面的部署下，所有有碍观瞻或者管理不善的公共厕所有的被填没，有的被迁移，香椿树街临近铁路桥的公厕本来是要被消灭的，但考虑到这个街区的居民普遍没有现代化的卫生设备，男女老少又都养成了蹲着解手的习惯，所以就移址再造了，向西移动了五十米，移到白铁铺子和老冯家之间一小片空地上。老冯一家为此事闹过一阵，说厕所大家用的，凭什么让他们一家天天闻那臭味。别人说，你光说那臭味不好，怎么不说你们家用厕所的好处，下雨天别人还要打伞上厕所，你们家的人蹦两下就蹦进去了，再说了，你老冯是最爱蹲厕所的，得了便宜别卖乖！大家心里都清楚，老冯闹也白闹，个人利益最后都是要服从集体利益的，不过好多人对新公厕的选址也是有看法的，倒不是为了老冯家打抱不平，主要是蹲在新公厕里什么也看不见，看不见来来往往的火车，看不见路坡上的向日葵和野蔷薇花，除了老冯家晾出来的破棉胎、内裤、棉毛衫什么的，其他便没什么可看的了。

　　市政工人来拆除老公厕的时候，我小舅理生恰好在里面，一列火车恰好隆隆地从理生的视线里驶过去。那几个工人也毛糙，不看看里面有没有人，挥起大铁锤就砸墙，理生开始以为是火车的震动声，可是一块碎砖飞到了他的屁股上，理生就叫起来了，你们瞎了眼了，没看见里面有人！外面的人表示了他们的歉意，同时催促理生动作快一点，理生很生气，他说，你们没上过厕所的，没拉完，怎么个快法？

　　好像是为了安慰一个弥留之际的灵魂，我小舅理生尽量地延长他享受这间公厕的最后的时光，外面的工人等得有点着急，他们说，你快一点，我们今天要填三间厕所呢！理生说，急什么？你们还有理？你们把我的屁股弄伤了，我还没有找你们论理呢。外面的工人等得不耐烦，就用工具到处砰砰地敲，理生在里面说，你们越这么敲我就越不出来。哼，试试看。工人们知道碰上了个犟人，没有办法，他们隔着个墙洞，给理生敬了一支烟。

我小舅叼着香烟磨磨蹭蹭地从里面出来，站在一边，抖着腿，看那几个工人填厕所。有个工人跟他开玩笑，我看你对这间厕所很有感情嘛。你这个人，对什么有感情不好，偏偏对厕所有感情。我小舅瞪了他一眼，说，我对你妈也有感情，对你妹妹也有感情。结果两个人差点扭打起来，让别人拉开了。理生白着脸爬到路坡上，坐在一堆枕木上，仍然气呼呼地看着那几个工人。工人中间有一个与我们街上修自行车的春耕是朋友，他后来问春耕说，你们街上有一个傻×是谁，我们去填厕所，他跟我们作对，我们填厕所填了一个钟头，他在一边看了一个钟头！春耕一听就笑起来说，是理生嘛，只有理生那傻×才会做这么没名堂的事，那间厕所——嘿嘿，我骗你是狗，他妈把他生在那间厕所里，脑子里天生有屎的。

现在大家知道春耕他们对我小舅的鄙视和偏见源自何处了，在某种意义上它有合理的一面，春耕他们不是出生在医院里就是出生在家里，出生得不巧的生在火车轮船上，最不济的也生在路上，比如在肉铺卖肉的路生，唯独我小舅，他生在公厕里，这是我小舅一生无从摆脱的笑柄。从小到大一直有人拿这件事耻笑他，这些人从来不肯公正地想想，难道是他自己愿意在公厕里降生的吗？在这件事情上我小舅知道自己是无辜的，他把怨恨发泄到我外婆身上。你为什么非要跑到厕所里去？在铁路桥桥洞里一样生，在路上也一样生，我小舅对我外婆怒吼着，并非迁怒于她创造他的生命，而是不能原谅她选择的那个分娩地点。我外婆知道儿子的心情，她尽量从女性的生理特点上为自己开脱，可我小舅突然用一句令人震惊的脏话辱骂了我外婆，他竟然说，你就不能夹紧一点，再走一百多米就到绍兴奶奶家啦！

这次把我外婆气哭了，我大舅二舅他们回家后，小姨向他们告了状，他们联手教训这个不肖子，一直追他追到街上，他们把他按在王德基的三轮货车上，我大舅掰开理生的嘴，二舅负责用瓶刷刷他的嘴，好多邻居围着他们，一边看一边劝架，我大姨我母亲他们则推搡那些看热闹的，同时提醒大舅二舅，刷几下就可以了，可以了。我外婆没有出来，她也不该出来，用我大舅他们的话说，都是让她自己惯出来的，现在理生发展到这种地步，她也没脸出来阻拦了。

对于我小舅来说，极端的惩训是有一定的帮助意义的，那次当众刷嘴以后他再也没犯过什么大逆不道的错误，不管这是巧合还是理生自己的成长，还是用我大舅二舅的话来总结比较好一点，他们说，他们那次不仅把他的嘴刷干净了，也把他的脑子刷干净了。反正自此以后理生就孝顺了许多，我大舅他们再也没打过他。当然话说回来，那年理生已经二十五岁，也不应该挨打了。

我说过我小舅其实不是个笨人，他与许多人一样，也是个具有开拓精神的人。大约是在八十年代中期，香椿树街好多人家都把临街的一面墙砸了开店，开发廊、饭馆，卖烟酒杂品、自制卤菜、塑料玩具、报纸杂志，我小舅最好的朋友东风还别出心裁地开了一个"拖鞋世界"，专门卖各种各样的拖鞋，冬天的棉拖鞋，夏天的橡胶拖鞋塑料拖鞋，标签都是用专业用语：女拖，男拖，老人拖，少女拖，幼儿拖，甚至还有一种鸳鸯拖，上面都是喜字，专供新婚夫妇用，标价也高，一卖就是两双。由于是特色产品只此一家，有人从大老远的地方赶来买东风的鸳鸯拖，东风很得意，我曾经看见他挥着一双鸳鸯拖对我小舅说，看见了吗，兄弟我就靠拖鞋打天下！我给香椿树街长了脸啦，如果不是我的拖鞋，谁跑到我们这鬼地方来？

我外婆家不临街，小舅他鬼魂附身似的要开店创业，出发点是好的，我外婆一家没办法，只好发动起来帮他找店面，我们街上最有权势的人物于德奎当时还没退休，在区里负责"三产"，结果自然是找他打交道。于德奎最烦我外婆，操着山东腔骂人，他奶奶的，好像前世欠了你家理生的债，等我哪天见了马克思，你让理生披麻戴孝来，好好给老子磕几个响头！我外婆自然一口应允，说，老于同志，你要不嫌我家理生不成器，让他给你当干儿子吧。于德奎自然不要我小舅这种人做干儿子，挥着手说，不不，我们不搞这一套。厌烦归厌烦，还是帮了忙，于德奎帮忙弄到了香椿树街最后一块可以开店的空地，说起来好像是命运的刻意安排，就在铁路桥那里，也就是在那间公厕的遗址上。

公厕的遗址几乎做了老杨家的小菜园，老杨也怪，是个工人，却喜欢做农民的事，看见空地就想着种点什么，省钱，还改善生活。他在那里栽了一些香葱、一些青蒜、一些鸡毛菜，还有几棵向日葵，不知道是为了观赏还是食用。大概是土肥的原因，所有东西长势都很好，我小舅去清理菜地时顾不上和老杨打招呼，他把人家的葱蒜扔得满地都是，老杨就抓着一根扁担赶过来了。我说过那会儿我小舅已经学好了，加上创业心切，他郑重地告诉老杨，他不跟他打架（打架你也不是对手），这地方已经属于他了，区里批准他在这里开店。老杨在气头上，不分青红皂白，挥舞着扁担往理生身上扑，这是哪家的王法，你以为你妈把你生在厕所里，这地方就是你的了？老杨一着急就揭我小舅的疮疤，厕所是你的地盘？你出息大了，开店做老板？怎么不去街上找个好地方，找到这地方来了，在这儿开店卖什么？卖粪，卖尿？一般来说，没有人能够承受老杨这种粗俗恶意的侮辱，但我小舅挺住了，他抢过对方的扁担把它扔在地上，他的脸色因为强压怒火变得像一块紫红色的猪肝，那一瞬间，我小舅一定是彻底放下了他心头多年来积压的沉重的包袱，管它以前是厕所还是什么，反正现在这地方归我了。他转过脸看看铁路，一列货车刚刚开过去，可以看见几辆用油布蒙着的轿车威武地站在货车板上。反正这地方归我了，我小舅说，你不信到街道去问，这地方是你的还是我的。他收回目光，看着路坡上撒落的老杨的香葱和大蒜，说，你他妈的管我卖什么呢，我发展得好了就在这儿卖汽车卖飞机，发展得不好就卖香葱大蒜，关你屁事。

　　我小舅理生的手其实很巧，后来竖立在铁路桥一侧的那间简易房几乎是他自力更生搭建起来的。他的手闲不住，他的"理生商店"一开始是平顶，后来他受到了西方建筑的启发，用泡沫材料在房顶上修了一个尖顶，加上简易房墙上的红色油漆，从铁路上俯瞰下去，别人还以为我们香椿树街居民改信了耶稣新盖了一座小教堂呢。可惜的是由于这年冬天刮大风，那个尖顶材料不过关，被风吹得东一块西一块的。"理生商店"失去了一个国际化的标志，只好与街上其他寒酸平庸的店铺打成一片了。

我小舅理生的经商生涯几经沉浮，他有白手起家的雄心，商业头脑则稍微差一点。这也不能怪他，不是每个人都能做李嘉诚的。最初我小舅将眼光盯着家家户户的自行车，也不错，至少考虑到了市场。他的商店曾经是我们香椿树街唯一的自行车零件商店，其经营理念是与街上的四个修车铺一体化经营，轮胎、钢圈、车锁，坏了都上他这儿买，虽然没有合同，但理生与四个修车的人都是有口头约定和利润回扣率的，好似大集团之间的利益同盟关系。可是不知道是他的商业伙伴背叛了他，偷偷干了什么勾当，还是我们街上的人太爱惜自己的自行车，不需要置换自行车零件，反正我记得我小舅的商店很快就转向经营了。赚不到钱！我记得他后来卖过弹簧、海绵、地板蜡、油漆，还卖过菜油、布料。奇怪，别人开个店铺好坏都能糊口，我小舅不行，卖什么都没有顾客捧场，赚不到钱！小舅心一慌，经营方向便越来越乱，最后他主营拖把、扫帚业务，稍带着卖一些碗勺和陶瓷杯子，还是惨淡经营，赚不到什么钱！一次偶然的机会，东风带着两个朋友路过铁路桥，本来挥个手寒暄几句就过去了，可是东风看见我小舅愁眉苦脸地苦守着一堆拖把扫帚，忽然动了恻隐之心，对他的朋友说，来，干脆就在倒霉鬼这里玩，让他倒茶点烟，谁赢谁丢点钱给他。

怪东风的好心坑了我小舅，也怪我小舅穷疯了，又是法盲，或许什么都怪不着，怪他脑子里又长出了屎，小舅他居然就做起了这种抽头聚赌的事情。那一阵子他的商店天天关着门，里面却热热闹闹的，这种反常情况怎能逃过群众的眼睛？老杨后来就愤怒地跑到派出所去检举了，他是个敢怒敢言的人，对派出所的人说，你们干的好事，不准我在那里种菜，倒让理生在那里开赌场，他奶奶的，这香椿树街还是共产党的天下吗！

理生出事那天商店当即被贴了封条。我外婆闻讯赶到那里时人都被带走了。有人趁火打劫，趴在窗上用竹竿去勾里面的扫帚拖把，我外婆又气又急，一边撵人一边在商店四周巡逻，保卫儿子的货物要紧，一时也就顾不上自己的心情了。夜里外婆就病倒了，我外婆在持续的高烧中回忆理生令人伤心的成长经历，满腹辛酸最后又化为自怨自艾，是我不好，为什么非要跑到厕所里去？她说，是我不好呀，掉在厕所里的孩子长大以后能有出息吗？谴责了自己我外婆又去怪人家于德奎，她拍打着床铺说，于德奎也不好呀，他偏偏身上带着那把剪刀，没有剪刀倒也好了，让脐带要了他的狗命，不，不，干脆把我们母子俩的命一起要了，省了大家的心。

我记得小舅理生从拘留所回来的时候外婆仍然卧床不起。大舅他们让小舅跪在外婆床边，小舅不跪，他弯着腰，大概是准备敷衍过去，大舅推了他一把，他应声跪下一条腿，就像清朝的官员给慈禧太后下跪，我二舅又推一下，他这才完整地跪下了。我看见他的一只手黑乎乎的，好像几天没洗过似的，那只脏手在床单上爬了一会儿，犹豫了一会儿，忽然抓住了外婆的手。

里面日子不好过。小舅说，天天吃肥肉，吃蔬菜，人侧着身子才能睡，一夜也没睡好。

我外婆没说话，她把一双粗糙而苍白的手放在小舅手里，看不出来是谁握着谁的手。

我会学好的。小舅说，赚不到钱就赚不到钱。我再也不惹事了，里面日子不好过。

你学好太阳就从西边出来了。我外婆说，是我不好，不该让你落在厕所里的，多晦气。

不怪你，怪我自己非要那会儿出来——说这些干什么，没用。小舅说，你别气了，我学好就是了，从今往后，我一定会学好的。

我死了你就学好了。外婆说，等我死了，你不学好没饭吃，就能学好了。处个好对象，成个家立个业，我也算有个好报应了。

我外婆一生饱经风霜，对于人的命运尤其是亲人的命运有着神奇的预见性，外婆之死看起来似乎就是为小舅理生开辟一条独特的金光大道，让他失去所有的依赖，彻底学好。更奇异的是小舅后来的生活几乎忠实地印证了这个约定，我外婆不在了，他也学好了。外婆去世半年后他在铁路桥下遇见了从安徽农村来我们这里打工的姑娘苗萍，苗萍当时歪着头看桥上通过的火车，她的旅行包的拉链打开着，苗萍看火车，我小舅就看她旅行包里的东西，他的这种表现容易让人误会，以为是个小偷。苗萍很快引起了警惕，她用手盖着旅行包往化工厂方向走，我小舅就跟在她后面，他说，你不拉拉链，东西掉了，谁捡着归谁，我捡了就归我。苗萍是个老实巴交的姑娘，像我小舅这样的男人遇见个一见钟情的人，说话往往不三不四的，苗萍不懂这一套，她怕我小舅真的跟在她后面捡东西，就慌忙蹲下修理她的旅行包的拉链。就这样我小舅看见了苗萍的那只右手，人人都有五根手指，苗萍的右手却只有三根手指，还有两根手指看上去好像被什么东西切断了。

苗萍不会修拉链，我小舅在旁边看着他，看了一会儿他说，给你越修越坏了，我来替你修，我学雷锋，不收你钱。然后我小舅蹲下来，苗萍站了起来，小舅说，你的手怎么回事？苗萍有点不高兴，把手藏在背后说，没怎么回事。小舅看她板脸，就没追问，不问她了，她倒又愿意说了。让脱粒机咬的，她看了看自己的手说，我小时候很皮。苗萍站在一边看我小舅修拉链，这样她也看见了我小舅的手，看见了我小舅浑身上下最优秀的部分，前面我已经说过了，我小舅别的不行，但他有一双灵巧的大手。

苗萍后来当然成了我的小舅妈，跑不了她——我外婆在天之灵安排好的事。她是一个语言朴拙的人，记得在他们的婚礼上有人问苗萍，看上了理生的什么，苗萍想了想，涨红了脸说，手，他的手大，也很巧。苗萍跟我母亲很亲，她悄悄地告诉过我母亲，她的择偶标准中最重要的不是相貌，也不是钱，是手。自己的手有残疾，她就希望对方有一双能干的大手，就像我小舅理生那样的大手。

正如我外婆所期望的，她不在了，小舅就彻底学好了。我小舅现在有没有学好？不用我们家的人自夸，大家都看在眼里。是否学好了要拿事实出来，我小舅把外婆家的房子让出来给大舅小姨他们住，自己在外面弄新房就是一个事实。

下面该说到我小舅小舅妈他们的家。他们的家是由从前的理生商店改建而成的，地点不变，建筑格局不变，感谢有关方面为我小舅再开绿灯，同意将原来的房子扩建十平方米，后面还可以加盖一间厨房，旧房新房经过小舅一个多月的精心改造和打扮，再加上我小舅在面积上做了一点手脚，那房子比我们街上许多人家的老房子要宽敞得多，漂亮得多。大家都去参观小舅的新房，谁看了谁夸，偏偏有个不懂事的小纪，不知道是嫉妒呢，还是一把年纪活在狗身上了，他张大了一张臭嘴在那里笑，踩着一块地砖说，这下面就是个蹲坑，我以前经常在这里拉屎的！

幸亏我小舅妈苗萍当时没听见。她是个外来妹，不知道我们香椿树街从前的历史，也不知道我小舅此生与厕所结下了不解之缘。其实这事也成了我小舅的一块心病，他是个特别爱面子的人，如果别人不说，他会把这个秘密保留一辈子的，可是他也知道人的嘴是很讨厌的。如果别人都像小纪那样张着臭嘴乱说，他也堵不住他们的嘴呀。

所以我小舅在甜蜜的新婚生活中经常唉声叹气的，苗萍问他为什么叹气,小舅说,住在铁路旁边,太吵了,怕你夜里睡不好。苗萍说,我不怕吵,不是告诉你了吗,我爱看火车,怎么看也看不够。苗萍爱看火车,火车就不是问题了,新房的令人尴尬的过去却始终是个阴影,这也是我母亲我大舅他们的阴影,他们都担心哪个不怀好意的人去告诉苗萍这个秘密,如果出现了这种缺德的人,该怎么对付他呢?

谁也没有好主意,后来还是我说了一句:把他送上道德法庭!

五月回家

永珊带儿子回梨城探亲，到了弟弟永青家的门口，才知道他刚刚搬了家。

亲人们有的老去，有的迁徙，有的已经疏远，弟弟永青是永珊在梨城的最后一个亲人，可以想见，他的消失使永珊在儿子面前多么的难堪。永青家人去屋空，永珊从卸去锁的圆孔里看见的是一个空空荡荡的家。狭小的客厅里光线阴暗，唯一看得清楚的是一只残破的白色坐便器，也许在拆卸时弄坏了，被弟弟他们扔在那儿，闪着一圈白光。不知是表达失望还是气愤，永珊重重地捶了两下门，捶一下不解气，换个手又捶一下。儿子把拉杆箱放了下来，人坐在箱子上。他们搬家了，你还拍门，他很冷静地看着母亲，说，使这么大的劲，你手疼不疼。

邻居夫妇出来了，他们弄不清外面的母子俩和永青的关系。男的问永珊，你们是亲戚？永珊说，我是他姐姐呀。女的在男的身后打量永珊，是表姐还是堂姐？永珊看得懂夫妇俩疑惑的眼神，她轻声说，是亲姐姐。说完她的脸就红了，她听见自己说话的语气好像是在撒谎。邻居夫妇没有再多问什么,他们建议永珊打永青的手机,永珊说,打过的,是空号,可能我抄号码抄错了。那女的又出主意让永珊去煤气公司打听一下,说凭她的记忆永青好像是在那里上班的。这时候永珊很自信地笑了笑,纠正道,不是煤气公司,是自来水公司。我知道的,春节我弟弟还打过电话来拜年。

　　后来他们就下了楼。儿子提着箱子跟在母亲后面,不肯好好提,一半是在拖,箱子便和水泥台阶咯咯地冲突起来,你拿箱子撒什么气?永珊回头看了看便叫起来了,刚买的新箱子呀!儿子说,我撒什么气?我不气,是你在气。我气?我气什么?永珊反问了一句。看儿子一副不屑于回答的样子,自己解答说,你舅舅在记恨我,他故意不通知我,故意的,我知道。儿子和箱子都歪着身子站在台阶上,他说,这也叫探亲?你说怎么办吧,还去找舅舅吗?永珊站住了,她没有回答儿子,只是停在三楼的楼梯口,透过打开的气窗向外面看。这儿原来是农村吗,叫什么公社的?胜利公社吧。她说,以前我带永青上这儿来看过露天电影,走夜路,到处是黑乎乎的水稻田,还有菜地,青蛙在水田里咕咕叫,还有萤火虫飞来飞去的。儿子没有兴趣听母亲不着边际的回忆,他说,探亲探亲,劳驾你告诉我,亲戚在哪儿呢?永珊回过头训斥道,闭嘴,谁说我们是来探亲的?我六年没回梨城了,回老家来看看,不行吗?儿子看来是有点怕母亲的,他的讥讽变成了一种委屈的抗议。那我们就拖着箱子在街上晃,别人以为我们是盲流呢。永珊拧过身子,仍然看着气窗外面,回来看看也好,她好像是拿定了主意，说，你舅舅那儿，去也行，不去也行，大不了我们住旅馆，花不了多少钱。

是五月的一个下午，太阳很好，梨城北部的空气中混杂着尘土的腥味和不知名的淡淡的花香。母子俩穿过居民区门口的小广场，小广场粗糙而局促，但搭了水泥葡萄架，架子上没有葡萄藤，但地上开满了月季和芍药花，阳光照耀着这里那里的一些陌生人的脸，那些脸远远看过去是金黄色的。他们在小广场停留了一会儿。儿子去商店里买可口可乐，回来时看见永珊和一个坐在花坛上打毛线的女人聊天，他就跑到一边看两个男人下围棋去了，可永珊在那边已经拉起了箱子，快走呀，你怎么看起棋来了呢？儿子跑过去，说，我以为你遇见熟人了呢，你不认识人家跟人瞎聊什么？永珊说，不认识就不能说说话吗？我认错人了，我以为是黄美娟，小学同学，认错人了。

永珊的脸上浮现出一丝落寞之色，她回头又看了看那个打毛线的女人，那女人低着头，在阳光下打毛线，毛线是艳丽的桃红色。那么俗气的颜色，谁穿得上身？永珊随口评论了一句，忽然叹起气来，说，也奇怪了，梨城也不算大，从下了火车到现在，怎么一个认识的人也没遇着呢？

儿子喝了一口可乐，斜着眼睛看了看梨城五月灰蓝色的天空，思考着什么，然后他说了那句话，听上去是从哪部电视剧里学来的，却学得巧妙，让做母亲的哑口无言。儿子说，可惜，你还记着梨城，梨城早就不记得你了。

他们坐公共汽车到白菜市去。

去白菜市也是永珊独断的主张，她说，不管怎么样，我们得去白菜市看看老屋,这次不看,以后再也看不到了。永珊几乎是把儿子推上汽车的,儿子不愿意让她的手接触自己,他左右扭动着肩膀,驱逐着母亲的手。你别抓我,你就把我当人质好了,他说,你让我去参观什么我就参观什么,参观厕所也行。这次是把老屋隐喻为厕所了,儿子话一出口就后悔了,他吐了下舌头,不敢向母亲看。但侥幸的是永珊忙着找座位,没有留意儿子在嘟囔什么,她占了一个座位让儿子坐,儿子不肯坐,永珊便自己坐下了。

永珊微微侧转着脸,看着车窗外的街道,她说,我记起来了,以前这儿还有个坟场,我们夜里看露天电影路过这里,都不敢向这边看,坟场在路的左面,我们就一起向右看齐,拼命地跑。儿子没搭理母亲,他的漠然告诉永珊,别指望我配合你,我对这城市的一切都不感兴趣。永珊的目光在儿子和车窗外的街道之间游动了一会儿,终于凝固在儿子的行李箱上。你舅舅心里的疙瘩我知道,她的思路跳跃了一下,很突然地跳到了永青身上。她说,我知道他是故意躲我呢,老屋拆迁是货币拆迁,他怕我回来找他分钱。

儿子鼻孔里哼了一声,说,那你到底是不是要跟舅舅分钱呢?

永珊瞪了儿子一眼,就此不说话了,后来直到下车,永珊一直没再说话。儿子从母亲的眼神里看到一种像乌云一样紊乱的东西,他毕竟还小,不知道母亲心里在想些什么。永珊不说话,儿子也不说话,他跟着母亲下车,等着她指引方向,但永珊站在汽车站牌下,东张西望一番,突然说,这是在哪儿呢?

永珊迷路了，永珊走在回家的路上，可她迷路了。肥皂厂的水塔不知什么时候被拆掉了，没有了肥皂厂的水塔，永珊就找不到去白菜市的路了。怎么拆得这样？永珊有点惶恐地看着街道两侧的建筑和人群，她说，走了几十年的路，怎么就不认得了？回到家门口，还要找人去问路？

其实到处都一样，梨城这城市也像别的地方一样被有关部门努力改造过了。旧城特有的狭窄弯曲的街道被果断地拉直拉宽，不仅是气派了，顺便也逼迫人们丢掉了陈旧的不科学的方位感。很多妇女在街道上迷失了方向，她们找不到路口的杂货铺、邮筒或者水塔什么的就找不到相关的路。永珊就是这么个不辨方向的女人。她发了一会儿牢骚，最后放弃了寻找水塔的努力，向路边一个卖水果的老人问了路，路一下就有了，老人指了指北边的一大片废墟，说，往那儿走吧，看见房子都拆得半倒不倒的，就是白菜市了。

永珊没料到七年以后回家的路，是通过一片废墟到另一片废墟。永珊对着满地的碎砖残瓦发愁，说，这怎么过去呀？儿子在后面说，不好过去就别过去了，我们就算瞻仰过故居了嘛。但永珊已经转过来抬行李箱了，她说，我们抬着箱子，脚下当心一点，有玻璃碴的。

白菜市一带的废墟迎来了离别多年的永珊和她的儿子。晚清的、民国的、社会主义的砖瓦木料混在一起，在五月的阳光中哀悼着过去的日常生活，现在这种宁静的哀悼被最后的来访者打破了。让我们做一次幼稚的联想，也许废墟里的一砖一瓦还记得永珊，好多年前那个背着手风琴来往于白菜市和文化馆之间的女孩子，也许它们在说，永珊，你好，手风琴练得怎么样了？但永珊听不见，永珊只听见附近工地上的推土机隆隆滚动的噪声，夹杂着路边音像店里女摇滚歌手的啦啦啦的声音。再说永珊现在是一个十三岁男孩的母亲，早就不拉手风琴了。永珊和她儿子艰难地行走在回家的路上。母子俩表情都并不愉快，他们的怨恨恰好是废墟造成的，谁也无法在废墟上拖拉行李箱，他们在敌对的情绪下抬一只沉重的箱子，所以母子俩都累得气喘吁吁的，那男孩不时恶狠狠地踢掉一个玻璃瓶子，或者踩碎一块无辜的瓦片，而永珊则在诅咒废墟的混乱和无序，要知道废墟从来都不是整洁的，永珊的埋怨未免有点不近人情。废墟中的一只老鼠似乎是为了警告来访者，它突然从砖瓦堆里跳出来，把永珊吓了一跳。

永珊吓了一跳。吓死人了，永珊捂着胸口说，怎么会有老鼠的呢？那么大的老鼠。

儿子说，垃圾堆里没老鼠，哪儿还有老鼠？

永珊皱着眉头环顾四周，看见西边一棵梧桐树还很勉强地站在砖堆里，东面的一幢砖木楼房拆剩一面外墙，像舞台布景孤单地耸立着，门檐旁边的一排字仍然清晰可见：专修钟表，立等可取。永珊的眼睛突然亮了一下，我知道了，这是大康头家的位置，大康头你知道的吧，人是个丑八怪，手很巧，会修手表的。她说着开始向左侧的废墟里搜寻着什么，水井就在这儿，我以前天天到井边来洗东西，洗衣服，淘米洗菜，涮拖把。永珊说，怪了，怎么看不见水井了呢？

看得见才怪，儿子说，让垃圾盖住啦！

永珊的目光停留在那棵树上了，我们去看看那棵树，她的声音听上去有点亢奋，我小学毕业那年在树上刻过名字的，插队回来看过，名字还在树上，跟着树一起长大了，现在不知道还在不在了？

我不看。儿子说，要看你自己过去看。

永珊瞪了儿子一眼，自己跑过去看树。永珊弯着腰在砖堆上走，围着树转了两圈，看见的是一棵皮绽肉裂的老树的树干，有人在粗壮的树干上用红漆写了一排字，谁在此处小便谁就是狗！还附加了一个很不文明的图画。永珊没有找到她的名字，她低着头想了想，也许并没有总结出原因，快快地下了砖堆。她看见儿子又坐到行李箱上去了，他一定是估计到了结果，用讥讽的目光看着他母亲。永珊给自己打圆场，说，没了也好，不知道谁在树上胡涂乱抹，恶心死了。

天色很突兀地暗了下来，他们走到白菜市的废墟深处时，橙色的阳光已经从残垣断壁上消失了。离开老屋还有几步之遥，永珊先松开了抬箱子的手。放下吧，她对儿子说，我不告诉你哪堵墙后面是老屋，你自己认得出来吗？

不认得。儿子说，谁记得这些？

永珊盯着老屋唯一存在的半堵墙，她先看屋顶，屋顶没有了，她看门，门也没有了，她看门前的水泥台阶，台阶淹没在瓦砾里。永珊看着看着，突然对儿子发起了脾气来，你什么都不记得！外婆带你带到三岁，外婆心脏病发作送医院前还在喂你喝牛奶，你也不记得了？这也不认得那也不记得，那不是人，是猪！

儿子惊讶地发现母亲的眼睛里闪着小题大做的愤怒之光。我记得外婆，并不一定要记得房子嘛。他小声地为自己申辩了一句就不吱声了，他看得出母亲的愤怒由他引起，但他觉得自己仍然是无辜的。关于梨城，关于白菜市，关于白菜市的这间老屋，他确实一点都记不得了。

除了永珊和她儿子，偌大的白菜市的废墟上空无一人，不远处的大街上已是一片夕照，车流人声偶尔沉寂下来，废墟上浮起一种细碎的若有若无的沙沙声，听上去像来自地下的叹息。有一只鸽子迎着暮色向白菜市的废墟飞过来，在永珊母子俩头顶盘旋了一会儿，仓皇地飞到了梧桐树那边去了，大概是谁家迷途很久的家鸽，终于找到了回棚的路，鸽棚和主人却已经消失了。

老屋还剩下半堵墙，半堵墙上挂着半扇窗子。永珊走到了半扇窗子前，窗框用红漆漆过多次，多少年来的日晒雨淋使油漆面起了很多条状的皱纹，像一个老人身上的皱纹。窗玻璃都碎了，但窗框仍然牢固地嵌在残墙上，永珊伸手推了一下窗，窗子应声启开，一个什么东西从窗台上掉了下去，永珊伏上去一看，是一只墨水瓶，墨水瓶落在里面的瓦砾堆里，没有碎，还是一只墨水瓶。

是外公的墨水瓶，永珊说，外公批学生作业用的，他喜欢把墨水瓶放在窗台上。

儿子站在母亲的身后向里面张望，也许他在努力回忆幼年在这座房子里度过的短暂时光，也许什么也没想起来，也许根本就没想。他说，好像在地震灾区，我们好像是两个灾民。

永珊摸了摸窗子,油腻的窗框上覆盖了一层灰,都沾到永珊手上了。我小时候最喜欢站在这扇窗前拉手风琴,她说,你外公懂五线谱的,有时候要汇报演出了,他会督促我练,站在我旁边替我翻乐谱。

我从来没有听你拉过手风琴,儿子说,你的手风琴现在到哪里去了?

给你舅舅了,永珊说,外公让他练,可他不喜欢,你舅舅没出息,我听外婆说他后来把手风琴卖给一个收旧货的人,卖了二十块钱。

梧桐树上的鸽子这时候又飞了过来,飞得很低,永珊他们甚至看得见鸽子灰色的羽毛,好像是被水打湿过的。鸽子在老屋残存的半堵墙头上停下来,停了一会儿,又飞走了。

那只鸽子找不到家了。永珊说。

是不是信鸽?儿子对鸽子是有兴趣的,他的眼睛亮起来,追着鸽子飞行的路线,他说,信鸽能飞一千里路,再飞回家,信鸽飞多远都能回家。

人都找不到家了,鸽子怎么找得到家?永珊说。

永珊不再看那只鸽子,她低头找着什么。找找看,她说,兴许能找到外婆种花的花盆,带回去也能做个纪念,你记得不记得了,外婆在门口垒了个花坛,种了好多花,那些花盆都是宜兴紫砂盆,都是很好的花盆。

花盆拿回家也没用,你从来不种花。

不一定种花,做个纪念,你懂不懂?

儿子很明显是在克制自己烦躁的情绪,他捡起一块瓦片朝远处掷去，瓦片恰好落在一块玻璃上，砰的一声，声音很脆很响亮。

你就不能做点正经事？永珊说，多大的人了，还这么不懂事？

在这么一片垃圾堆里，你让我做什么正经事？儿子说，你葫芦里到底卖什么药，天马上就黑透了，还去不去找舅舅？

永珊愣了一下，又扭过头，伏在窗台上向里面张望起来，看得出她一直在回避这个问题。永珊在暮色中凭吊着一个过去的家，心也沉在暮色中了。马上就带你去，你放心，梨城是我老家，怎么也不会让你睡在街上的。她对儿子说着，突然用手撑着窗台，努力地伸长脖颈向目光的死角那里看了一下。儿子以为这是母亲结束凭吊前的最后一眼，没想到永珊突然大叫起来。

五斗橱。我们家的五斗橱还在那里！

儿子半信半疑，干脆翻过窗子进去了。儿子在残墙的角落里果然看见一只五斗橱，用一块塑料薄膜和几张报纸遮盖着，歪着身子站在废墟上。是七十年代南方一带流行的五斗橱式样，并没有五只抽屉，倒很像一只小巧的衣橱，暗红色的橱门上方镶嵌着两块雕花板，一左一右，是对称的。

永珊睹物伤情，儿子是有准备的，他扶着母亲翻过窗台后就不吭声了，他坐在一张被丢弃的塑料凳子上，抬头看着白菜市废墟上黄昏的天空，一定是想起了哪个电脑游戏里的画面。儿子嘻嘻一笑，说，我现在人好像在无极魔宫里，无极魔宫你懂不懂？进了宫里你就把什么都忘了，什么本事都会了，可以用脑袋走路，可以用鼻孔说话！

永珊试着打开橱门，发现有人在门上上了一把小挂锁，门打不开。永珊就用手摸门上的雕花板，她说，你是肯定不记得这五斗橱了，我以前在家的时候天天要跟这橱打交道的，洗好的衣服要放进去，买油买米要从里面的抽屉拿油票粮票，你不会懂那些事情的，过去的事情，你一点也不知道。

知道了又有什么用，儿子说，你的事情你知道就行了。

不知道是谁上的锁，是你舅舅吧。他怎么忘了把五斗橱搬走呢？永珊捏了捏橱上的挂锁，又否定自己说，不一定是你舅舅，他那个人没出息，要么就扔，要么就卖，兴许是哪个拾荒的人锁的。弄不好这五斗橱也让他卖了。

卖了就卖了嘛，这东西又不新潮又不古典的，谁往家里放？

你也没出息。永珊恶狠狠地瞪了儿子一眼，她说，你长大了比你舅舅还没出息。

儿子被迫地再次沉默了，他向废墟的东面看，看见的是华灯初上的梨城，他越过残墙断壁向西边张望，看见的是更大的一片废墟，尘埃蒙蒙的，笼罩在黄昏的暮色中。这是他母亲的城市，这是他母亲的废墟，儿子无法感受到这一切与自己的紧密联系。儿子感到疲倦了，躬起身子抱着膝盖，像猫一样蜷缩在那里。现在他开始用一种很消极的态度对母亲说话，你什么时候看够了叫我一声，你抒情抒累了叫我一声，我打个瞌睡。

儿子听见母亲在五斗橱旁边瑟瑟地做着什么事，他没有抬头，他的意思是你忙你的，与我无关。但是永珊突然叫他了，她说，快起来，帮我把五斗橱抬出去！

五斗橱已经用一段麻绳和几段白色的包装绳捆起来了，捆成一个行李的样子，上端还留了一截拉手。永珊不知道从哪儿找到的绳子，现在她站在橱边，有点得意地看着儿子说，捆好了，我试过，一点也不重，我们能把它拖出去。

你疯了？儿子说，把这个破东西拖出去干什么？你疯了我没疯，我不干！

不干也得干。永珊的嗓音尖厉起来，而且听上去有点发颤，你这孩子气死我了，你怎么一点感情也不懂，这是你外公外婆留下的最后一件东西了，我不能让它丢在这里！

儿子站起来了，但他扭着脸，身体不动，鼻孔里呼呼地响着。他与母亲这么对峙了大约两分钟，听见母亲在那儿跺了跺脚，说，你不帮我难不倒我，我一个人也能把它弄出去！

梨城五月的一个夜晚，回乡探亲的永珊母子俩在街上走，永珊拖着行李箱走在前面，她儿子拖着的东西让行人们觉得有点奇怪，那好像是一件家具。人们都回头看那男孩拖着的家具，它一路与地面摩擦，不时发出刺耳的吱吱嘎嘎的声音，上点年纪的人知道那是七十年代流行过的五斗橱，有人就喊出来了，是一只五斗橱呀！

仍然没有遇见一个认识永珊的人。七年前回梨城她还在路上遇见过以前白菜市的邻居小学同学，甚至一个在少年宫一起拉手风琴的同伴，现在他们都不见了。永珊领着儿子在梨城的街道上走，好像走在一个陌生的城市里。五斗橱在很大程度上缓解了她怅然无助的情绪，她不时地回头看一下儿子和他拖着的五斗橱。小心点，别把绳子磨断了。她说，你别苦着个脸，这么大的孩子锻炼一下也没什么不好，坚持一下，到了香椿树街你表姨那儿就好了。

儿子拖得并不小心，他听见五斗橱上的一条包装绳率先断了，他不吱声，紧接着另一条包装绳也断了，他听见那把挂锁也咯嗒响了一下，如他所愿，五斗橱拒绝前进了。儿子站住了，他几乎是用一种喜悦的声音说，断了，都断了，我说过那绳子会断的！

不仅是绳子断了，五斗橱的橱门似乎也撞坏了，里面的两只抽屉呼之欲出。永珊跑过来，她在儿子头顶上打了一下，你是故意的，我就知道你不会好好拖它，你不拖我来拖！

一只抽屉首先从五斗橱里掉了出来，抽屉是空的，散发着一股樟脑丸的气味，底部垫着的报纸还是一九八四年的。永珊蹲下来，看了看报纸上的字，八四年，她对儿子说，那时候还没有你呢。

儿子看着母亲，他说，丢脸丢到南极洲去了，你没见人家都看着我们呢。

永珊没理睬儿子的埋怨，你外婆以前喜欢把户口本粮证放在报纸下面。她说着把报纸从抽屉里抽了出来，一张照片很唐突地暴露在母子俩的眼前。是一张全家福照片，照片上的四个人，男人女人男孩女孩分前后两排坐着，都穿着军装，除了小男孩哭丧着脸，其他三人一起拘谨地笑着。背景一看就是块画出来的布景，但画的是北京天安门。

儿子被上个世纪的照片逗乐了，他说，这种照片，酷呀，他想从母亲手中拿过照片,发现她的手像是被烫了一下,照片已经被她扔回到抽屉里了。

永珊的表情很奇怪。永珊说,弄错了,这不是我们家的全家福。

儿子一时摸不着头脑,举起照片看,说,怪不得我看那个女孩不像你。

永珊的嘴唇颤抖着,她好像害怕自己会哭出来,猛地用手把脸捂住了。弄错了!她说,怎么回事,这不是我们家的五斗橱!

儿子突然意识到他拖五斗橱的辛苦是多么冤枉,他叫起来,闹半天你让我拖着别人家的东西满街跑,你在跟我搞幽默呀?

这算怎么回事?永珊蹲在地上,茫然地遥望着白菜市的方向。她说,是谁把橱子扔那儿了?偏偏扔在我们家,跟我们家的五斗橱一模一样的。

儿子嘴里呜呜怪叫了两声,在对母亲进行过必要的嘲弄后他变得轻松起来,他开始研究那张陌生人的全家福。是谁家的照片?一定是哪个邻居家的,多傻,傻得可爱!这一家人你认识吗?

永珊白着脸向照片扫了一眼,我不认识,她说,我离开这里也好多年了。没准是后来搬到白菜市的哪家人,我不认识。

一个沉重的包袱终于可以甩掉了,儿子怀着一种喜悦的心情把五斗橱推到了路边。他把它放在一只陶瓷垃圾箱边,那垃圾箱也有半人高,顶部是一个张着大嘴的老虎头。儿子做完这件事退后一步端详着五斗橱和垃圾箱并肩而立的造型：一件主人不详的旧家具，一只威风凛凛的垃圾箱，在白色的路灯光影下垃圾箱像一个卫士守卫着五斗橱。儿子看看母亲，永珊蹲在地上，她好像默认了儿子对五斗橱的处理，儿子便得意起来，自己为自己啪啪地鼓掌，说，酷，是现代艺术呀！

永珊没有再向那只五斗橱看一眼。她从地上慢慢站起来，站起来的时候眼睛里突然涌满了泪。梨城已是万家灯火，新铺的街道闪烁着橙黄或者洁白的光影，像一条河流一样漂浮着，永珊的眼睛里涌满了泪，现在她觉得这个城市真正离她远去了，她也已经真正离故土而去了，除了一些回忆，这个城市什么也没给她留下，而她深知自己也没什么留给这个城市。永珊掏出手绢擦着泪，她听见儿子说，我们现在该往哪儿走？永珊犹豫着，她回头看了眼儿子，现在她内心对儿子升起了一丝歉疚之情。你想去哪儿？她问儿子。儿子有点疑惑地看着母亲，他说，我不知道，反正我跟着你，你不是要去你表妹家吗？永珊弯腰拍了下行李箱上的灰尘，不去了吧？她好像是在征求儿子的意见，我和她也已经七年没见面了。儿子不说话，他注视母亲的目光开始透露出一丝怜悯，还有宽容。我随便你，儿子和母亲开了个玩笑，你是老板，我是跟班，反正我跟着你嘛。

梨城之夜已经不同于往昔，晚上七点以后街上灯火辉煌，永珊后来带着儿子进了一家老字号的点心铺，吃了梨城著名的蟹粉小笼包，还吃了鸭血粉丝，还吃了生煎馄饨。这么饱餐一顿以后母子俩的体力有所恢复，永珊又带儿子去一家大型商场逛了一圈，站在自动电梯上上上下下的。永珊买了些梨城出名的丝绸和其他土产,是送人的,买了件纯羊毛的毛衣,是给丈夫的,她还替儿子买了双打折的名牌运动鞋,是儿子自己挑选的。后来他们拖着行李箱向火车站走,母子俩,还是一前一后地走,只是永珊的手上多出了两个购物袋,一个是普通的白色塑料袋,另外一个却是红色的精心设计的袋子,袋子上开满了一朵一朵白色的梨花。

在去火车站的路上,永珊看见儿子偷偷地把什么东西从口袋里掏出来,塞到了行李箱的夹层里。她知道是那张照片,别人的照片,四个陌生人的全家福。儿子从小喜欢收藏,他一定是觉得那张照片有意思,那就让他去收藏吧。永珊没有阻止他。永珊靠在一根路灯灯柱上等儿子的时候吸起鼻子闻了闻什么。梨城的空气比我们那儿好,她说,不知道什么花这么香,四月五月,梨城的空气最好了。

后来永珊母子俩带着大包小包地向火车站走,看上去很像旅行社组织的一日游的游客。永珊是个很节省的女人,走了一天的路,还是不舍得叫出租车。她对儿子说,上了火车我们就坐着休息了,不花那个冤枉钱!

手

小武汉在哪儿也混不好，后来干脆去了火葬场，抬死人去了。

起初谁也不知道小武汉在干什么工作，是一些死人站出来揭露真相的。那年夏天持续高温四十度以上，热死了好多风烛残年的老人。除了老人，香椿树街还有一个中年男子贪凉，夜宿楼顶平台不幸坠落丧命，一个租了酒厂仓库养鳗鱼苗的外地人投资失败，服用安眠药寻了短见，死在他亲手搭砌的鳗鱼池里。在七月尖锐的杀气腾腾的阳光里，火葬场的白汽车像赶集似的来往于香椿树街，汽车喇叭叫得很不耐烦，从白汽车上跳下来两个抬尸人，一个胖子风风火火，好像是搬家公司派来搬家具的，另外一个小个子的工作作风却令人费解，他下车走路都藏在同事的身后，还戴着口罩和帽子，眼神躲躲闪闪，这样一来他反而引起了别人的注意，哎呀，看后面那人，是小武汉吧？他一下车就有人这么嚷嚷了。怎么不是小武汉？小武汉的眼部特点过于明显，怎么躲别人还是认得出他的金鱼眼，还有眼梢上的那条月牙形疤斑。孩子们在死者的家门口不合时宜地欢呼起来，小武汉，小武汉运死人！小武汉的秘密就这样在死人与孩子的配合下泄露了出来，他斜着身子站在汽车旁戴手套，抖动着一条腿，又换另一条腿抖动着，他的眼睛在掠过一丝绝望过后变得坚强，我们亲眼看见他一肩扛着担架，一只手粗暴地拨开门口碍事的孩子，说，滚远一点，小心我把你们一起抬到我的车上去。

大家清楚死人的事是经常发生的，却不知道死人的事最后是小武汉管的，原来小武汉是去干了这一行。火葬场是个收入高福利好的特殊岗位，怪不得小武汉近来衣着光鲜，手头宽裕，一副成功人士的模样。

夏天以后小武汉的职业不再是个秘密，这对别人的好奇心是一种满足，对小武汉的生活却造成了显著的伤害。小武汉去买早点，炸油条的浙江人用夹子夹他的钱，不碰他的手。小武汉去上公共厕所，他明明系好了裤子出来了，别人却还拉着裤子站那儿，等其他的位置，意思是不蹲他蹲过的坑。小武汉不在乎别人的歧视，他从小到大家境不好，学习不好，长相不好，工作不好，经济条件也不好，被别人歧视惯了，歧视伤害不了他，但是歧视造成的后果伤害了他。对于一个具有正常性倾向的大龄男子来说，最大的伤害莫过于伤了婚姻大事，小武汉和幸福花超市的顾小姐谈了一年冷静实惠的恋爱，正准备在国庆节结婚，好好的，天气害人，死人添乱，活人跟你作对，满街的人都在交口传送，小武汉在火葬场抬死人！顾小姐那边的反应可想而知，婚礼的婚纱都预订好了，突然发现自己是个受骗者，未婚夫从事的运输业运的居然是死人，她来不及对小武汉进行道德谴责,一个电话打到小武汉的手机上,当场宣布分手。

小武汉不愿意分手,大家知道小武汉快四十的人了,无数次恋爱都没有结果,没有独身的打算却一直被动地独身,好不容易有了你顾小姐,你说分手就分手了吗?他中途从业务繁忙的白汽车上跳下来,一路飞奔着跑到顾小姐工作的超市里。隔着货架上层层叠叠的物品,他看见女友的脸无动于衷地抬起来,抬起来以后仍然无动于衷,小武汉顿时回想起他以前与别的姑娘见最后一面的情景,心里就慌,一慌就冲动,扑过去,好像老鹰抓小鸡,抓住女友的手,一个劲地把她往外面拉,说是出去谈谈。小武汉不知道一夜过后他已经失去了对顾小姐肢体接触的所有权利,顾小姐尖叫一声,惊恐地甩开了他的手,别拉我,你的手,别碰我!小武汉从她的眼神里发现自己的手多么恐怖,他忍不住看了看左手,左手上全是汗,又看了看右手,右手上有一道莫名其妙的污迹,他就顺手在裤腿上擦了一下。怎么啦,我的手怎么啦,小武汉说,你别神经病,我戴手套的,我一天洗七八次手,我的手比谁都干净。

厄运大多是无法挽回的,厄运中的爱情无论多么务实,当然也挽回不了。那天小武汉和顾小姐在超市门外的谈话一波三折,结果却是没有结果。顾小姐的分手理由虽然内容单一,小武汉却都无法推翻。顾小姐无法接受小武汉如此特殊的职业。你都快跟我结婚了,还骗我说在什么运输公司上班,原来是这么个运输公司,你运的什么东西?运的是死人呀!小武汉承认他说谎了,但他下意识地补充说明道,在货运公司拿的那点工资跟他现在是没法比的，客运也一样，薄利，竞争很激烈。顾小姐正色道，我不稀罕那点钱，现在这世界上穷人多，有钱人也多！我要是贪钱不会找个老板吗，干什么找你？那一句话让小武汉动了情，似乎看见了顾小姐那颗朴素务实的心，他情不自禁地凑过去捉顾小姐的手。顾小姐吓得跳了起来，你别碰我，你的手，抬死人的，多恶心呀！顾小姐似乎要哭出来了，她说，你别怪我狠心，你千错万错不该挑这么个工作，你也替我想想，你白天在外面搬死人，夜里我们睡一个床，你让我怎么受得了？小武汉说，我搬了死人难道也变成死人了？死人总得有人搬，死人的事情总得有活人去打发嘛。顾小姐说，你别跟我说大道理，大道理谁都会说，可是做夫妻不是用大道理做的，身边天天睡个搬死人的，我受不了！小武汉眼看着事情正在一步步向坏处发展，脑子里迅速地跳出几个变通的办法。那我不搬死人，我去跟领导商量一下，去看炉子怎么样？要不然，我去管追悼会，放放哀乐布置灵堂什么的？顾小姐说，那也不行，一样跟死人打交道，我恶心，我受不了！顾小姐靠在玻璃橱窗上，哀怨地瞪着街道上的行人，忽然蒙着脸哭泣起来，她一哭小武汉更加慌乱，小武汉的手习惯性地伸过去，中途又缩回来了，对着空气甩了甩。我的手不能碰你，不碰就不碰吧，可是不碰手以后怎么相处，手又不是脚，难免要碰到的。小武汉烦躁不安地绕着女友转了几圈，呼了口气，突然说，他妈的，干脆就不干了，不干了！这个决定来得突兀而决绝，不仅是顾小姐停止了哭泣，连小武汉自己的肩膀也莫名地颤动了一下。小武汉在一阵冲动中忘记了一切，他一把抓住顾小姐的手紧紧地拽着，不干了不干了。他说，没什么大不了的，在哪儿干都能活人，我还是回老牛那里跑中巴好了，不就是少开一千块钱工资吗？

让小武汉意外的还是他的手，他的手重复着类似的遭遇，无论是否抓到了顾小姐，他的手都在被顾小姐所唾弃。他感觉到顾小姐温软的小手在自己的手掌中上下扭动，柔弱却很坚强地反抗着，执意摆脱小武汉的手。当小武汉彻底明白过来后，他意识到自己的手失去了所有的权利，再也掌握不了什么了，他看见自己的手颤抖着垂下来，好像被某种力量折断了。顾小姐后退着，将解放了的手藏在了背后，她受了惊，眼睛里充满了泪光，但嘴角上尴尬的笑意却泄露了内心坚韧的意志。不行了，现在说什么做什么都迟了。顾小姐摇着头，她说，这不是犯一次错误就能改正的事，没法改正的，我受不了你的手，我见到你的手就犯恶心，怎么能做夫妻？顾小姐最后转过身去，说，我知道你是好人，可是我们没有缘分，要是你能骗我骗到结婚以后，我也没办法了，可惜，可惜今年死了太多人，你知道吗，前天你去小桃花街抬的，是我姑婆，你没注意我，我可是看见你了。

那年夏天小武汉嘴角上长了个溃疡，总也不消，用中医说法是急火攻了心。小武汉刚刚装修了新房，新娘却变卦了。他不知道该怎样解决面临的问题。是自己过于特殊的职业造成了婚姻大事的障碍，这一点他清楚，可是排除了障碍又怎么样了呢，顾小姐还是要取消婚约，她说辞职也不行，职业能辞，手是辞不了的，她再也不能接受他的手了。小武汉能解决职业的问题却解决不了手的问题，他万万没想到他的手挡在他和顾小姐之间，成了一块拦路石，他没法搬走它，总不能把自己的手剁了吧。

小武汉不知道怎么能解决手的问题。他在街上是有几个朋友的，他去找他们，他们都在财神家里打牌。财神的妻子正在里屋坐月子，婴儿哇哇地哭，女人就在里面骂财神，说他不是人，赌得家务都不知道做了，再赌她就打电话报警了，财神压不住火，冲进去打了女人一个耳光，又出来了，继续打。这样的牌他们打得下去，小武汉看不下去，他提议移师去他家里打，财神是愿意的，其他三个却阴阳怪气地不表态，刀子还说，小武汉你别站在我身后，从你一进门，我的牌抓起来就是屎牌，一抓就是一手屎牌。小武汉以为阿地脾气好，就站到阿地身边去看牌，还习惯性地把手搭在他肩上，阿地皱了皱眉头，忍着打了几张牌，点了炮，就忍不住了，说，小武汉把你那手挪开，我是输家，你要站就站到财神那儿去，他赢钱的。小武汉脸上兜不住了，骂了几句，拂袖而去。走到门外了，财神追出来，说，你别跟他们一般见识，这帮人没出息，输了几个钱就乱咬。小武汉说不出什么，摊开自己的右手看看，翻过来，又摊开自己的左手，看着，咬着牙，却说不出什么来。财神眼神闪闪烁烁的，你别看你的手，你那手，手气好不了的。财神笑着，说，到你家去打，你在一边看电视行不行？小武汉瞪着财神，面孔气得变了颜色，还是说不出什么，最后拿手掌在墙上狠狠地砍了一下，没头没脑地说，去你妈的，让你们全输光！

他们说起来都是小武汉的朋友，闹半天只是牌桌上的朋友，狗肉朋友还不如。小武汉原本想让他们出出主意，怎样挽回顾小姐的心，现在看来是多余的。上了牌桌他们什么都不认，只认输赢。小武汉感到有点伤心。他想他们又不是像顾小姐以后天天要同床共枕的，不过在一起打打牌，他们居然也嫌弃他。小武汉走在街上，脑子里突然涌出一个念头，刀子的老母亲很老了，还活着，阿地的外公都九十了，也没死，如果哪天他们死了，他就跟他的同事说好，不拉人，让他们留在家里发臭，腐烂，让刀子他们迷信势利的脑子在尸臭味中清醒过来，清醒不了也无妨，他们起码会知道一点，他小武汉的手是有用的，也是有权威的，不管是侮辱他的人还是侮辱他的手，都会付出沉重的代价。

是一个星期天闷热的下午，街上没什么人，小武汉怀着一丝仇恨在街上走，满街熟悉的景色，看上去也拧着脸，对他充满了偏见。有个游泳的小男孩在桥堍那儿看着小武汉，大喊一声，小武汉搬死人！喊完就跳到水里去了。小武汉追过去，追到水边，想想自己四十岁的人，不应该和小孩子一般见识，就折回来，向桥上走。小武汉走到桥上，忽然怀念起他从前在桥上摆自行车修理摊的日子，挣不到多少钱，但受人欢迎。他还想起他十几年来干过的许多行当，贩卖水果，搬运货物，倒买倒卖电影票、足球票、火车票、演唱会门票，在火车站替旅馆和中巴车拉客，哪一行干得都辛苦，却都赚不到多少钱，赚不到钱的心情他还记得，但与现在的心情相比，他不知道哪种心情更沉重一些，都不好受。他小武汉好像就是不能都好，挣到钱就丢了尊严，不肯丢了面子，就挣不到钱。

小武汉路过了桥那边老秦的花圈店。他看见老秦坐在柜台上，戴着老花镜扎花圈。小武汉就倚着门看老秦扎花圈。今年你生意不错吧？小武汉说，你这儿生意好，我们那边生意就也好。老秦笑了笑说，这叫什么生意，活人的钱不容易挣，挣个丧事钱罢了，混口饭吃。小武汉说，老秦你怕死人吗？老秦说，怕什么死人？怕死人我还做这一行？小武汉的目光直直地瞪着老秦，说，给我看看你的手。老秦说，你脑子热昏了？我的手又不是姑娘的手，有什么可看的？小武汉盯着老秦的手，过了一会儿，又说，老秦你敢不敢跟我握手？老秦悯然，手一下缩回去了，小武汉你撞见鬼了？还要跟我握手？好好的握什么手？你又不是什么高级领导。小武汉说，我们两个的手是一对呀，你也别嫌我，我也不嫌你，我们应该好好握一下手。老秦看见小武汉自嘲而诡谲的表情，一下明白了什么，我明白了，我们是一条战壕里的战友。老秦听着笑起来，扔下手里的剪刀和彩纸，手热情地伸过来，和小武汉握了一下手，握一下，还抱着晃了两下。

死人有什么可怕的？抬死人的人就更没什么可怕的了。老秦说，其实也不怪别人，他们是没怎么见过死人，死人不偷不抢，不贪污不强奸，不杀人不放火，怕他们什么？人一死，再坏的人也变成了一件家具，一个死人就像一件家具，有什么可怕的呢？你知不知道，我经常去替死人穿衣服的？老秦有点得意地看了小武汉一眼，说，有的人家里死了人，胆小，不敢为死人换衣服，都来求我，我都去，过去提倡为人民服务，替死人擦身，换衣服，分文不取，现在是商品经济嘛，我收费，去一次我收一百块钱，再加我这里的花圈，比做小杂货好得多。你知道吗，上个月街道柳主任家的丧事，也是我料理的。老秦说到这儿听见小武汉怪笑了一声，小武汉郁郁寡欢的脸上掠过了一丝难得的笑容。这有什么大不了的，我上个月抬过市委姚书记你知道吗，就是那个在高速公路上翻车的领导，不瞒你说，我抬他的时候差点跟他握手，想想是死人，就算了。小武汉说着摸了摸自己的手，似乎有点害羞，然后他突然想起那个重要的问题，你这样跟死人打交道，夜里上了床，你老婆不嫌你的手？老秦犹豫了一下，说，我们老夫老妻的，夜里各睡各的，手就用来干活挣钱了，又不做别的，有什么可嫌的？小武汉的眼睛亮了一下又黯淡下去，怪不得呢，他说，怪不得你也干这行当。老秦不懂小武汉心里的苦，只是一味地劝导小武汉，我们这行当怎么了？也是个铁饭碗呢，人嘛，一生一死，谁没个那一天？死人其实是最安全的了，没思想了嘛，像个睡沉的孩子一样，很软，很听话，我这几年看东西有时候看花眼，上次给小美她爷爷穿衣服，老觉得他肩膀在动，好像配合我，自己要翻身呢。小武汉被老秦吓了一跳，说，你别胡说八道，我还没辞职呢，别把我吓着，你跟我不一样，你是去穿衣服，人家刚刚咽气。老秦说，对的，刚刚咽气，魂还没散呢，手还是热的。然后老秦便说起了那些死人带有余温的手，说起了与死人握手的事。他说，我是没机会握领导的手，都是街坊邻居的手，街坊邻居这么住着，从来也想不到握握手，死了我就想到了，我的规矩，我替他们穿衣服之前，一定要先握个手，再也见不到了嘛。老秦说到一半便没有说下去，他发现小武汉的神态突然有点异样，点香烟的手抖得厉害，小武汉瞪着自己拿打火机的手指，似乎在思考着什么。老秦突然想到同样是与死人打交道，他幸运得多，他握的是留存着人间温暖的手，而小武汉面对的手是可想而知的，不握也罢。老秦就说，你跟我不一样，你见到的那些手，没法子握，就不要握了。

小武汉靠在柜台上吸烟，他瞪着老秦，老秦很难确定小武汉后来不停地咳嗽是被烟呛的，还是被他的话给吓着了，小武汉咳得满脸通红，咳得掉出了眼泪，别说了，你他妈的恶心死人了！他这么无礼地骂了老秦一句，骂完就抹着眼睛跑走了。

不知道小武汉在火葬场到底干了多长时间，也不清楚他是什么时候突然辞职的。那年夏天过后香椿树街歇季的公共浴室重新开张，也算辞旧迎新，几位老客被夏天的高温带走了生命，浴室方面意外地发现他们得到了一位忠实的新客人，是小武汉。

综合小武汉后来的各种表现来看，这个夏天唤起了他对洁净过分的追求。小武汉不去上班，天天到浴室报到。很明显，来自他人的偏见和愚昧迷惑了他，使小武汉对自己的身体产生了一种不洁的错觉，而不公平的境遇促使他思考关于平等的问题，主要是人的平等，包括活人与活人、死人与死人、死人与活人的平等关系。他在热水池里试图与别人探讨这种深奥的问题，大家都说小武汉胡言乱语的，还冒充教授，小武汉得不到呼应，就只好沉默着，用肥皂涂抹他全身所有的部位。一种香气刺鼻的肥皂抚摸他的脑袋，抚摸他微微突出的腹部，抚摸他的长了稀疏汗毛的瘦腿，抚摸他平凡但灰心丧气的私处，香皂尤其卖力地抚摸他的手,在他的手臂和手指上几乎唱起激励人心的歌曲,但小武汉仍然愁眉苦脸。看得出来他需要的不是香皂,是香皂带给他的洁净的安慰,这安慰让他对此后的生活心存一丝希望,然后他带着那丝希望从热水池里出来,坐在铺位上对着他的手若有所思。小武汉发现他的生活是被手毁坏的,也要让手来挽救,但是除了用一只手拍打另一只手,用一只手惩罚另一只手,他并不知道怎样用一只手去挽救另一只手。

有时候小武汉在浴室里能遇见财神他们,财神以为别人得罪了小武汉,他没得罪过他,财神去拧小武汉的屁股,被蹬了一脚。你现在就这样跟别人握手的?财神说,手不敢伸给别人,就拿脚给别人?小武汉看着财神,他不笑,也不愤怒。财神说,你他妈现在怎么阴阳怪气的,老婆跑了,朋友还在嘛,叫你过来打牌,怎么不过来?小武汉说,我不打牌,不感兴趣。财神说,你不打牌又不上班,那你想干什么?你不是辞职了吗,正要问你呢,你什么也不干,天天在这儿泡着,能泡出钱来呀?小武汉被击中要害,在铺上翻了个身,眼睛闭了一会儿,又睁开,对财神说,你什么时候再做大生意,算我一个。财神说,算你一个?你算老几,胆子比老鼠还小,做得了什么大生意?小武汉突然坐起来,举起自己的手向财神晃动着,说,看见了吗,搬死人的手,搬了三百多号死人了,还怕什么,什么事都敢做了!

小武汉就这样迎来了生命中最空虚的一段时光,他从公共浴室出来以后往顾小姐所在的那家超市走。他几乎天天到超市来,看顾小姐上货点货,顾小姐闲下来的时候他企图上去与她谈话。但顾小姐怕他了，顾小姐在货架之间钻来钻去，没用，躲不开小武汉讨厌的身影，顾小姐没办法，只好蹲在那儿哭，她一哭小武汉就学她哭。你还哭你还哭，你还挺委屈？小武汉抓过货架上一把菜刀说，你不就是嫌弃我的手搬过死人吗，我现在不搬了，我辞职了，怎么还不行？还不行就把手剁了，剁了它，剁了手总行了吧？顾小姐的尖叫引来了超市的保安，保安们一开始以为小武汉纠缠顾小姐是爱情纠葛，现在发现其中带有暴力和胁迫的意味，他们不能不管了，他们架着小武汉往外面赶，并且警告小武汉的行为已经影响了超市的正常经营，如果下次再来他们就不客气了，小武汉不买保安账，他说他已经为顾小姐辞了职，现在人财两空，没饭吃了，他要跟顾小姐回家吃饭，你们从中阻挠那你们掏钱给我买饭吃吧。超市的人当然不会和小武汉妥协，他们打报警电话，这一招奏效了，小武汉看见他们打电话就自己跑了。

　　小武汉胆小，但他不是那么轻易放弃的人，他在外面等顾小姐下班，一等就等到天黑了。顾小姐换了一套很时髦的衣裙从超市里出来，容光焕发的样子更让小武汉感到她的珍贵，他跟在顾小姐身后走，跟上了汽车。堂而皇之的盯梢当然容易被发现，顾小姐发现小武汉后花容失色，她偷窥小武汉的眼神里没有了残存的爱意，连歉疚也没有了，只有彻底的恐惧。她担心什么可怕的事情发生，灵机一动，提前一站跳下了车，小武汉没能跟上，可是他拼命拍车门，司机竟然违规停车，把他也放下了车。

　　顾小姐在街道上奔跑起来，她一边跑一边从手提袋里掏她的手机，也许是这个动作让小武汉失去了最后一点风度，小武汉冲上去一把抓住顾小姐，手挥起来，停在半空，一个耳光正要打向负心人，却半途而废。小武汉看着自己举在空中的手，一看自己的手就看见了洗不掉的污点，看到自己的污点小武汉就失去了正义的支持，他一下蹲在了路上，说，你把我坑苦了，你坑了我还把我当坏人？要报警抓我？顾小姐说，我不知道你要干什么呀？你怎么做出这种事来，吓死人了。小武汉说，我没想吓你，我是想解决问题。顾小姐说，没法解决了，婚姻大事，强迫不来，你怎么逼我也没用了。世上女人多的是，你会遇到比我好的，我年纪大了，又不漂亮，你为什么非要钉住我不放？小武汉说，我不是钉住你不放，我们可以分手，我也不是瞎子哑巴丑八怪，降低要求也能找到个不计较的人，我是不甘心，要弄个明白是非。顾小姐说，是非不用弄清楚了，是我不好还不行吗，是我嫌弃你的工作。小武汉说，我告诉过你几十遍了，我辞职了，不干那活儿了，为什么你还要分手？顾小姐说，我也告诉过你几十遍了，我不是嫌你人不好了，是受不了你的手，我一见你的手就想起死人。小武汉说，这好解决，我说过我愿意剁了这手，永远不让你看见。顾小姐说，你别胡说八道了，没了手你吃什么喝什么，拿什么挣钱养家，让我养？小武汉说，你还算心善，不让剁手，不剁手也行，那我带你去火葬场，多看几个死人你就不怕了。你不怕死人也就不会怕我了。顾小姐惊叫起来，不行，我死也不去那种地方。小武汉说，这话不对，死了就由不得你，不去那地方去哪儿？是你先说死的，别怪我说老实话，你知道那天接你电话时我怎么想？我想你妈或者你爸要是死了就好了，我去抬他们，抬的是你爸爸妈妈，你就不会嫌弃我的手了，顾小姐这次差点还给小武汉一个耳光，顾小姐说，你该死，我爸爸妈妈对你那么客气，他们没得罪你，你怎么能咒他们死，你竟然还想跟我回家吃晚饭？

话不投机半句多，小武汉和顾小姐之间就出现了这种局面。后来顾小姐白着脸向前走，小武汉尾随着她，小武汉说，你别走，不去火葬场也行，还有别的办法，你不是怕我的手吗，我打电话问过电台的心理医生了，他说你是心理障碍，他说让我们两个人握手，天天握上半个小时，握半个月，你的心理障碍就会消除了，以后你就再也不怕我的手了。顾小姐说，神经病。小武汉说，那是科学，人家是专家，我的意见你不听，专家意见你也不听？顾小姐边走边说，我懒得听，别说半小时半个月，握你的手，半秒钟也不行。你给我死了那条心吧。

按照小武汉事先的部署，他那天本来是准备一直跟随顾小姐到她家里的，他已经跟着她走到纺织厂门口了，离顾小姐家所在的纺织新村很近了，路上突然出现了意外。一辆白汽车鸣着喇叭从小武汉身前经过，里面有个人把脑袋探出驾驶室车窗，向小武汉挥手，小武汉，跑哪儿去发财了？尽管那人戴着口罩，小武汉还是认得出那是胖子，以前的同事。小武汉下意识地举起手挥了挥，发什么财，瞎混嘛。他看见路人在纷纷闪避火葬场的汽车，有人好奇地看着他，突然间，小武汉脸烧得厉害，他觉得难堪，他突然觉得自己要和胖子以及白汽车划清界限，于是他纵身一跳，跳到了人行道上，人行道上也有个小男孩抱着足球，瞪着他看，还咧着嘴笑，大概是笑话他的动作。小武汉受不了了，照着小男孩的面孔打了一巴掌，我让你笑我让你笑！小武汉听见小男孩哭叫起来，一时有点迷乱，他举起自己的手看了看，很快意识到什么，挤出了笑脸对小男孩说，对不起，叔叔喜欢你的。他想伸手去摸小男孩的耳朵，小男孩惊叫一声闪开了。路人都回头向这里张望，小武汉向着小男孩举起他的手，做着抱歉的手势，一边后退着，他依稀看见顾小姐在前面停留了一下，但只是那么一两秒钟，顾小姐的身影已经轻盈地拐过街角，不见了人影。

　　小武汉后来没有去顾小姐家。他蹲在一盏路灯下，用左手抱着他的右手，似乎在忍受肘部或者腕部或者其他某个部位的剧痛，等到剧痛过后他站了起来，脸上恢复了平静。看上去他的手已经好了。看上去小武汉已经解决了手的问题，在街市的灯火中他平直地伸出他的手，那当然是在拦出租车。一辆红色的出租车在他身边停了下来。小武汉对司机说，去梦巴黎。司机说，什么地方？什么巴黎？小武汉说，啊，你开的什么出租车，连梦巴黎都不知道？不知道我告诉你，在文化宫后面的弄堂里，是跳舞的地方，泡妞的地方，还是打炮的地方！小武汉用他的右手配合左手，做了一个粗野而下流的手势，打炮，打炮，你懂不懂？

　　国庆节以后我们就没再见过小武汉。但大家知道小武汉的下落，他和财神一起进去了。进哪儿了？还用说，不是白痴都知道。这事本在预料之中，跟着财神做生意嘛，能做出钱，也能做出危险来。据说这次财神的生意做大了,大得把天捅了个窟窿,是走私冰毒。他们是在火车上被截住的,人赃俱获,半路上就被带下了车。由于我们这一带的人胆小,犯罪不犯大罪,这宗贩毒案便自然地惊动了有关部门,不光是有关部门,香椿树街的男女老少也都惊动了,消息传来,就有不懂事的孩子跑到小武汉的家门口,拍着手跺着脚喊,小武汉贩毒,小武汉枪毙!

小武汉家里幸好没有别人,只有小武汉出门时忘了收的一条田径短裤和一件旧背心,留在门外的绳子上,被鲁莽的孩子吓得簌簌发抖。孩子们调皮,其中一个拿下绳子上的田径裤,发现裤腰松了,就追着另一个,要把小武汉的短裤往他头上套,另一个就狂叫着奔跑,另一个已经抢下了小武汉的背心,背心破了洞,被那孩子用树枝挑着当了白旗,一路逃着一路挥着。左邻右舍看着孩子闹,开始想吓唬他们的,转念一想,孩子也吓不住,他们大概已经从大人那儿听说,小武汉是很难再回家的了。

后来我们谁也没再见过小武汉。小武汉和财神犯的事轰动一时,我们当地电视台还作了新闻报道。借此机会,我们倒是在电视屏幕上看见了财神和小武汉。由于这次上电视是反面教材,他们两个人知道不光彩,都用手遮着脸,偏偏手上戴着手铐,手铐抢了镜头,所以看上去他们像在向别人炫耀他们的手铐。

财神已经几进几出,他老奸巨猾,垂着头,一坐下来就把手连同手铐夹在膝盖之间,摄像记者没办法,只好放弃他。摄像记者后来盯着小武汉拍摄，字幕适时地打出了小武汉的名字（原谅我隐去名字，因为小武汉本名×建国，姓也是个超级大姓，极易引起同名同姓者的不快）。于是我们看见了小武汉迷惘无辜的脸，他似乎在用眼神威胁记者，停止侵犯他的肖像权。记者也许被他的眼神震慑了，我们看见镜头慢慢下移，落在小武汉的手上，这样一来我们有机会看见了小武汉的手。是特写，两只手套在手铐里，手铐闪着冷光，手铐里的手看上去显得纤小无力，而且温暖。我们意外地发现小武汉的手指很细很长，苍白的指关节上面长着几丛淡淡的汗毛，除了右手食指和中指留下了香烟的熏痕，还有指甲缝里一些并不明显的黑垢，总体上说，小武汉的手还算白净秀气，也干净，不像他的手。

其实香椿树街的街坊邻居一直都在谈论小武汉的手，却都没好好观察过小武汉的手，这次大家就把他的手好好看了个够。小武汉的手，怎么说呢，看上去确实不像他的手，但如果那不是他的手，又是谁的手呢。

桥上的疯妈妈

疯妈妈穿着白丝绒旗袍，手执一把檀香扇，仪态万方地站在桥头。认识她的人知道她是谁，不知情的人还以为来了女演员，在桥上拍电影。疯妈妈左顾右盼，举起扇子向过路的孩子们挥手示意，可是孩子们不理她，男孩吐出舌头扮着鬼脸吓唬她，女孩子指着她的旗袍交头接耳，也不理她。他们像一朵一朵云热闹地浮上桥头，风一吹，便散了。只有一盆菊花始终陪着疯妈妈，与她一起守望在桥头。十一月的菊花，远看还在绽放，近看却已经枯萎了，疯妈妈也一样，粗看是美的，细看也枯萎了。桥上的疯妈妈显得很孤单，又耐不住那份孤单，她的头部以及腰枝都扭来扭去的，似乎桥的两侧都有她的牵挂。她拧起眉头对着桥这头的香椿树街急速说了些什么，大概是在埋怨什么。埋怨什么？埋怨谁呢？谁也不关心。除了一盆菊花，还有一把檀香扇与她亲密无间，熟人都认识疯妈妈的檀香扇，暗黄色的，镶嵌着金线，柄上拖着绿色的穗子，隔了好远也能闻到它的香气。现在早已过了用檀香扇的季节，疯妈妈却还抓着她的扇子出门。她打开扇子斜搭在头顶上方，一张苍白的脸上便印了几条金色的条状光痕，是扇子的木骨缝漏出来的阳光。看上去像华丽的戏妆，也有点像恐怖的伤疤。偶尔地一个熟悉的人影顺着桥坡向上浮动，疯妈妈黯淡的眼睛会突然发亮，静止的身体也妖娆起来，她向人家挥动檀香扇，扭着美人腰款款地迎上去，她拿扇子柄去戳人家的手臂，说，天气好热，热死人了。那些人的脑袋便向桥的另一侧扭过去。表情很不耐烦，他们都是正常人，正常人不理睬疯妈妈，手冷酷地一甩，就从桥头闪过去了。坦率地说我们街上心地善良的具有革命人道主义思想的人不太多，绍兴奶奶不知道算不算一个，算不算现在都无所谓了，反正我们知道那天下午绍兴奶奶留在桥头陪她说话了，说了好一阵话。

绍兴奶奶是小脚，却承担着香椿树街牛奶站的全部工作。小脚毕竟是中看不中用的，不宜行路，绍兴奶奶推着她的小四轮车时总是走走停停，走的时候她会喊号子，给自己鼓劲。下午是收取空奶瓶的时间，她嘴里哼哟哼哟地喊着号子，带领三十多个牛奶瓶爬上了桥头。疯妈妈对她说，天气好热，热死人了。绍兴奶奶从怀里抽出一块手帕抹汗，随口说是呀，热出我一身汗，突然意识到是谁在说话，马上惊叫起来，哎呀，是你，你怎么不在家好好呆着，跑到这儿来干什么？疯妈妈打开扇子挥了几下，说，好热的天气，我到桥上来吹吹风。绍兴奶奶打量着疯妈妈，一针见血地说，热什么热，吹什么风，我看你是怕这件旗袍在箱子里会发霉，非要穿出来开展览会！你知不知道现在是什么节气，还以为是夏天呢，又穿旗袍又摇扇子的，马上都要立冬啦。疯妈妈对绍兴奶奶的话似乎是半信半疑的，抬头看看天，一只手伸出去在菊花丛中扫了扫，夏天过去了？菊花还开着呢，夏天怎么就过去了。她嘟囔着，突然眼睛一亮，问道，立冬是几号？立冬了，我就该穿狐皮大衣了。绍兴奶奶惊声道，你还惦记着穿这个穿那个，苦头还没吃够？你若不是打扮得似个妖怪，别人欺负你也抓不到把柄，别人不欺负你你也不会落下这个病，你懂不懂？疯妈妈不懂，她说，狐皮大衣要配靴子的，可惜我的小羊皮靴子被他们抢走了。

失去的服饰使疯妈妈面露悲切之色，她绕着小四轮车，哀伤地走了一圈，又走一圈。高跟鞋，没有了。她看看脚说。翡翠手镯，没有了。她看看手腕说。长筒丝袜，也没有了。她摸了摸膝盖说。绍兴奶奶忍不住地叫喊，没有了好，没有了才好，否则你的命都保不住，你懂不懂？疯妈妈不懂，她低下头研究起四轮车上的那些牛奶瓶来，具体地说是在研究牛奶瓶瓶口上缠着的各种颜色的丝线，她说，多好看的丝线呀，把那些丝线都送给我吧，我给我家素素编个蛋套，明年中秋挂咸蛋！绍兴奶奶说，我再也不上你的当了，去年给你那么多丝线，还给你洗得干干净净的，结果呢，你没走回家，一包丝线都送了人，素素一根也没拿着，可怜的素素，那么懂事的小姑娘，摊上你这个妈！

绍兴奶奶人老眼花，起初她并没有发现疯妈妈身上佩戴的胸针。她弯着腰整理她的牛奶瓶，整理好了牛奶瓶，一眼瞥见疯妈妈的胸前有一个小玩意儿在阳光下闪烁，亮晶晶的，看上去有几分炫目，绍兴奶奶定神一看，就怔在那儿了，好像受了惊。不好了，你怎么把它给戴出来了，那是你奶奶当年用一根金条换来的宝贝，快摘下来！过了好一会儿绍兴奶奶清醒了，一清醒就冲过来捉疯妈妈的肩膀。疯妈妈竖起她的檀香扇左挡右闪，她身上的旗袍也一齐沙沙摇摆着，反对一只苍老不洁的手靠近，可是檀香扇华而不实，白丝绒更是柔软无骨，疯妈妈最终还是不敌绍兴奶奶，只好挺直了身体，任凭绍兴奶奶为她摘下胸针。

那是一枚旧时代遗留的做工繁琐的蝴蝶胸针，蝶翅上镶着一道蓝边和数颗米粒般的宝石，蝴蝶的翅膀高贵地把持着白丝绒旗袍的正面，反面的搭扣却巧设机关，提防着什么，绍兴奶奶怎么也解不开胸针的搭扣。

这是谁做的扣子，存心难为人呀。绍兴奶奶先埋怨扣子，再埋怨人，让我怎么说你？你再怎么贪美，再怎么爱穿旗袍，这枚胸针你不能往外面戴的，我知道你们家的家底，就剩下这一件好东西了，万一弄丢了，哭都来不及。你快帮我摘下来，我不会贪掉这东西的，替你保管，明天我就交给素素。由于疯妈妈不配合，绍兴奶奶几乎是强行解下了那枚胸针，她从牛奶瓶上揭下一张封纸，把胸针包好了塞在怀里，她说，外面有坏人的，专门骗你这种人的东西，你懂不懂？绍兴奶奶警惕地向四周一望，并没有发现坏人，她便松了口气，用牛奶车顶着疯妈妈把她往桥下推，这么冷的天，别站在这儿受凉了，回家去回家去。

疯妈妈犟着不走，她说，我把钥匙弄丢了，我要在这里等素素，等素素一起回家。绍兴奶奶皱着眉头看看疯妈妈，说，怎么人一病什么都不会了呢？没钥匙怕什么，你走隔壁李三年家，进了天井，不就是你家窗子了？疯妈妈摇头道，我不进李三年家，他们不让我进他家，他爱人一见我就说妖怪来了妖怪来了，他小儿子一见我就哭，拿东西砸我。绍兴奶奶先是不解，其后就明白了，一分为二地说，不怪人家，你这个穿着打扮，要是黑影里让孩子撞见，谁都以为你是妖怪。不过做大人的不该这么讲话，欺负人欺负到你头上就伤天害理了。我带你回家去，从李三年家走，看那泼妇敢不敢骂你。疯妈妈还是一个劲地摇头，我不从他家走，我不能爬窗子，她说，我穿着这旗袍，不能翻窗子的。说的也是，你穿着这东西，除了能开展览会还能做什么？绍兴奶奶不满地瞪着疯妈妈的旗袍，在领口那儿抓了一把，在腰那儿又拍了一下，说，包这么紧，穿着能舒服？你这人，爱美爱得离了谱。我倒想起来了，你年轻那会儿连量米都穿个旗袍，扭啊扭的，你还用个草包拎米！疯妈妈说，不是草包，是工艺编结包，出口转内销的包。出口的草包也就是个草包，你别拿洋屁来压人，绍兴奶奶厉声说，你就是思想坏了才倒了霉，思想一坏生活作风也坏，这么个生活作风，谁看得惯？不是我说你，你这个病，一半怨别人，一半还是怨你自己，我要是做了你婆婆呀，绍兴奶奶说到这儿一只手冲动地举起来，向她做了个打人的动作，我不打你才怪，天天打你，打不动让儿子打，往死里打，非把你打贤惠了不可！

疯妈妈从绍兴奶奶的声音和动作中感受到某种敌意，这敌意使她下意识地向后退却，一只手举起来遮挡着什么。绍兴奶奶是个善良的人，怎么会打她？疯妈妈分不清玩笑和暴力，慌慌张张地绕过四轮车，旗袍的一角被车轮胎卷了一下，疯妈妈就哎呀呀地大叫，拉过那一角，拧着脖子检查旗袍是否沾了脏。有一个过路的戴眼镜的男人，他从自行车上跳下来，朝桥上的疯妈妈看了一会儿，咧嘴一笑，又跨上车走了。疯妈妈看见了那个人，眼睛莫名其妙地一亮，对着男人的背影热情地打了个招呼，张老师，今天天气好热呀！那个男人一愣，自行车欲停未停，人快从车上掉下来了，就用腿撑住地，停在桥头。疯妈妈和绍兴奶奶都望着那男人，望的是一个背影，穿着蓝卡其布的中山装，肩膀有点塌。那个奇怪的有点塌肩的男人，在桥头迟疑了好一会儿，回过头，眼睛闪闪烁烁的，最终还是没说话，匆匆下了桥。

你认识那人？你不认识那人怎么叫人家张老师？绍兴奶奶恨恨地看看那个男人的背影，又看着疯妈妈，你就这么跟人家七搭八岔呀，怪不得别人说你作风不好，你这人，就是不正派。疯妈妈辩解道，谁不正派？你才不正派呢，我记得他的，是张老师，是文工团的化妆师。他替我化妆的。化妆化妆，你就记得化妆。绍兴奶奶推着疯妈妈往桥下走，边推边说，我这把年纪，你说我不正派？你脑子不好，不跟你计较了。你打扮成这样站在这儿，以为自己是一幅画儿呢？是画儿也行，别人看画儿，画儿怎么去看人呢？现在外面的人什么样子你知道不知道，坏人很多，让人欺负了你都不会告状，告了状也没人理你，你还不快回家去！

疯妈妈先是躲，后来绍兴奶奶开始拉拽她的旗袍，她心疼旗袍，突然就反抗起来，拍苍蝇似的拍绍兴奶奶的手，偏偏那手很固执很坚强，疯妈妈急眼了，挥起檀香扇就打绍兴奶奶的胳膊，打了一下，两下，看见绍兴奶奶恼怒的眼神，不敢再打，就用力把老妇人推开了。绍兴奶奶让她推了个趔趄，脸色顿时很不好看，她跺跺小脚，推起她的奶瓶车，咣当咣当地往桥下去，嘴里尖刻地说，好，好，你不听我话，还拿扇子打人，你就站在这儿孔雀开屏去吧，怪不得别人整你，是你自作自受，孔雀开屏也没你这么随便！

秋天的一个下午，疯妈妈站在桥头等她女儿素素，素素傍晚五点钟左右放学回家，可疯妈妈下午两点多钟就站在桥上了，也许她无处可去，也许她已经忘了判断时间的所有方法了，大家都知道去年春天的时候她的脑子就出了问题。说起来也是巧合，花儿等不开，却等来了蜜蜂，半天不见素素路过，疯妈妈等来了崔文琴。

崔文琴来了。原谅我多介绍几句。她是香椿树街卫生所里最年轻的医生，也是整个城北地区最受大众瞩目的女性之一，她容貌出众，却又替人打针，当然容易令人产生一些说不出口的遐想，据说街上有几个思想不健康的人没病没灾的，也拿着针剂往崔文琴那里跑，苦肉计里藏着什么心思，我不说你也猜得到。崔文琴替疯妈妈打过针。疯妈妈的病打针打不好，后来不打了，就忘了是谁替她打针，崔文琴却记住了疯妈妈。疯妈妈处于精神崩溃期的惊人的美貌，打动了崔文琴，崔文琴总是像面对一幅画一样对着疯妈妈指指画画，嘴里发出赞叹的声音。一个理智的女人欣赏另一个女人的美貌，本来是不寻常的，但由于后者脑子出了毛病，那赞美即使是由衷的，也令人怀疑是同情心作怪，自然也引不起旁人的共鸣。好多女人带着孩子去卫生所接受注射时都会讨好崔文琴，说，你看崔阿姨长得多么好看，穿得那么朴素大方，她打针一点也不疼的。崔文琴却喜欢与人谈论疯妈妈的病，还有她的容貌和穿着，对疯妈妈的突兀而俏丽的穿着，崔文琴的赞美是毫无保留的，她说，她什么都敢穿，穿什么都好看，你们看见过她的那件旗袍吗？白丝绒的旗袍，除了在电影里，从来没有见穿旗袍那么好的人！旁边有同事不以为然，一针见血地说，你穿也好看，可惜你脑子好好的，没毛病，那样的旗袍，你有了也不敢穿！

　　崔文琴路过桥头，一眼就看见了疯妈妈，或者说，一眼就看见了白丝绒旗袍。看得出来她走向疯妈妈是为了走向白丝绒旗袍。她说，素素她妈妈，你怎么站在这里？那么惊喜的声音其实是另一种欢呼，白丝绒旗袍，你怎么站在这里？谁都看得出来，崔文琴爱死了旗袍，爱在骨子里，就更加炽热。大家只见她穿那种修改过的军装，没见她穿过旗袍，不是她不给旗袍机会，是旗袍不给她机会，她是崔文琴，不是疯妈妈，但是谁敢说两个女人谁比谁更爱旗袍？天机泄露于眼神，看看崔文琴注视白丝绒旗袍的眼神吧，是什么样的眼神？是一只饥渴的蜜蜂发现一片花园的眼神！她停下来和疯妈妈说话，其实是和白丝绒旗袍在说话。多软的料子，裁得多合身呀，扣子也漂亮，这是叫琵琶扣吗，不知道是怎么盘起来的？崔文琴的手触及白丝绒的时候，起初很柔情，小心翼翼唯恐损坏了什么，渐渐地抚摸变得贪婪，失去了礼仪，那只手在疯妈妈的腰间游弋一圈，像卡尺一样丈量着什么，结果不详，继续再来，手滑到了后面的臀部，意识到什么不妥，猛地升上来，在背上拎了一下，不满足，又到肩上抓一下。哎，别提多合身了，崔文琴说，是你在文工团做报幕员时做的旗袍吧？现在满世界找也找不到这式样了。这种白丝绒面料，你跑到上海也买不到啦。

疯妈妈妩媚地笑着，一边检查她的旗袍，别人对旗袍的夸赞让她感到骄傲，但别人触碰过的地方，她有点不放心，怕弄皱了，一只手跷起兰花指做成个熨斗，熨平那些并不明显的皱褶。崔文琴有点不悦，说，哎哟，你这么爱惜这件旗袍呀，摸摸又摸不坏的，也难怪，你好像就这么一件旗袍，夏天时候我也见你穿过的。疯妈妈说，谁说我只有一件？我有六件旗袍呢，这件白丝绒的，还有一件红丝绒的，还有两件丝绸的，是花的，还有两件虽然是棉布的，也很好看，我有六件旗袍，让素素的爸爸剪坏了五件，只剩下这一件了。崔文琴斜睨着她，听着，好像半信半疑的样子，突然打断疯妈妈说，红丝绒，红丝绒做旗袍？疯妈妈说，是呀，红丝绒的那件，他们都说我穿着最好。崔文琴眼睛一亮，说，红丝绒的料子，布店倒是有的卖，还不要布票呢，我们卫生所买过做大红花的！

崔文琴在桥上又站了一会儿，她不再盯着疯妈妈和她的旗袍了，东望西望的，似乎在盘算什么事，突然拍拍手，做了个决定，说，现在就去买！然后她就返身往桥下走了。疯妈妈起初不知道崔文琴干什么去了，她站在桥头等素素，没有等到，等到的还是崔文琴。疯妈妈看见崔文琴抱着一卷红丝绒再次走过桥头，就迎上去问，你买了这么多红丝绒，你买红丝绒做什么？崔文琴就势一把挽住了疯妈妈的胳膊，说，帮我一个忙，你跟我到裁缝店走一趟，借你的旗袍，让李师傅做个样子。说起来也奇怪，凡事关穿着打扮，疯妈妈一听就明白，她瞪大了眼睛，一迭声地说，不，不，我不去，我的旗袍不做样子，崔文琴对此明显是有思想准备的，她紧紧捉住疯妈妈的手，你怎么小心眼了呢，我借你的旗袍，就是做个样子，做个样子你的旗袍也不会少了什么的，何况你的是白丝绒的，我的是红的，不一样，你懂不懂？疯妈妈一个劲地甩手，她说，我没空跟你去裁缝店的，我要在这里等素素，素素快放学了。崔文琴看了看手表，她说，你满嘴说的什么糊涂话，现在才三点半钟，学校放学还早着呢，你别跑呀，你这么跑让别人看见了多不好，以为我拉你干什么坏事呢。崔文琴左扑右挡的，终于又把疯妈妈的胳膊紧紧地挽住了。崔文琴也是病急乱投医，脑子一热，就对疯妈妈说，你不会吃亏的，你帮我这个忙，我把我那条黑金花丝巾送给你，你那次来打针，不是一个劲地夸那条丝巾的吗？一句话顶了一万句。崔文琴说完已经感觉到被挟持的人放弃了反抗，一条丝巾让疯妈妈顺从起来，她的目光迷离了一会儿，似乎在努力回忆崔文琴许诺的丝巾的色彩，然后她突然笑了。我的旗袍配一条黑丝巾，配一条黑丝巾，多好的搭配！她对崔文琴笑了一会儿，突然说，说话算数，你不准反悔，谁反悔就是狗。崔文琴后悔也来不及了，有点窘，皱着眉毛说，别人怎么说你不正常呢，做个旗袍样子赚条丝巾，你比谁都精明呀。

下午三点多钟，有人看见疯妈妈随崔文琴离开了桥头，疯妈妈一只手小心地提着她的旗袍角，另一只手被崔文琴紧紧地挽住了，她们往东方红街的方向而去，从背影看两个女人的智能是平等的，步态是一样婀娜多姿的，她们很像一对结伴散步的姐妹。

李裁缝有点驼背，头上戴了顶军帽，脖子上挂了一条软皮尺，他淹没在裁缝店里零乱堆放垂挂的布料和服装中，与外面洁净的街道甚至一个时代格格不入，因此他的脸上有一种自知之明的谦卑。女顾客上门来，他从缝纫机前坐起来，好像基层单位欢迎上级领导莅临指导，但崔文琴来，情况有所不同，男女角色不知怎么让李裁缝巧妙地颠倒了，崔文琴一来，他倒有点像个撒娇的女人，故意做出冷淡的样子，探出头去打量她后面的人，一看也是女的，就舒了口气，说，怎么，今天还给我带了个顾客？

崔文琴夹来一卷红丝绒，还有一个穿白丝绒旗袍的女人，说话有点语无伦次的，把疯妈妈往李裁缝面前一推，说，做旗袍，旗袍！我跟你提起过的，白丝绒旗袍，我把人带来了！

裁缝说，人是人，旗袍是旗袍，你把话说清楚了。裁缝先看人，看见一个三十来岁的女人，粗看面容美丽，细看有点憔悴，这么看有点矜持，那么看又透出些许呆滞，裁缝的眼睛一亮一亮的，发现对方不看他，对方摇着檀香扇左顾右盼，随口批评店里的衣服，都是什么衣服呀，难看死了。裁缝眼睛里的亮光便熄灭了，转而看她身上的旗袍，说，我不是在做梦吧，历史的步伐倒退了吗？现在还有人这个打扮出门！

崔文琴躲在疯妈妈后面做了个手势，指指脑袋，结果裁缝会错了意，说，谁难缠？你难缠还是她难缠，别人怕顾客难缠，我不怕，你也不是不知道我的手艺。崔文琴没办法，干脆就不介绍什么了，一大卷红丝绒扔在缝纫机上，又推一推疯妈妈，说，照着这样子，给我也来一件。

怎么想起来做旗袍的？不做，做了你也不敢穿。李裁缝不知道卖的什么关子，说，上次给你做的喇叭裙，也没见你穿。

你怎么知道我没穿，我又不穿给你看的。崔文琴先是霸道，霸道过后又婉转起来，说，咳，你管那么多干什么，你一不是我领导，二不是我爱人，你是裁缝嘛，只管做就行。再说了，我做衣服也不一定非要穿出来的。

做了衣服不敢穿？要求上进，怕领导批评？裁缝说，就在家里穿？光穿给你家老罗看？那多浪费。

你个死驼子，我穿给谁看关你什么事？崔文琴拿起一块画粉朝李裁缝扔过去，说，告诉你，我做的好多衣服就是压箱底的，虽然不一定穿，拿出来看看，心里也舒服。

我辛辛苦苦做的衣服，你拿去压箱底？做的时候那么挑剔，线头粗了都不行，拿回家就压箱底？李裁缝似笑非笑地盯着崔文琴，突然板起脸说，不做你的衣服，不做了，挣你的加工费，就像卖国求荣一样，自己都看不起自己。

你是不会做旗袍吧？崔文琴明显有点恼，忍了一会儿，用了激将法，说，我还以为你手艺全市最好呢，好个屁，不会做旗袍，算什么全市最好？

我也没说过我全市最好嘛，裁缝这行当，谁说好都没用，衣服说话最有用。李裁缝在一番插科打诨过后开始正经起来，他躲避着崔文琴的目光，觑着眼睛打量起橱窗边的疯妈妈来。他说，那位女同志跑这儿散步来了？怎么停不下来，你坐嘛。

疯妈妈站在橱窗边，一只手伸进去，不知道在摸什么。崔文琴说，别管她，她坐不住的，你告诉我怎么量尺寸就行了。裁缝说，你比她要丰满一些嘛，三围都不一样，怎么量？让她把旗袍脱下来，你穿上去，一个脱，一个穿，尺寸要咬得准，只能这么量。

疯妈妈仰着头莲步轻移，她举着檀香扇点着横架上垂挂着的服装，点一点黄军装，说，解放军。点一点白衬衫，说，红卫兵。点一点蓝裤子，说，红小兵。点一点黑裙子，说，张阿姨。一件件点过来，点到一件小女孩子的蓝色小圆点的连衣裙时她想起了女儿素素，回过头问崔文琴，几点了，素素该回家了吧？崔文琴看了看手上的表，嘴上说还早还早，身体却紧张起来，对李裁缝瞪了一眼说，谁有心思跟你吹山海经？赶紧动手吧，我家里也是一堆事，急着回去呢。李裁缝嘿嘿地笑，说，你让我动手？对谁动手？让我替你们俩脱衣服呀？崔文琴竖起手指戳了戳自己的额头，说，我是让你给骗了，每次来都是陪你说话，让你吃了豆腐自己都不知道。

崔文琴连哄带骗地把疯妈妈架到了花布帘子后面。花布帘子后面算是李裁缝的卧室，一张单人木架子床，床头的墙上贴着《杜鹃山》里的女英雄的画像，那女英雄怒目圆睁，手势却显示她很有心计，是稍安勿躁的意思。床下有一只痰盂，痰盂好多天没倒过了，里面散发出一种酸臭的气味。崔文琴在里面换衣服是有经验的，一进去就非常谨慎地拉好帘子，两边用铁夹子夹住，她这么小心，疯妈妈还是如临大敌，惊慌地叫起来，这是什么地方？我要出去，我不在这里换衣服。崔文琴说，你快急死我了，现在也不是你在文工团报幕那会儿了，还有更衣室，上这儿来的女人，都在这儿换衣服。有帘子挡着，你怕什么？你以为李师傅是大流氓呢？

帘子外面的李裁缝确实是规矩的，他先是去倒茶喝，咕咚咚地喝得很香，然后他嘴里哼起了样板戏：朝霞啊哈映在阳澄湖上啊啊啊。里面的两个女人合作并不顺利，要脱的不情愿，要穿的太性急，费了好一番周折，斗争平息了，只听见细碎的衣料与衣料还有手摩擦的声音，过了一会儿，崔文琴掀开花布帘子出来了，身上已经穿好了那件白丝绒旗袍。她把两手向裁缝一张，半转身，做了一个羞涩而自信的造型，意思是问，我穿着怎么样？李裁缝嘴里便哎呀呀地叫起来，一边拍手一边凑过来，在崔文琴的腰上率先抓了一把，好，比她穿着还好看。

李裁缝给崔文琴量尺寸的时候忘了疯妈妈的存在，不知道做了什么多余的工作，让崔文琴啪地打了一巴掌。崔文琴说，死驼子，我今天高兴，就让你占点小便宜，不过，这件旗袍你给我多用几个脑袋去做，做不好，我饶不了你。李裁缝说，做不好我也不接这个活，你的衣服，借我十个胆子也不敢糊弄呀。外面的人说着话，听见帘子里面的疯妈妈突然躁动起来，疯妈妈在里面走来走去，现在几点了？几点了？不好了，天都黑透了，素素早就放学了！花布帘子突然鼓出来一堆，是疯妈妈的脸贴在那儿说话：天都黑透了，你们怎么不让我回家？快把旗袍还我，让我回家！崔文琴说，马上就好，马上就好，好好的你喊什么？你是不是怕黑？里面没光线，是有点黑，怕黑我让李师傅给你开灯。李裁缝不知道为什么笑，笑着去开灯，灯一亮，帘子后面的疯妈妈被灯光剪出一个清晰的影子，那影子把疯妈妈自己也吓着了，啊呀一声，人影子跳了起来。崔文琴一看不好，就冲上去关了灯，回头骂李裁缝，我就知道你，狗改不了吃屎，没安什么好心肠。李裁缝说，怎么骂我？你自己让我开灯的。崔文琴一时有点乱，走过去要掀帘子，手又缩回来，对李裁缝说，量肩膀吧量肩膀吧，快点量。李裁缝说，是在量肩膀呀，你老是躲着缩着，我不好量嘛。崔文琴瞟一眼帘子，压低声音说，你别吓她，她头脑有毛病，你看不出来？

李裁缝的表情看上去有点惭愧，说，已经看出来了，可惜呀。他带着那种惭愧的表情加快了工作节奏，突然叹口气，拿着软皮尺在崔文琴的腰那儿打了一下，说，腰这儿，其实我也没什么把握，旗袍难做难在腰上，万一腰这儿不好，你别怪我。崔文琴说，不好就罚你，给一半加工费嘛。李裁缝没有表态，斜站着研究崔文琴与旗袍的所有细枝末节的关系，发现了什么，手猛地又抓上来，抓着旗袍的扣子，说，我差点忘了，这琵琶扣我得拆一个下来，太难做了，不照着样子，我没那个本事做。崔文琴一听就为难了，使个眼色让裁缝注意帘子后面的疯妈妈，自己放低嗓门商量道，你不是会画吗，现在把扣子画下来，按照画样做嘛。李裁缝说，你倒是聪明，那我照着飞机的样子画下来，能不能做出飞机来呀？崔文琴哑然，绞着手说，这可怎么办？我哪儿忍心拆她的扣子，她要是个正常人，什么都能说通，可她头脑不好还小气，说不通的呀。要不就不做这个琵琶扣了，做个别的好看的扣子代替？李裁缝不置可否，崔文琴自己先摇起头来，不行，不行，我喜欢死这扣子了，花这么多心血做件旗袍，扣子不能马虎。李裁缝说，那怎么对她交代，先斩后奏，拆下来再说？崔文琴看看花布帘子，看看李裁缝，咬了咬牙说，拆，反正用完了再给她缝上的。李裁缝顺手拿了个薄刀片，已经准备拆了，又犹豫起来，低声说，我怎么有点心慌呢，别看她头脑不好，旗袍是她的命，拆了一颗扣子，她会不会跟我们闹？崔文琴捂着胸口说，我也心跳得厉害，这么好看的东西，偏偏是她的，跟她商量，怎么商量得通？李裁缝眨巴着眼睛思考了一会儿，找了一颗别针递给崔文琴，说，我拆领口上这颗，不容易发现，等会儿你替她扣，拿别针扣，我们打打岔，看看能不能混过去。崔文琴直直地瞪着那颗琵琶扣，脸上的表情一会儿畏惧一会儿坚定，我要这种扣子，一定得要。最后她说，反正也不是大不了的事，借用几天而已，混得过去混不过去都得拆。拆吧。

傍晚时分他们看见崔文琴领着疯妈妈走过东方红大街，两个女人以不同的方式引人注目，他们当然都注意到疯妈妈那天穿了一件白丝绒旗袍，眼尖的人发现了疯妈妈旗袍领口处的异样，一颗别针大煞风景，也惹人发笑，但由于人们深知疯妈妈的精神状况，这颗不正常的别针在疯妈妈身上反而显出了它的合理性，所以没有人去多余地思考疯妈妈的纽扣到哪儿去了，人们印象中疯妈妈从前就喜欢卖弄风韵，现在失去了最后那点束缚，她穿什么都无人计较，怎么穿也都是自由，穿旗袍就穿旗袍，扣别针就扣别针吧。

一路侥幸无事。经过葵花弄崔文琴家时，崔文琴心里打起小算盘，试探地问疯妈妈，你自己回家，认识路吧？疯妈妈却不上当，她牢牢地记住了崔文琴的许诺，丝巾，那条黑金花丝巾。疯妈妈说，你说好给我的，不给就是狗。崔文琴翻了个白眼，说，你记性比我都好呀，怎么有病？不就一条丝巾吗，我说给就给，你在这儿等着，我回家拿。疯妈妈说，不行，你要是走了不回来怎么办？我要跟着你。崔文琴有点火了，没见过你这种人，有病怎么的，有了病干脆就装小孩子了？什么狗呀猫呀的，还要做跟屁虫。她训了疯妈妈几句，看见有人向她们这儿张望，便缓和了语气，说，我家公公躺在床上养病呢，见不得生人，你实在不相信我就跟我来吧，不过不要进去，我婆婆有封建迷信思想，你这样的人是不可以进病人家门的。

疯妈妈站在葵花弄崔文琴家的门口，葵花弄里没有葵花，人家窗台上地上养着白色、黄色和紫色的菊花，都是半开半谢的。疯妈妈一边等着崔文琴的丝巾，一边低头观赏门前的菊花，光看不够，弯下腰想摘，身后响起了一片很大的动静，倒让疯妈妈吓了一跳。原来是个戴红领巾的小女孩跳着绳子过来了。戴红领巾的小女孩总是让疯妈妈想起她的女儿。不是素素，我以为是我家素素呢。她追着跳绳的小女孩，问，现在几点了，我家素素你认识吗？你们放学了吧。那女孩站住，诧异地望着疯妈妈，先是望着她的脸，然后紧张地研究起她的旗袍来，你为什么穿这种裙子呀？这是电影里女特务穿的裙子！疯妈妈说，这哪儿是裙子，这是旗袍呀，以前的女人都是穿旗袍的。小女孩似懂非懂，好奇的目光终于落在疯妈妈的旗袍领口处，她指着那里的别针说，你怎么这么懒呢，掉了扣子就缝上去，怎么用别针呢？

疯妈妈的手伸到领口处，很快就发出了她的第一声尖叫。崔文琴拿着丝巾出来时，惹祸的小女孩已经跑得没了踪影。剩下疯妈妈一个人，脸色苍白如雪，檀香扇扔在地上，左手揪着自己的领口，右手按着胸部，一声声地尖叫，一声声地叫。崔文琴知道是纸包不住火，事情败露了。崔文琴也慌，邻居们都已经向她家门口汇集过来，更令她慌张的是疯妈妈不仅发现了那颗琵琶扣失踪，从她泣不成声的哭喊中，崔文琴得知还有一颗什么镶嵌了宝石的胸针，也失踪了！

崔文琴情急之下忘了疯妈妈的精神状况，她用手指一下一下地捅着疯妈妈的脸，什么胸针，什么宝石，你别血口喷人，我从来没见你戴过什么胸针呀。崔文琴怎么能不慌？扣子事小，自己脱不了干系，不过是一颗扣子，她不在乎，胸针就是飞来横祸了，她怎么能不慌，一慌就骂起人来了：什么蝴蝶胸针，什么宝石胸针，你个疯女人，疯就疯了，疯进不疯出，没想到你还会敲竹杠！

所谓疯妈妈大闹葵花弄就是指那天傍晚的事情。其实疯妈妈不是闹，是在葵花弄尖叫，哭喊。人人都听清楚她丢了两件东西，一颗纽扣和一枚胸针。纽扣虽然别致，只是颗纽扣，胸针听起来是珍贵的值钱的好东西，丢了就显出问题的严重性了。人人都用目光向崔文琴索要答案，因为疯妈妈后来一直拼命地揪住崔文琴的衣角，好像人赃俱获的样子，但崔文琴拒绝提供答案，崔文琴手里抓着的是一条黑色的丝巾，她要把丝巾围在疯妈妈肩上，疯妈妈不要，看起来是拒绝某种收买。两个女人疯狂地扭在一起，嘴里都在尖叫，崔文琴姣好的面容因为暴怒胀成了猪肝的颜色，她是疯子，是疯子，你们都知道的！她努力地挣脱疯妈妈，腾出一只手对着邻居们指天发誓，她脑子有病你们没病，我得跟大家交代清楚，我是借了她的纽扣做样子，什么胸针不胸针的，完全是她的疯话，我要是见过她的胸针，就天打雷劈！

其间崔文琴的丈夫老罗出来了一次，他上前尝试拉架，没有拉开，大概是顾及到影响，老罗没再做什么，黑着个脸叉着腰站在那儿。他也只好站那儿了，两个女人干仗，任何一个丈夫都不好做什么的，何况那是香椿树街的疯妈妈，老罗自己又是卫生局的干部。老罗听见疯妈妈在哭。他妻子也在哭，他妻子一边哭一边回过头骂他，老罗你是死人呀，怎么不想想办法，把这个疯子弄走，快把她弄走呀！老罗搓着手，向前跨了一步，一只手去抓疯妈妈，最后还是抹不开面子，缩了回来，也就是这时候，邻居们看见老罗拍了拍自己的脑袋，明显是找到了解决问题的办法。他们看见老罗向弄堂外面跑，几个孩子跟着老罗跑，一直跑到了杂货店的公用电话前。老罗的办法是用电话解决问题，孩子听见老罗在跟什么人打电话，老罗让那人立刻开急救车过来。拉什么病人？老罗对着电话嚷道，什么高血压心脏病，什么严重不严重，不严重我怎么会让你们过来？亏你问得出来，是一个疯子，疯得不成体统，在我家门口胡闹呢！

后来一辆白色的急救车就开到葵花弄来了。那时天色差不多已经黑透，急救车的灯光像探照灯一样把葵花弄照得亮如白昼，灯光打在崔文琴脸上，她绝望的脸上出现了胜利的曙光，灯光照在看热闹的邻居们脸上,他们都傻眼了,一个个眨巴着眼睛,交头接耳起来,灯光射到疯妈妈的脸上,疯妈妈向着光举起一只手,好像是投降,好像是与光搏斗,然后葵花弄的人们听见疯妈妈发出了最凄厉的那声尖叫,犹如晴天霹雳。人们禁不住捂起了耳朵,捂着耳朵看疯妈妈如何逃跑。疯妈妈往前跑了几步,前面是救护车,又转身往后跑了几步,后面都是人,疯妈妈就耍赖皮了,她坐在地上,一边蒙着脸哭,一边蹬着腿,把脚上的丁字形皮鞋也蹬掉了,她说,我不哭了,我不要我的扣子了,我不要我的胸针了,你们别过来,求求你们,别过来。别过来。

该过来的人还是过来了。救护车上跳下来三个人,穿着白衣服,戴了口罩,有一个人的手上还带着一圈绳子。他们大概是准备病人抵抗用的,可是事到临头,疯妈妈失去了所有的力气,她只是蜷缩成一团,整个身体都剧烈颤抖着,她说,求求你们,别过来。一只手举起来,本意是阻挡别人,结果却把自己的手柔软地交给了他们。她说,素素放学了,我该回家了。又举起一只手,把另一只手也交了出去。疯妈妈最后简直是在配合救护车上的人。葵花弄的人们看见两个人轻松地把疯妈妈架到了车上,另外一个人看上去力气很大,却没派什么用场,是他从崔文琴手里接过了疯妈妈的丁字形皮鞋,提着鞋上了车。

大多数聪明人知道救护车将把疯妈妈带往何处,但也有人天生愚笨,追着救护车问,喂,你们把她送哪儿去?车上的人回答说,能上哪儿?去三里桥嘛。

三里桥是另一座桥，离我们香椿树街大约有二十多公里，从我们这儿去三里桥，需要换三次公共汽车，最后在南门搭乘郊区线。比我更年轻的人都知道三里桥是一座历史悠久的七孔古桥，桥下有一所白墙红瓦的老干部活动中心，但他们不知道三里桥的桥下过去柳树成荫，柳树林中曾经有一所精神病医院。所谓去三里桥，当然不是指去桥上，而是去桥下。这么简单的修辞手法，你不会不知道。

哭泣的耳朵

哥哥比弟弟大三岁，天经地义的，哥哥应该照顾弟弟。但那年夏天哥哥交了几个不三不四的朋友，人像水一样地往低处流。他的喇叭裤勒紧了屁股，看上去随时会绽线，他的军帽歪着戴，帽檐下支出几簇长头发，油腻腻的，抹过发乳，散发着一丝堕落的香气。他天天带着象棋到铁路桥下的公厕去，一边方便一边和人下棋，是赌残局的。这个哥哥，你还让他照顾谁去？人不学好的另一个标志就是懒惰，而哥哥的懒惰正在损害弟弟的利益。就说去白铁铺取水壶的事，早晨母亲出门前把它写在厨房的小黑板上了，注明是哥哥做的事，注明要带上五毛钱，还写了一句：别忘了盛上水试试。弟弟在厨房吃早饭的时候看得清清楚楚的，可等他去了一趟公共厕所回来，发现黑板上母鸡变了鸭，春风的名字已经改成了春生，是弟弟的名字了。弟弟知道是哥哥做的手脚，他想也没想，随手就把那个"生"字擦掉，又把名字改回去了。

整个夏天弟弟看上去都愁眉不展，不为别的，是为了游泳的事。母亲有一天路过护城河的酒厂码头，亲眼看见有人从那里捞起了一个溺水的男孩，母亲在那儿看了会儿，突然产生了许多不必要的联想，看见河对岸一群孩子还在水里打闹，母亲便春风春生地狂叫起来，对岸有人呼应道，春生刚刚还看见的，春风没看见！母亲就慌慌张张地往家赶。还好，路上看见了春风，春风和他的朋友坐在菜场卖豆制品的架子上，鬼头鬼脑地，不知道在干什么。母亲没心思去调查他们在干什么，她问大儿子，你弟弟呢？哥哥先说不知道，马上改口说，在家呢。母亲骑着车赶到家门口，一眼看见门口的晾衣竿上挂着弟弟的游泳裤，是两条红领巾改制的，还滴着水，母亲才松了口气。弟弟迎出来为母亲例行公事似的拿饭盒，母亲脸上仍然是一副劫后余生的表情，她看着弟弟头发上残留的水滴，说，好，上来了就好。但她的脸还是白着的，不得了啦，酒厂码头又淹死一个，肚子胀得那么高！她向弟弟描述了那个男孩膨胀的孕妇似的腹部，还说男孩的嘴里塞满了泥沙，泥沙里还长了一堆水草。弟弟不相信什么泥沙什么水草的事，那只是母亲在吓唬人，为她下达禁令添油加醋罢了。

　　弟弟愁眉不展。他再也不能下护城河游泳了，这道禁令，弟弟知道违抗不得。但他不能不游泳，去年夏天他刚刚在护城河里学会了游泳。弟弟偷偷地跑到工人文化宫的游泳池去游，游了没几天，不巧，得了红眼病，一双眼睛躲避着光线和别人的目光，依然红得令人心痛。母亲大怒，一口咬定是游泳池传染的红眼病。怎么能不传染？她说，你难道不知道，有人在游泳池里小便的！红眼病也来和弟弟作对，这样一来，母亲连游泳池都不准兄弟俩去了。

禁令对哥哥没什么影响，他对游泳不感兴趣，他和那些不三不四的人混，其他事都偷懒，这么热的天，哥哥洗澡也偷懒，拿水在身上胡乱抹两下，就骗母亲说是洗过了。弟弟夜里闻得到哥哥身上强烈的汗臭，像熏醋的气味，弟弟埋怨哥哥比猪还臭，但他不敢嚷嚷，许多事情上他也要哥哥替他打埋伏。比如游泳的事，弟弟红眼病一好就违抗了禁令，偷偷去阀门厂游泳，母亲不知情，但哥哥知道弟弟藏游泳裤的地方，瞒不住他。就像一个山头的强盗和土匪，他们谁也不能要挟谁，弟弟也捏着哥哥的把柄，哥哥和冯青他们在家里赌博，赌香烟，赌光屁股，赌吃牙膏，还赌钱，好几次都被弟弟撞见了。

下午弟弟去阀门厂游泳时路过了白铁铺子，一顶草草搭制的遮阳棚从门檐上挑出半米多远，没有挡住多少毒辣的阳光，他经过那儿的时候觉得四周翻腾着一股热浪。那五个老头坐在闷热的铺子里，叮叮当当地敲着白铁，一台破旧的台式电扇坐在地上，摇晃着脑袋，向五个老头公平地分配着热风。好多铁皮桶"花洒"烧水壶堆在地上，有的挂在墙上。弟弟不认识他们家的水壶，认识他也不拿，那不是他的事，是哥哥的事。五个老头在炎热的午后集体劳动的景象倒是有趣，弟弟看见瘦的历史反革命分子刚刚修好了一只铝盆，他用油漆在盆底写着什么字，其他几个都在敲，胖的历史反革命分子在鼓捣谁的铝饭盒，他的脸热得通红，白背心被汗弄湿了，紧贴在身上，透出两个像妇女一样的乳房。逃亡地主背对着街道，他在用锤子敲一块圆形的白铁皮，弟弟只能看见他的裸露的后背上贴着一张膏药，他穿着长裤，却把长裤挽成了一条短裤；由于严重的静脉曲张，他的小腿看上去好像爬满了蚯蚓，让人反胃。资本家看上去最年轻，他戴眼镜，头发还是黑的，身上的军用衬衫不知从哪儿弄的，这么热也不肯脱；他还模仿炼钢工人，在脖子上系了一条白毛巾，好像这么一打扮别人就忘了他是资本家了。他们四个人都埋着头劳动，没有注意弟弟，只有门边的老特务抬起花白的脑袋，疑惑地看了他一眼，他的眼睛让弟弟吃惊，左眼角有一块淤青，好像被人打的，肿着，睁不开的样子，右眼安然无恙，但弟弟清晰地看见眼眶里盛满了莫名其妙的泪水，弟弟说了一句，又不枪毙你们，哭什么？说完他就走了。

　　七月炎热的天气把人都赶到阀门厂的游泳池来了。游泳池不正规，长度宽度都不够，水有点发绿，也许好几天没消过毒了。来的人大多成双成对，男男女女的年轻人在一起，男的看上去便很骄傲，也不管他带来的女朋友是美是丑。女孩子不一样，有的害羞，像个木桩似的插在水里不动，有的就一点不害羞，靠在池边上东张西望搔首弄姿的。他们都不怎么游，好像是来泡冷水降温的。弟弟不甘心，在人堆里钻来钻去地游，结果不小心撞到了几个人，其中一个是烫头发的姑娘，撞她撞的部位不巧，那姑娘竟然尖叫起来，小流氓，小流氓！她骂人弟弟不在乎，弟弟不怕女的。他回敬一句你是女流氓就继续游，但有个家伙突然冲过来拎住弟弟的耳朵，瞪着眼珠子吼，你活腻了？你敢调戏我的女朋友？那家伙手劲好大，弟弟好不容易才挣脱了他的手，觉得耳朵很疼，疼得快从脑袋上掉下来了。他懂好汉不吃眼前亏的道理，没有盲目地与那个家伙正面交锋，回头去寻找那个烫头发的姑娘，她靠在池边上，一边咬着指甲一边冲着弟弟这里笑，看上去很自豪的样子，把弟弟气坏了，弟弟从小嘴不干净，一张嘴就骂了句最脏的，姑娘听没听见他不知道，反正那个家伙一定听见了，他后来发疯似的，一手继续揪住弟弟的耳朵，另一只手掐住弟弟的脖子，把他往游泳池外推。就那样当着游泳池里那么多人的面，好像小偷被警察当场捉拿一样，弟弟被一个力大无比的家伙推出了游泳池。

弟弟捂着耳朵。剧烈的疼痛使他丧失了任何报复的念头，他很想找到一面镜子看看耳朵的情况。他自觉颜面扫地，也没勇气再跳回游泳池了，所以他向那个家伙匆匆喊了一声我认得你，然后就跑了。

弟弟回到更衣室时发现他的拖鞋没有了。进来的时候他没有租到小箱子，只好把拖鞋毛巾肥皂放在角落里，好多没租上箱子的人都把东西放在角落里，可他的拖鞋失踪了。不知让谁穿走了。弟弟气冲冲地跑去质问那个女管理员。那女人一点也不肯承担责任，她说，告诉你人满了别进，你非要进，鞋子丢了怪谁？你倒是教教我，我一双眼睛怎么照看三十几双鞋子？女人一边发牢骚一边嚼着一块糍饭糕，弟弟怨恨地瞪着她的嘴，忽然想起母亲描述的那个溺死的男孩，弟弟浮想联翩，就冲女人骂了那句没头没脑的话，嘴里全是泥，嘴里还长草！

只好回家去。弟弟后来用一块毛巾和一条裤头裹着脚，穿过阀门厂外面那条长长的砂石路，向香椿树街走。七月毒辣的阳光不仅把路上的砂石烤得滚烫，折磨着他的双脚，它还像无数针尖戳着他受创的耳朵。弟弟的心中充满了受辱后尖锐的仇恨。仇恨主要针对游泳池里的那对男女，也有针对空中的太阳的，还有针对一些不明事物的，比如那个不负责任的女管理员，那个穿了他拖鞋的人，无论是偷鞋还是错穿都令他痛恨，还有东风他叔叔，他恰好骑着自行车经过那条砂石路，经过他身边，弟弟拉住他的自行车后架，想搭坐着回家，没想到他反应敏捷，后腿一蹬，倒踹了弟弟一脚。弟弟追着他跑了几步，他头也不回，说，滚！全世界的混账东西都让弟弟碰上了，怎么能让弟弟再讲文明礼貌？弟弟一张嘴又骂了起来，李三年，你强奸过幼女，东风说的！东风他叔叔还是不回头，他很冷静地回击了弟弟一句，我强奸过你妈妈！弟弟没捞到什么便宜，只能怀着满腔的仇恨在滚烫的路上走，他一跳一蹦地走，突然想起来街上是曾经出过一个强奸幼女的人，不是李三年，是谁呢，就住在化工厂旁边的，他的名字，弟弟怎么也想不起来了。

其实搭不上自行车也没什么大不了的。弟弟走了没多久就看见了桥。走过桥头他就得救了，街上开始有树荫，路面是青石板的，光脚走路也不怕。弟弟在桥头拆下了脚上的裤头和毛巾，突然听见哥哥的声音，他在喊弟弟的名字，准确地说是喊他的绰号，粉皮，粉皮，你下来。粉皮这种绰号起得没什么水平，不过就是影射弟弟拖鼻涕的历史，谁小时候不拖点鼻涕呢？弟弟本来不和哥哥计较这些事，但那天下午哥哥一喊弟弟的绰号，他觉得好像一支冷箭射来了，射的不是别处，是他的耳朵，他的耳朵一阵剧痛。弟弟抓着自己的耳朵，寻找哥哥的影子，四周都没有，原来在下面。弟弟看见哥哥和黄瓜正坐在阴凉的桥洞下面下军棋。粉皮你跑哪儿去了？哥哥仰着头说，妈让你去白铁铺取水壶，怎么还不去？还不快去，铺子快关门了！

弟弟对他这一套并不意外，他说，放屁。

你说谁放屁？哥哥说，你说妈放屁？吃豹子胆了？

你放屁！我说你放屁。

黄瓜他们在桥下面都笑起来，哥哥手里攥着一只棋子从下面冲上来，铁青着脸在弟弟头上刷了一下，你敢在外面拆我的台？小心我揍你。他从裤子口袋里掏出一张皱巴巴的纸塞给弟弟，说，别废话，你没看见小黑板？快去白铁铺子取水壶，否则妈今天就烧不了开水了！

烧不了也不关我的事。弟弟说，那是你的事。

什么你的事我的事，是家里的事。哥哥瞪着眼睛说，你比猪还懒，吃得比谁都多，还不肯干事，你要不去拿水壶，以后就不准喝开水！

不喝就不喝。反正我从来不喝开水。弟弟说，我喝冷水的。

你是猪脑子，冷水是用开水凉出来的，你不知道？好像是弟弟的智商激怒了哥哥，弟弟看见哥哥的脑袋开始斜过来，目光直直地盯着自己的脸部——主要是耳朵，哥哥开始抖动手腕，弟弟知道他的目标和游泳池那家伙是一样的，目标是他的耳朵。这个夏天哥哥不知道拧过多少次弟弟的耳朵了。弟弟下意识地大叫一声，滚开。弟弟来不及思考，身体首先后退了一步，双手拢紧了他的耳朵。哥哥的目光好奇地在弟弟全身上下下地跳了几下，你慌慌张张的，又去游泳了？还干什么坏事了？他瞪着弟弟的耳朵，说，你耳朵怎么啦？松手，让我看看，你的耳朵怎么啦？好呀，你还光着脚，你的鞋怎么也没了！

不知道是缘于耳朵还是脚，还是一种手足无措的慌乱，或者是从游泳池归来后的辛酸，弟弟差点哭出来，幸好他把眼泪忍住了。他垂着头，看见父亲从上海捎来的新拖鞋在哥哥脚上闪烁着宝蓝色的光芒，弟弟决定向哥哥妥协。弟弟说，我替你去拿水壶，可以，那你把你的拖鞋给我。哥哥说，你穿我的鞋我穿什么回家呢？你还没说清楚呢，怎么把鞋弄没了？难以解释的事情用不着解释，弟弟没有多嘴，弯下腰去把哥哥的两只脚从人字拖鞋里强行搬了出来。哥哥毕竟大了三岁，任弟弟扒走了自己的拖鞋，你要是把拖鞋弄坏了，我敲死你。他推了弟弟一把，快点，快点去，妈回家以前一定要把水壶取回来。

弟弟穿上了哥哥的蓝色人字拖鞋，好像穿着两条船下了桥。一种响亮的声音从他的脚下传出，回荡在午后的香椿树街上，嗒，嗒，嗒，节奏清晰明快，听上去类似宣传队敲小竹板的声音。蓝色人字拖鞋带给弟弟一丝莫名其妙的快乐。弟弟一路跑着，一路看着脚上的拖鞋，他的心情被脚上的一小片蓝色照亮了。弟弟不知道自己是否微笑了，只知道他看着脚走路时耳朵不那么疼了。但他走过诊所旁边的向阳院时，他的同学金桥看见了他的微笑。金桥倚着门怪叫起来，你这个傻货，穿人字拖有什么了不起的？走路还看着它，走路还在笑！弟弟站住了，他说，谁在笑？你才是傻货，小心我敲你！他们一个倚着门，一个在路边站着，两个人的眼睛都骨碌碌转着，一边对峙一边思忖着什么。金桥先骂起来，谁敲谁？你敢敲我？弟弟说，那你敢敲我？你来，来敲，我就站在这里，你有种来呀。金桥朝身后的向阳院里瞟了一眼，看见一个男人在收晾衣竿上的衣服，金桥就改口说，你有种我们约地方，明天下午三点，酒厂码头见，你不来就不是人！弟弟也向院子里瞥了一眼，他认出那个收衣服的男人是金桥的父亲，弟弟鼻孔里哼了一声，说，码头见就码头见，你不来的话，我以后看见你就不叫你金桥，叫你大便！弟弟骂得有点得意，走了几步，仿佛看见金桥正浑身紫胀，挺着孕妇般的大肚子躺在酒厂码头上。于是他又回过头，一脸神秘地对金桥喊道，嘴里塞满泥，嘴里长满草！

离开了向阳院，弟弟才发现天色已经暗下来了，有三个刚刚下班的女人各自提着一个网袋在他前面走，无意中做成一排人墙挡着道，网袋里的饭盒让弟弟一下想起了水壶的事。他从三个女人的缝隙中穿过去，把女人手里的饭盒撞得当当响起来。女人们在后面骂，弟弟头也不回，向白铁铺的方向一路奔跑过去。

弟弟正好赶上白铁铺关门的时间，敲白铁的声音早已平息，弟弟远远地看见一个瘦老头在用叉杆把凉棚上的塑料布收下来，抱着那堆东西进去了。

白铁铺的排门已经依次上好，只剩下最后一片了，五个敲白铁的反动老头，也只剩下了老特务一个人。弟弟看见老特务抱着一片门板，正从里面狭窄的门缝里挤出来。弟弟堵在了他身前，掏出那张纸条，高喊了一声，取水壶！老特务缓缓地移动了一下身子，脑袋从门板后面探了出来，他眼角的青肿在暮色中看起来就像一条黑色的虫子在蠕动，他的另一只眼睛睁开着，仍然泪汪汪的。他就用那只泪汪汪的眼睛瞟了一眼纸条，瞟一眼又闭上了，弟弟注意到他抬起胳膊擦了下眼睛，还是抱着门板不放。

明天来取。他说，我们下班了，你没看我在上门板了吗？

不行。弟弟说，明天取，我们今天拿什么烧开水？

那我管不了。他说，我不负责取货。取货要找老孙。老孙已经走了。

放屁。弟弟说，取个水壶哪有这么多规矩？

你这孩子怎么说话呢？他说，我这把年纪了，我七十多岁的人了，犯得上跟你一个孩子斗气吗？

那你就把我家的水壶给我。弟弟说，要不我自己进去找，我认得我家的水壶。

我们这儿也有规章制度的。他说，取货是老孙负责的，他不在，我们就不能把壶给你，这是我们的制度。

你们牛鬼蛇神还讲什么制度？弟弟的脑袋探进门去，四处搜寻着，他说，我不管你们那一套，我得把水壶拿回家去。

是牛鬼蛇神就更加要守制度了，你是孩子，还不懂。他摇了摇头，取水壶也要讲制度，破坏制度就犯错误，你们小孩子，不懂里面的道理的。

不懂就不懂，你把水壶给我就行了。弟弟不耐烦了，整整一天的失败让他对最后这件事情认真起来，他把老特务往旁边推了一把，一猫腰钻进了白铁铺，铺子里没有灯，弟弟看见许多的桶、盆、壶和"花洒"，或者堆在地上，或者吊在空中，一时找不到他家的那只水壶。弟弟说，老特务，你把我们家的水壶放哪儿了?

可是弟弟的行为把老特务惹恼了。滚出去!老特务抱着那块门板,对着地面撞了好几下,滚出去,他对弟弟叫喊着,你再不出去我就不客气了。

弟弟没想到老特务会如此愤怒,即使在幽暗的白铁铺里,他也能看到老头的烂眼睛里迸发出愤怒的火花。老头怀里的门板也调整了方向,老头抱着门板好像抱着一件武器,弟弟有点慌,但弟弟的嘴不饶人,你对我不客气?你个老特务也敢来惹我!弟弟说,你吃了豹子胆了,看我不收拾你?弟弟从来没有和一个老人干仗的经验,老特务到底还有多大的力气,心里没底,他就试着去拍拍那块门板。这一拍把老特务彻底惹毛了,老头突然地把门板抡到了半空,弟弟感觉到一股风,他迅速地向后跳了跳,蹲了下来,弟弟说,你干什么,用门板砸我?你吃豹子胆啦?老特务说,我就吃豹子胆了,今天就砸死你这个小兔崽子,本来就活腻了,砸死你我偿命,我还赚一命!弟弟这时候意识到了某种危险,他抱着脑袋向门那边退,退到门边他觉得安全了,正想说句什么,脖子上突然被一个人啪啪扇了两下,原来是哥哥来了。

哥哥怒气冲冲的,哥哥的脚上穿的不知道是谁的鞋,是一双破了口的解放鞋。我就知道你什么事也做不成,取个水壶也不会,哥哥几乎是吼着问,妈已经到家了,让你取的壶呢?

不怪我。弟弟闪避着哥哥的手,他指着里面的老头说,你问他去,是他不让我取。

哥哥向里面扫了一眼,看见老特务正把门板放下来,靠到墙上。哥哥很冷静地说，他为什么不让取，你不跟他说清楚，妈等着壶烧开水洗澡呢！

你问他去！弟弟尖叫起来，他说什么也不让取，还用门板拍我！

哥哥的眉头皱了起来。哥哥把弟弟向外面一推，自己闯了进去。你用门板拍我弟弟？哥哥问老特务。老特务冷笑了一声，似乎是表示不屑，也似乎是表示否定，他不吭声。哥哥说，你不让我弟弟取水壶，还用门板拍他？你这种人，还敢欺负小孩子？哥哥逼到了老特务面前，在一片幽暗中与老头脸对着脸，你这把年纪活到狗身上去了？哥哥在老特务的肩上戳了一下，你个四类分子，也敢欺负小孩子？老特务还是沉默不语，不过他的手开始行动，他去抓门板，哥哥傲慢地让开一条路，说，我让你抓。哥哥让他抓，老特务偏偏又把门板扔掉了，站在门边的弟弟看见老特务突然向哥哥身上扑去，然后他们就扭打在一起了。

滚出去，滚出去！弟弟听见老头一迭声地怒吼着，他的声音听上去已经变调了，比女声更加尖厉更加单薄。他的声音让弟弟体会到一种模糊的快感，弟弟凑上去，看见哥哥强壮的身体把老头压在墙角，很像一块岩石压着一段枯木，在这次真实的格斗中弟弟发现了哥哥惊人的青春的力量。力量对比很悬殊，老头其实没有什么力气了，只剩下一只手颤抖着，顽强地在空中抓挠着什么，弟弟意识到那只手袭击的目标，于是他大声提醒哥哥，小心，他要抓你的耳朵！哥哥喘着粗气对弟弟喊，你去找我们家的壶，赶紧送回家去！弟弟只当没听见，他瞪着老头的手，突然一下，按住了它，我让你揪耳朵！弟弟愤愤地说着，自己的手抓到了老头的耳朵，老头的耳朵很薄很大，也很柔软。我让你抓耳朵！弟弟说着将手里的耳朵拧了一圈。我让你揪耳朵！弟弟说着又把老头的耳朵转了一圈，这次他听见了老特务的一声尖叫，那尖叫声凄厉得令人心惊，哥哥和弟弟一下都愣住了。哥哥猛地松开手，有点慌乱，问弟弟，你干什么了？我让你别在这儿，去拿水壶！弟弟说，我没干什么，就揪他耳朵了，他是装死吧。

老特务跌坐在地上，他的脑袋顺着一只水桶向右下方倾斜，然后枕在一只"花洒"上。他的喉咙里先是发出了含糊痛苦的呻吟，随后呻吟声完全变成了另外一种声音，哥哥和弟弟听得很清楚，是笑声。老头竟然笑了，尽管笑声嘶哑而短促，但仍然是笑声。哥哥和弟弟一时不知所措，哥哥问弟弟，他怎么啦？弟弟说，他疯了，肯定是装疯。然后他们听见老特务开始说话，由于喘着粗气，声音也微弱，听不清楚。哥哥和弟弟都弯着腰凑上去听，总算听清了，老头其实没说什么，他说，我这把年纪是活在狗身上了。老特务仰着头，望着白铁铺低矮的顶棚说，我这把年纪是白活了，我怎么活的？我和小孩子打起架来了！

兄弟俩看见一张扭曲的老人的脸浸在白铁铺幽暗的角落里，一动不动。除了三个人的喘息声，铺子里静下来了，剪切过的白铁皮零乱地扔在地上，长条形的，圆的，方的，都保持安静，修理好的器具大多挂在墙上，没有修理的都堆在墙角，脸盆，洗脚盆，水桶，"花洒"，都闪着淡淡的白光，保持安静。哥哥和弟弟弯着腰研究老头的脸，没有得出什么结论，他们无法确定那是一张笑脸，还是一张哭泣的脸，老头看上去是笑着的，但泪水正像泉水一样从他的眼睛里涌出来，涌出来。

外面却有动静了，有人从外面探头向白铁铺里面张望，探了探又走了。一定是察觉到白铁铺的异常，那个人走过去又返回来，敲了敲白铁铺的门，老孙，你还没走？老孙不知道是谁，兄弟俩不知道老特务的姓名，只知道他是个特务。敲门的是个女人，弟弟以为是母亲跑来了，弟弟说，不好，妈来了，哥哥立刻用手盖住了弟弟的嘴。但女人只是嘀咕了一声就走了，说明不是母亲。兄弟俩都松了口气，然后他们开始在满地的杂物中寻找他们家的那把水壶。他们找到了，水壶的壶底已经换过，哥哥用手摸了摸，弟弟也伸手上去摸，摸到的是一块平滑崭新的铝皮。弟弟说，妈关照要盛上水试试，要不要试？哥哥摇头，向老头那边歪了歪嘴，低声命令弟弟，拿上壶。赶紧走！

他们挤出白铁铺狭窄的门洞时，听见老头喉咙里咔地响了一下，然后是一阵寂静，然后便是一阵急促而奔放的恸哭声在白铁铺里炸响了。

我至今还记得我们家的那只烧水壶，现在各地的铝制品厂不再生产这么大的水壶了，一壶水烧开了，能够灌满三只热水瓶，你想想它有多么实用吧。我记得那只水壶的提手上缠着红布条，壶身平时是黑乎乎的，但到了逢年过节前我母亲会用粗盐把它擦得干干净净的，一擦就像新的了，壶底却是个例外，由于让白铁铺子的老家伙们换过，补上去的白铁皮多少有点让人放心不下，我母亲害怕会把壶底擦薄了，只能让它黑着。

　　他们都骂我懒。我母亲说我懒，我哥哥自己那么懒，他居然也口口声声骂我懒。我不是懒，我只是怕烧开水，他们偏偏最喜欢让我去烧开水。我不能告诉他们我为什么怕烧开水，告诉他们他们也不相信的。当我提上水壶去自来水龙头上接水，听见水柱落入壶底的喷溅声，我会想起白铁铺的老头们敲白铁的声音，咚咚咚，哐哐哐，我的耳膜受不了。等我再把壶提到炉子上，听见火苗吞噬壶底的水迹时发出咝咝的声音，一切就更令人难以忍受了，我会耳朵疼，火苗会蹿进我的耳朵，我会感到一种细微而尖锐的灼痛袭来，那灼痛感发生于壶底的圆形白铁皮，终止于我的耳朵。

　　壶里的水，壶里的日子，好多冷水烧成了开水，日子也一天天过去了。我们街上的白铁铺有一天关门大吉，据说是给里面的老头们落实政策了。就我的理解，这对于白铁铺里的五个老头是一种解放，对于我母亲这样节俭成性的家庭妇女却是一种不公，那五个老头不敲白铁，苦了街上所有勤俭持家的妇女，后来他们只好把坏了的盆啊桶啊都拿到河对面的小柳树街去，那条街上的人倒是敲白铁的世家，手艺比老特务他们要好得多，但是带着那些东西走那么多路，毕竟是不方便的。

　　我最后一次见到老特务是在体育场旁边的街心花园里，大约是八十年代的一个春天。有一群老人在街心花园里打纸牌，我看见一个戴耳朵套子的老头坐在人群里，格外醒目。那是一对紫红色的绒布做的耳朵套子，这稀奇的东西逼你向他的主人多看两眼，我认出了他。老头气色不错，模样没有变得更老，当然也没有变年轻，我认出他以后就下意识地躲开了。多少年来我一直害怕撞见这个老人，但是他的那副耳朵套子确实太滑稽太招惹人了，我走过去又退回来，假装看他们打纸牌，目光忍不住地落在那副耳朵套子上。我在猜老头为什么要戴这么个玩意儿，春天了，天气一点也不冷，别人的耳朵都大大方方地沐浴着阳光和春风，他为什么非要戴着这个怪模怪样的东西？

我对老头的耳朵套子很敏感，敏感了就会多虑，会不会我们兄弟俩当初把他的耳朵揪坏了呢？这份疑虑使我的心情沉重起来。我和我哥哥曾经谈起老特务和他的耳朵套子，他居然是一副惘然不解的样子。我是记得那老头，他敲白铁嘛，手艺不错，我哥哥瞪着我，眼神中充满了被羞辱后的恼怒，你说我打他，打过他的耳朵？造什么谣？我什么时候扁过老头的？我以前是好打架，可怎么打也打不到个糟老头身上，怎么打也不会去打人家的耳朵呀！

我不敢确定我哥哥是健忘还是故意抵赖，往事都一样蒙着岁月的灰尘，有的部分清晰，有的部分模糊，就看风吹过后灰尘是越积越厚还是悄然消失了。我哥哥的态度起初让我吃惊，最终却是令我感到轻松的。既然他已经把那年夏天在白铁铺发生的事情忘了个精光，我何苦非要对一次青少年时代的恶行耿耿于怀？我们兄弟俩的感情一直很好，不仅如此，在许多事情上我们是同盟，比如对待家里的那些破烂，母亲怎么也不舍得扔，谁扔就要跟谁拼命的样子，而我们兄弟俩经常在一起密谋，如何让那些破烂自然而必要地消失，又不伤害母亲的感情。

哭泣的耳朵

消灭旧水壶的事情是我干的，有一天我在厨房里帮母亲准备未婚妻第一次登门的晚餐，我母亲的目光落在那把水壶上。春生，去烧点水。在母亲的命令发出之前，我突然感到了一种极度的冲动。我冲出门去，骑上车到百货商店买了一把新上市的不锈钢水壶。回家后我就把那只黑乎乎的旧水壶沉到了护城河里，母亲追在后面骂我，我不管，我蹲在河边的石阶上，听见沉重的旧水壶坠入深水时泛出了无数的水泡，我感到自己沉浸在某种残酷的享受中。说起来奇怪，人们对特定事物的恐惧其实可以找到解决的途径，有时只是举手之劳，自此以后我再也不怕水壶烧开水的声音了。

水 鬼

河水向东流。装满油桶的船疲惫地浮在河面上，橹声的节奏缓慢而羞涩。油桶船从桥洞里钻出来，一路上拖拽着一条油带，油带忽细忽粗，它的色彩由于光线的反射而自由地变幻，在油桶船经过河流中央开阔的河面时，桥上的女孩看见那条油带闪烁着彩虹般的七色之光。

女孩站在桥上，目送油桶船渐渐远去，她的视线尽头是另一座桥，河水就是在那里拐了弯，消失了。另一座桥的桥畔有一家工厂，工厂的烟囱和一座圆形的塔楼引人注目。女孩一直不知道那座塔楼是干什么用的，即使离得很远，塔楼的那个浸入水中的门洞仍然清晰可见，女孩用她的玻璃柱照着远处的那个门洞，正如她预想的一样，离得太远了，她没有得到任何反射的图像。塔楼若无其事，当西边河上游的天空云蒸霞蔚的时候，塔楼上端的天色已经暗下来了。

天色已经暗下来了。女孩看见她姑妈从桥上走过，她慌忙把脑袋转过去，但姑妈还是看见了她，她说，你这孩子，这么热的天，不在家里呆着，跑这里干什么？女孩说，不干什么，妈妈让我出来的。姑妈没说什么，她扭着腰肢下了桥，下了桥又回头向女孩喊道，早点回家！你傻乎乎站那里，人家又来欺负你！

女孩站在桥上，她还不想回家。一个穿海魂衫的患有腮腺炎的男孩跳上了桥头，他就住在桥下杂货店的楼上，女孩认识他。男孩用手捂着涂满草药的腮部，他说，你手里抓着什么东西？给我看看。女孩知道他指的是那个玻璃柱，她背过双手，毫不示弱地盯着男孩。不给你看，她这么说着，一只手却突然把玻璃柱举了起来，她说，你别碰它，这是用来照水鬼的！

男孩意欲掠夺的手缩了回去，他说，你骗人，哪来的水鬼？水鬼在哪里？

女孩指了指桥下的河水。现在在水里。她用手指着河面上尚未散去的油带说，你没看见，水鬼就在那下面潜水。你看不见，我能看见。

男孩说，你骗人。那你说水鬼要潜到哪儿去？

女孩脸上露出了神秘的微笑，她收起玻璃柱说，我发现了水鬼的家。我不会告诉你的。女孩向桥下走去，回过头说，你们都以为水鬼的家在水里，其实不对，你们都弄错了。

女孩下了桥，看见那个男孩捂着腮茫然地站在桥上。他什么都不知道。她想即使他看见了远处的那个塔楼，他仍然不会猜到这个秘密。

一个青年像一只青蛙一样在河面上行进。另一个青年像狗刨水似的跟在他身后。他们游到了桥下，也许他们游不动了，也许他们的目标就是游到桥洞，两个人先后钻出了水面，坐在桥洞的石墩上。

女孩打着尼龙伞,站在桥上,她一直期待他们向前游,游到她看不见的地方,她以为他们会一直游下去,游到河下游另一座桥那里。但他们却坐在桥洞里了,他们在下面大声地说话。一个青年说,水太脏了,他妈的,你有没有看见那只死猫?我差点没吐出来!另一个青年还在喘粗气,他说,看见了,是只黄猫。大概是吃了老鼠药。

女孩努力地将身子向桥栏下弯下去,她想看清楚那两个青年的脸,但看见的是其中一个人的腿,那个人的腿被太阳晒得很黑,小腿上长着浓密的汗毛,脚背上好像刚刚被什么扎破过,上面清晰地留下了红汞水的痕迹。

死猫有什么?女孩突然插嘴说,前几天我看见过一个死孩子,看上去像一只兔子!

谁在上面说话?下面的一个青年说。

肯定是邓家那个傻丫头。另一个青年说。她脑筋不好,别理她。

女孩的脑袋先是缩了回去,立刻又探出去,朝下面啐了一口,你才是傻丫头!女孩愤愤地回敬了一句,然后她用玻璃柱向下面照了照,照到的还是一条毛茸茸的黝黑的腿,女孩听见下面的人在说,不理她。女孩就说,谁要理你们?她听见自己的声音被桥洞放大了,显得很清脆。女孩将手里的尼龙伞转了一圈,又转了一圈,她说,骗你们是小狗,有一个死孩子前几天漂过去了,他跟你们一样在游水,让水鬼拽住了腿。水鬼把他拽到河底去了!

桥洞里的两个青年发出了咯咯的笑声，然后有一个人扑通跳入了水中，大声喊叫着，不好了，有水鬼，水鬼，救命！另一个人便更加疯狂地笑起来。

女孩看见他们嬉闹时弄出的水花溅得很高。女孩说，你们别闹，水鬼现在不在这儿，你们把它惹恼了，它会潜来抓你们的。

来了，水鬼潜来了！一个青年在水中翻了个筋斗，他的嘴里发出了一种恐怖的叫喊声，我的腿，我的腿被水鬼抓住了，快来人，救命，救命！

女孩知道他们是在闹着玩，他们不把她的劝告当回事，女孩有点生气，她拾起桥上的一块碎玻璃向河里扔去，她说，你们就会在这里瞎闹，你们有本事就一直游，一直游到那塔楼里，告诉你们，那是水鬼的家！

母亲不准女孩出去。有一天她用凤仙花为女孩染了指甲，她说，我们说好的，染了指甲就不能出去疯了，今天你好好待在家里写作业。母亲看见女孩坐在门前，仔细地观看自己的十片桃红色的指甲，母亲说，今天太阳这么毒，你要再出去疯，别人都会骂你是傻子。女孩竖起她的十根手指对着太阳照了照，看见自己的十根指甲像十朵凤仙花的花瓣，晶莹剔透。母亲说，今天太阳这么毒，你要出去太阳会把你的皮肤晒焦的，你要再偷偷溜出去，让太阳晒死你！

外面的太阳好像是沸腾了，女孩看见石板路上冒出了隐隐的白烟，卖冰水的女人在很远的地方吆喝着，对门宋老师提着一只水壶，打着她家的尼龙伞匆匆跑出去买冰水了。

有人出去的。女孩嘀咕道，谁说没人出门？只要打着伞就行。

女孩的脑袋转来转去的，她在寻找什么东西。母亲知道她想找什么，母亲说，别找了，洋伞让我收起来了，你就是不知道爱惜东西，外面这么毒的太阳，把伞都晒坏了！

母亲坐在竹椅上打了个盹。迷迷糊糊中她觉得手里的葵扇没有了，她没有睁开眼，以为葵扇是掉在地上了。她不知道女孩又出去了，而且还带走了她的葵扇。

那天女孩用一把葵扇遮着午后的阳光来到桥上。没有人注意到她刚刚染过的指甲，没有人注意到她。女孩上桥的时候，恰好看见一个男人扛着一块长木板走下桥，木板差点刮到她，女孩在后面大叫一声，小心！她看见那个男人慌张地回过头来，是一个陌生的农民模样的男人，女孩注意到他的背心和裤子都是湿的，一路走一路滴着水。女孩突然笑起来，她说，你干什么呀？他好像一时没听懂女孩的问题，他说，什么干什么？女孩说，你怎么湿漉漉的？你是水鬼啊？男人把左肩膀上的木板换到了右肩，水鬼？什么水鬼？他木然地看着女孩，过了一会儿似乎明白过来，然后他嘿地一笑，指了指桥下不远处的一块驳岸，我不是水鬼，他说，看见没有？我们在水里干活呢。

女孩顺着他手指的方向，发现化工厂的驳岸上聚集着一群民工。那群人光着上身，有的在岸上，有的在水里，吵吵嚷嚷的。女孩用手扒着桥栏，她说，我要看。女孩回过头对那个民工说，我要看。

民工眯起眼睛看着女孩，然后他又笑了笑，露出焦黄的牙齿。女孩看见他扛着木板下了桥，她注意到他腿上粗壮的凸出的静脉血管，像许多蚯蚓，他的小腿和脚踝处粘满了黄色的泥浆。

夏天，一群民工为化工厂修筑了一个小码头。女孩站在桥上，耐心地目睹了民工们打桩、围坝、抽水的全部过程。起初没有人注意到桥上的那个女孩。女孩站在桥上，手执一把葵扇，挡着午后的阳光。起初她只是站在桥上看他们，不知道她在看什么，她对什么产生了兴趣，她只是在看。女孩偶尔会调整手里葵扇的位置，葵扇便遮住了她的大半张脸，她只是站在那里看，但是有一次她突然叫起来，水鬼来了！起初她只是试探着有所顾忌地吓唬他们，后来她就显得招人憎厌了，她大声地向他们叫喊，水鬼来了，快上岸，小心水鬼抓你们的脚！民工们有时停下手里的工作，恼怒地瞪着桥上的女孩，每逢这时候，女孩就逃，她三步两步跨下桥，一眨眼就不见了。

民工们也议论桥上那个女孩，他们一致猜测女孩是傻的。幸运的是女孩没有影响他们工程的进展。他们计划用八天时间筑好这个小型码头，实际上他们只用了一个星期，一个星期之后小码头就竣工了。竣工的那天他们一直在向桥上张望，整整一天，他们没有看见女孩的身影，民工们不知道她那天为什么不来，就像他们不知道此前几天她为什么天天站在桥上。女孩不在桥上，桥显得很空洞，女孩不在桥上，桥上的阳光到了黄昏时分仍然有点刺眼，这原因也简单，就是因为桥上没有人，女孩不在桥上。

民工们不知道女孩到她姑妈家做客去了。

第七天女孩到城市另一侧的姑妈家去做客，黄昏回家，过桥的时候她发出了一声惊叫。母亲当时拽着她的手，母亲吓得甩开了她的手，你叫什么？母亲说，吓死人了，好端端的你尖叫什么？女孩站在桥上，看着不远处新筑的码头，她想站在桥上，但是母亲粗糙而有力的手再次拽住了她，不准站在桥上，像个傻子，母亲气冲冲地说，你知不知道人家都说你是傻子？大热天，整天站在桥上，不是傻子是什么？女孩被母亲拽着下了桥，她说，别拽呀，你把我的手拽断了！母亲说，不把你拽回家，你就站在桥上让人笑话！女孩努力挣脱着，别拽我，水鬼才这么拽人呀！女孩绝望地盯着母亲紧拽着她的手，突然叫起来：我看见水鬼了！你是水鬼！母亲就扬手打了女孩一个巴掌，整天嘴里胡说八道，母亲说，你再胡说八道的，哪天真让水鬼把你拽到水龙王那里去！

第七天夜里女孩在母亲的眼皮底下溜了出去。女孩以前从来不在夜间出门，所以母亲看着她从竹椅前绕出去，看着她手里抓着一个像手电筒一样的东西，就是没有想到女孩手里抓的是一只真正的手电筒，女孩带着手电筒从她眼皮底下溜出去了。

石板路的两侧有人在乘凉。有人看见了女孩，他们叫着女孩的名字说，这么晚了，你去哪里？女孩说，我到桥上去乘凉。他们就说，这女孩很聪明嘛，桥上风大，是乘凉的好地方呀。女孩走到了桥上，桥上有几个青年，他们坐在桥栏上抽烟，看见女孩上桥，他们停止了说话，一齐看着她，有人先嘿地笑了，说，又是她，邓家的傻丫头。整天站在桥上！女孩鄙夷地扫了他们一眼，她说，你们才傻呢，你们才整天站在桥上呢。女孩伏在另一侧桥栏上，做出一副井水不犯河水的样子。她用手电筒照了照桥下的河面，然后又关上了手电筒。其实她是要看那个新筑的码头。那个码头已经从河面上升了起来，新浇的水泥在月光下面散发出一种模糊的白光。女孩站在那里，莫名地感到伤心，她多么想好好看看那边的码头，她守了六天，亲眼看见了那些民工修筑码头的所有细节，却唯独遗漏了这个新事物从河水中升起来的过程。她想好好观察新码头，但是那几个讨厌的青年在她身后说话、怪笑，弄得她心神不定。

女孩决定离开桥头。她下了桥，向河岸的方向走去，桥头上的青年在她身后喊，傻丫头，你去哪里？女孩没有理睬他们。她心里说，你们要霸占桥头就让你们霸占好了，我才不稀罕站在那里。女孩打开手电筒向新码头走去，看见河水从桥洞里奔涌而出，夜色中的河水看上去比夜色更浓更黑。

一大片水泥地坪袒露在月光下，散发出水泥本身特有的腥味，欢迎女孩的到访。女孩小心地伸出一只脚，试探着水泥的强度，水泥还没有干结，在手电筒的光柱下，女孩看见自己的凉鞋印子，清晰地刻在地坪上。

工棚还在，里面黑乎乎的，没有一点动静。女孩用手电筒照了照工棚里面，照到了角落里的一张草席，草席旁边放着一只搪瓷脸盆，一只饭盒。女孩知道还有一个人留守在码头上。女孩用手电筒向四处照射着，除了化工厂一年四季堆放在这里的大木箱、废旧的机器，女孩没有看见那个人。在更远的地方，在河流突然藏匿的地方，那座塔楼被月光浸泡着，微微发红，现在那个水中的门洞一点也看不见了。女孩谛听着河流的声音，她的耳朵里灌满了河水呢喃自语的声音，还有一种奇异的击水声从塔楼方向渐次而来，女孩瞪大眼睛盯着河面，她没有发现什么，没有游泳的人，没有人。但是那击水声却越来越清晰越来越近了。女孩有点害怕起来，她向远处的桥头张望着，桥头上的几个青年还在那里，女孩就向他们叫喊了一声，水鬼，有水鬼！桥头上的人影晃动了几下，没有任何回应。女孩害怕了，她在河岸边一跳一跳地跑，手里的电筒光摇摆不定，女孩在奔跑的时候看见河水在她脚下无声地流淌，夜色中的河水比夜色更浓更黑，女孩惊惶地跑过新筑好的码头，她听见了自己急促的呼吸声，她听见了水鬼的呼吸声。水鬼来了！突然一下她脚上的凉鞋被什么东西咬住了，女孩惊叫着低下头，看见水泥地坪粘住了她的凉鞋。与此同时，她听见河里响起一阵杂乱的打水声，她看见一个人从黑暗的水面上钻出来，溅出许多晶亮的水花。女孩再次惊叫起来，她认出那是桥头扛木板的民工，但她还是一声声地尖叫起来，水鬼，水鬼，水鬼！女孩认出那是一个人，他的手里还举着什么东西，但她还是一声声地尖叫起来，水鬼，水鬼，水鬼！

如果桥头上的几个青年相信水鬼的传说，他们将证明邓家女孩的传奇故事。可是他们不相信河里有什么水鬼。这使女孩嘴里的故事最终成为了真正的故事。

那天夜里九点多钟他们隐隐听见新码头那里传来的声音，有人曾经想过去看个究竟，但被同伴阻拦了，同伴说，哪来什么水鬼？别听那傻丫头瞎叫。他们留在桥头上聊天抽烟，后来，大约到了十点钟左右，女孩走过来了。他们不知道发生了什么事，只是看见女孩浑身湿漉漉的，手里捧着一件东西。他们本来谁也不愿意搭理邓家这个女孩，可是他们听见女孩一边走一边哭泣。桥上的人纷纷跑了下去，他们看见那个女孩像是刚刚从水里爬起来，她哭泣着向桥这边走来，手里捧着的竟然是一朵莲花，是一朵红色的硕大的莲花，他们首先是被这朵莲花迷惑了。那几个青年都围上来看，莲花是真的莲花，不是塑料的，花瓣上还凝结着水珠，他们七嘴八舌地问女孩，从哪里弄来的莲花？女孩仍然哭泣着，女孩像是在睡梦中哭泣，她的双手紧紧地捧着莲花，苍白的手指缝间有水珠晶莹地滚落。一个青年说，别大惊小怪的了，是从水里漂来的，是从公园的莲花池漂来的。其他人就用询问的目光看着女孩，对吧，是从河里漂来的吧？女孩不说话，女孩捧着莲花往街上走，青年们跟在她身后，又有人说，你个傻丫头，你是跳到河里去捞莲花了吧？小心淹死了！就是这时候女孩突然回过头来，女孩的嗓音听上去沙哑而令人心悸，她说，是水鬼送给我的莲花。她说，我遇到水鬼了。

就是这个女孩的故事风靡了整整一个夏天，如果让她亲口来说，别人听得会不知所云，不如让我来概括这个故事，故事其实非常简单，说的是邓家的女孩遇到了水鬼，不仅如此，水鬼还送了她一朵红色的莲花。

一朵红色的很大的莲花。

古巴刀

世纪末的知识分子突然开始热衷于一个拉丁美洲人的名字：切·格瓦拉。我在一些杂志和报纸上看见那个革命者的照片，是个英俊逼人的穿着军装的白种男子，头戴无舌帽，一脸络腮胡子，他的明亮深邃的眼神令人难忘。这样的眼神在现实生活中是罕见的，因此它使一些随波逐流又不甘平庸的灵魂感到惊悚。有个学西方历史的研究生告诉我，她每次看到格瓦拉的照片就会浑身颤抖。她的这种过度的反应使我惘然。我对一个已故的遥远的革命者的感情也是遥远的，他的照片让我浮想联翩，我猜想摄影师是在玻利维亚的崇山峻岭里拍下了这张具有珍贵价值的照片，那是他当年打游击的地方。我真正感兴趣的是具体的东西，也就是格瓦拉当时的目光所在，他在注视什么？我首先想到了山鹰，在我的意识中山鹰是常用的真正的革命者的象征，但后来我就在一张报纸上看到了一篇文章，文章说格瓦拉六十年代两度访问中国，并且和当时的政府做了一笔食糖生意，作者说那就是为什么三十年前许多中国人尝到了古巴红糖的原因。我回忆起小时候母亲菜篮里的那种酷似黄沙的红糖，甚至回想了它的滋味，不知为什么，我认为这样的联想对一个革命者是不恭的，也是不公平的，几乎是在突然之间，我觉得我理解了格瓦拉的眼神，那样的眼神来自六十年代，到达亘古未变的广袤的天空，到达地球另一侧的东方的中国，然后我看见格瓦拉手持一把刀在甘蔗田里砍甘蔗的情景，我要说的就是他手里的那种刀，那种刀被我和我的小学同学称为古巴刀，不管你信不信，我肯定格瓦拉的甘蔗刀产自中国，而且我可以肯定那是我们熟知的一家工厂的产品。

必须说说这家生产刀具的工厂。无论是过去还是现在，它在我的家乡都不是什么著名的工厂企业。过去它的名字叫做日用五金厂，孩子们有理由鄙视它，现在它更名为刀厂，同样也不能引起别人足够的尊敬。工厂就坐落在香椿树街上，对面是整个香椿树街最脏最臭的公共厕所。有时候你看见从厂里飞快地跑出来一个工人，心急火燎地冲进厕所，过了一会儿你看见那个人慢悠悠地走出厕所向厂门走去。孩子们对日用五金厂的鄙视有一部分是这些来往于厕所的人造成的。学校的老师说工人阶级领导一切，学生们就想起日用五金厂的那些急着上厕所的工人，他们对工厂的生活了如指掌。工厂里只有一个厕所。工人他们就像一台台机器一样照看另外一台台机器，他们守着一台台冲床、车床、铣床、刨床，让堆在露天的一叠叠钢板最后变成了各种各样的水果刀、电工刀、菜刀。谁会对这样的工厂感兴趣呢？让人感兴趣的是一些不确定的事，比如电镀车间的电镀池，传说人不小心掉进池子就会像冰一样融化，连骨头也捞不起来。但我们谁也没听说有这种悲剧发生。

除了古巴刀的故事,值得一说的是工厂大量的废脚料,总是有人在街上央求工厂的某个工人,问他能不能把厂里的下脚料带出来,钉在窗户上当铁栅栏用。那工人也许会说,你明天在围墙外面等着。孩子们在工厂围墙外面见过大量的隔墙飞出的铁皮,铁皮一张张落在地上,琅琅有声,给墙外等候的人带来一种丰收的喜悦。你看见一张张带有整齐图案的铁皮,它们早已经被机器冲压过了,留下来的空白部分乍看就像一片片绿叶,直到此时你才发现街上流行的绿叶型铁栅栏全部是这家工厂扔下的废料。除了古巴刀,你可以从许多人家的窗户上发现香椿树街与工厂唯一亲密的关系。

如果仔细考察,我们会发现日用五金厂的冲床工人陈辉是这种亲密关系的创造者。我前面所说的那个被家庭妇女们当街拦住的人,那个在围墙内侧扔铁皮的工人就是陈辉。

陈辉是个苍白的看上去病恹恹的青年,人们从他的脸色上就能得出他身体不好的结论,只是没有人知道他到底有什么病。我们街上著名的青年领袖三霸和陈辉混得很熟,三霸不认为陈辉有什么病,他说,这家伙经常让人打出血,血出多了就变成个白脸,这有什么奇怪的?三霸还反对别人把陈辉说成他的朋友,三霸说,这家伙窝囊,老挨人揍,他送我那么多刀是拍我马屁,他有事要我摆平。

我们都见过陈辉送给三霸的各种各样的水果刀和电工刀。陈辉下班经过三霸家时会顺便拐进去,推开三霸那间乌烟瘴气的房间的门,拿出他的礼品。有的刀三霸并不喜欢,顺手就送给了别人。我哥哥就在三霸那里得到过一把水果刀,是没有镀过的，刀背上刻着一行草书：上山下乡为人民。

我们头一次见到古巴刀是在冬天。那天下起了大雪，年轻人都很规矩地呆在家里，我哥哥那帮人照例聚集在三霸的房间打康乐棋，那天他们看见陈辉像往常那样，有点拘谨地推开门走进来，他的绿色棉军帽上结着一层白色的雪珠。像往常一样，没有人向陈辉多看一眼。陈辉示意三霸到一边去。三霸却不动，三霸说，我在玩你没看见，有什么好东西放在桌上好了。陈辉站在一边，犹豫了一会儿，过了几秒钟他们看见陈辉把手伸进裤腰里，小心地抽出一把刀。一把造型奇特的刀，刀身一尺来长，带有一定的弧度，刀刃两侧都已经开锋，闪烁着银白色的光芒。

古巴刀，陈辉注视三霸的目光中明显地带有一种期盼，他说，你们都不知道的，我们厂里现在在生产古巴刀。

屋子里的人对这种刀都很陌生，他们觉得这是一把怪刀，就像它的名字一样。三霸说，什么古巴刀？为什么叫古巴刀？陈辉说，我也不知道，反正厂里人管它叫古巴刀，说是支援古巴革命的。三霸有点疑惑，问陈辉，古巴革命用刀？他们用刀打仗？陈辉说，有人说是砍甘蔗用的，不管那么多了，反正我觉得这刀不错，我在厂里试过了，砍铁皮，一砍就是两半。三霸嘿嘿地笑起来，他说，砍铁皮痛快，砍人就更痛快了，既然是好刀，明天再给我弄几把嘛，我这里的小兄弟，一人一把。

陈辉脸上流露出一种为难的表情，他避开三霸的眼睛，低头擤了下鼻子。不是我们车间做的。他说，是三车间在做古巴刀，看得很紧，拿那么多不行。陈辉的婉言谢绝使三霸很不习惯，三霸皱了下眉头，说，拿几把刀有什么了不起的？我让你拿你就拿。谁找你的碴子，你找我解决。

陈辉站在那里，看着三霸把古巴刀扔在床底下。拿那么多肯定不行，最多再拿个两三把出来，他看着三霸说，你不知道，三车间看得很紧。三霸却不耐烦了，他挥挥手说，别跟我废话连篇的，你看着办吧。

然后三霸就和我哥哥他们继续打康乐棋，他们玩起来就把什么都忘了。陈辉过来，站在三霸身后看了一会儿，我哥哥记得他还给屋子里的人发了一圈香烟，是很高级的群英牌香烟，后来陈辉就不见了。他们打康乐棋打得热闹，人人眼睛盯着棋盘上的棋子，这种棋子天生就是被杆子击打的，他们看着棋子被打出各种角度的滑行路线，棋子撞在棋盘四壁发出清脆的响声，谁也不知道陈辉是什么时候走的。

说的仍然是那年冬天的事。第一场雪刚刚融化，第二场大雪又纷纷扬扬落在我们城市的大街小巷，走出家门满眼都是白色。这种雪量密集的冬天在南方是很少见的，孩子们得到了意外的礼物，他们在香椿树街的所有空地上堆起了雪人，我的两个表弟那天在日用五金厂门口堆雪人，他们恰好目睹了陈辉东窗事发的一幕。

表弟说他们看见陈辉和一群女工一起向工厂大门走来，有个女工的饭盒掉在地上了，正好掉在陈辉脚下。女工对陈辉喊着，陈辉，帮我捡一下。陈辉愣了一下，他说，你自己捡。陈辉站在那里看着地上的饭盒，他说，懒货，你自己没有手？那个女工叫着陈辉的绰号，死白脸，你拿什么架子？让你捡是看得起你！陈辉就笑了，他弯腰去捡地上的饭盒，旁边的人都发现他弯腰的动作很僵硬，好像是腰部出了毛病。陈辉的腰好像是出了毛病，他改变了姿势，就像给饭盒下跪一样，他跪下来捡那个女工的饭盒，女工们看着他，说，死白脸，你怎么这样笨，腰闪了？陈辉摇着头，他终于把饭盒捡了起来，与此同时，女工们都听见了他的工作服被什么利器划破的声音，她们走过去看他的衣服，紧接着女工们便发出了那阵惊叫声。

陈辉的裤腰里插着三把古巴刀，三把刀已经刺穿他的蓝色工装，露出锃亮的刀尖和刀锋。

表弟说他们看见陈辉被人围了起来，许多人从办公楼里向厂门口跑，然后他们看见陈辉从人群里冲了出来，陈辉举着三把刀从人群中冲出来，向外面跑，他的身后有一群人在追赶。他们看见陈辉的脸色像地上的积雪一样白，陈辉的口袋里有一串钥匙掉在雪地里，但他没有管它，他举着三把刀拼命地向香椿树街的西侧奔跑，工厂的那些人在后面追，他们一边追赶一边叫喊着，陈辉你别跑，回来把事情说清楚！陈辉不理睬他们，他举着三把古巴刀在街上狂奔，路上的行人都看见了他手里的刀，他们先是下意识地躲避，等到明白过来，那些人也加入了追赶的队伍，表弟说起码有二十几个人在后面追陈辉，但是他们都没有追上他。

人们看着陈辉跑进了三霸家，谁也没想到他会跑到三霸家，追赶的人后来就聚拢在三霸家门前，一边敲门一边议论着，他跑到三霸家是什么意思？

我哥哥那天也在三霸家。他们看见陈辉失魂落魄地闯进来,他把古巴刀扔在地上,喘着粗气,他说,古巴刀,我给你拿来了。三霸听见了门外的动静,他说,怎么回事?外面怎么这样闹?三霸到窗前向外面望了一眼就明白了,他说,给人逮着了?给人逮着你还往我家跑?陈辉站在那里,不敢直视三霸的眼睛,他说,你把他们撑开,你能把他们都撑开的。三霸冷冷地看着陈辉,不说话。陈辉求援似的看着屋子里的其他人,他说,是你们要古巴刀,我才拿的。你们出去把他们撑开吧。三霸把康乐棋棋杆扔在桌上,他说,好啊,陈辉,你倒是仗义,偷刀往我家跑,杀了人要不要也往我家跑?陈辉仍然不敢正视三霸,他侧着脸听着外面的动静。外面有人在用力敲门,外面的敲门声已经越来越粗暴越来越响亮了,可以听见敲门声中夹杂着厂里的保卫科长的北方口音,他在外面喊,三霸同志,请你开门,三霸同志你给我想想事情的后果!

据我哥哥透露,当时屋子里的气氛很紧张,他们都看着三霸,看得出来,三霸虽然装得若无其事,但他也有点紧张,他的目光在地上的三把刀和陈辉脸上闪闪烁烁的,他的脸上停留着一种虚假的微笑。大约这样沉默了五分钟,外面的嘈杂声更加厉害了,好像是派出所来了人。三霸向窗外瞥了一眼,然后他弯腰捡起了地上的刀,他将三把刀码齐了,往陈辉的怀里放,他说,拿着,你出去。

屋子里的人都看见了陈辉绝望的眼神,他没有接三霸手里的刀,他说,是给你的刀,是你们要的刀。我哥哥说他清楚地看到陈辉眼睛里的一星泪光,他觉得陈辉说那句话的时候快哭出来了。

三霸不看陈辉的眼睛，他说，把手伸开，接着刀。听见没有？把手伸开！

他们看着三霸将刀用下巴夹住，把陈辉背在身后的手扭了过来，然后三把刀准确地落在陈辉的怀里，三霸说，孬种，好好拿着，滚出去。

他们看见陈辉捧着三把古巴刀站在那里，陈辉傻眼了。陈辉失血的嘴唇恐惧地哆嗦着，他的眼睛却愤怒地瞪着三霸。他们看见陈辉捧着三把刀向门外移了两步，然后他回头瞪着三霸，他的嘴唇哆嗦着，说不出话。三霸说，你他妈瞪着我干什么？给我滚出去，滚出去！

一件不可思议的事情在瞬间发生了。我哥哥看见陈辉的脸在这个瞬间燃烧起来了，陈辉苍白的脸像一团火突然烧得通红，陈辉喉咙里的声音听上去就像一声呻吟，他说，三霸，我认识你了。然后他们看见陈辉调整了握刀的姿势，他的右手抓了两把刀，左手握了一把刀，他对三霸说，你给我开门，你要连开门都不敢，那你就是孬种。

是三霸为陈辉开的门，三霸打开门以后，陈辉像电影里的骑兵一样冲了出去，陈辉狂叫着挥舞手里的三把刀，围在门外的人一哄而散，但是仍然有几个人被吓呆了，他们看见陈辉怒吼着将手里的刀砍向两边的人群，他们不知道躲闪，结果就被砍倒了。我哥哥他们隔窗观望着外面的骚乱场面，他们很想知道陈辉这种人，逼急了他会做出多大的事情，他们都抱着与己无关的态度，看着陈辉手里的刀和刀向两边挥舞时划出的光带，竟然还有人向陈辉叫喊道，砍得好，砍得好！窗外响起了谁的惨叫声,一个看热闹的男孩突然跌倒在三霸家的窗玻璃上,我哥哥说他觉得有一股鲜血热乎乎地溅到他的脸上,然后他看见那男孩的一只手向他伸来,他看见男孩的另一条胳膊,它像一棵被折断的树枝在窗前悬荡。

突然出现的血腥场面使许多人乱了方寸,包括日用五金厂的人,包括闻讯赶来的民警,他们不能接近陈辉。抓住他,快抓住他,这样的叫喊声不绝于耳,但是谁也没有能及时制服陈辉。被砍伤的不止是那个男孩,还有杂货店的一个女店员,一个挑担卖菠菜的农民,一个本来腿脚就不方便的老头,人群向四周散去,很明显他们被疯狂的陈辉吓着了。陈辉的一把刀掉在地上,他蹲下去捡刀,就在这时意想不到的事情发生了,陈辉向三霸家的窗子看了一眼,看见三霸和一群青年挤在窗前,他们也在看他,陈辉捡起刀,他的鼻子急剧地抽搐着,然后人们听见疯狂的陈辉张大嘴巴哭了起来,他像一个受了委屈的孩子那样,张大嘴巴哭了起来。我哥哥说民警和保卫科长就是趁这个机会扑上去剪住了他的双手。这家伙不是那块料,我哥哥引用三霸的话说,草包充好汉,迟早要露馅的!

一个瘦小的腰系围裙的女人在曲终人散的时候赶到了三霸家门口。有人认出那是陈辉的母亲。他们看见她手里抓着一把鸡毛掸子。她用鸡毛掸子敲三霸家的窗户,三霸他们在里面继续打他们的康乐棋。三霸对大家说,别理她,她会用鸡毛掸子打人,别看是鸡毛掸子,打在头上也很疼。三霸他们不理睬陈辉的母亲,有人起身拉上了窗帘。过了一会儿他们听见了那个女人的哭声,三霸说,让她哭,千万别理她,让她进来我们就遭殃了。他们继续打康乐棋。康乐棋的棋子在棋盘四壁乒乒乓乓地响着,他们不再关心外面的动静。陈辉母亲也不再敲窗了,她的哭声渐渐地向西飘浮,渐渐地窗外恢复了平静。三霸站起来重新打开窗户,向街上张望了一眼,他说,陈辉现在肯定戴上铐子了。屋子里的青年都附和着说,那还跑得了他?肯定戴上了。然后他们听见三霸突然发出莫名其妙的笑声,看看我捡到了什么好东西?三霸转过身来,脸上笑开了花,他们看见他的手里拿着那把鸡毛掸子。

古巴刀在我们街上风行是在陈辉事件之后。冬天的时候人们都在谈论陈辉,谈论陈辉就一定会谈到他手中那种奇怪的刀,后来就连妇女和孩子都知道古巴刀的厉害了。据说日用五金厂在陈辉事件之后专门召开了全厂大会,警告所有的工人不得将古巴刀带出厂门。没有听说古巴刀是经过什么渠道流出工厂的,不知道是什么人在步陈辉的后尘,总是将危险的古巴刀带给别人。一九七八年发生在城北煤场的集体斗殴死了好多愣头青,警方收缴的武器大多是日用五金厂出产的古巴刀。这事相信香椿树街上的人都听说过,没听说过的是我前面提到的那个拉丁美洲人,切·格瓦拉。

我说的不是切·格瓦拉的故事,他的故事不属于我。这个优秀的革命者与我们无关,即使他的手里曾经握着我所熟悉的古巴刀,我也没有理由因此就同人家套近乎。

这是一种奇特的体验,我把一个早已被杀害的古巴革命者当成了我熟悉的友人,我热爱他的眼神和他的无舌帽。我对这个革命者一生的想象因此出现了某些无稽的内容,我想象古巴炎热的旱季,甘蔗地一望无边,我想象切·格瓦拉在甘蔗田里砍甘蔗,手里拿着我熟悉的古巴刀,我还把他出身高贵的母亲想象成一个普通的农妇,她从山冈上的茅屋里端出一盆清水,等待着儿子从甘蔗田归来。我没有见过他母亲的照片,所以在我的想象中那个南美洲母亲的形象与我母亲是一样的。我清晰地看见那个母亲倚门望子的表情,就像我母亲在七十年代的一些深夜倚门等待我哥哥归来一样。

而且我看见那个美洲母亲返身走进茅屋,再次出来时她的手里拿着一把鸡毛掸子。

天赐的亲人

做女裁缝的儿子，最大的好处是有裁剪合体的衣服穿，最大的坏处是女裁缝没有丈夫，也就是说你去做女裁缝的儿子，虽然有了母亲，也有了草绿色的几乎乱真的军装，但是你却没有父亲。我们香椿树街上的天赐就是这么个幸运而可怜的孩子，我母亲至今还记得女裁缝把天赐抱在怀中走下轮船的情景，那是一个寒冷的冬天，下着小雪，我母亲在码头上买黑市米，看见女裁缝抱着一个小男孩从轮船上下来，女裁缝用一条围巾把小男孩的脸包住了，一路走一路东张西望，她以手作伞挡着风雪，也想挡住码头上的人们的视线，但我母亲眼睛很好，她大声地问女裁缝，你抱了谁家的孩子啊？女裁缝装作没有听见，她匆忙地逃走了，就像怀抱着一袋沉重的赃物，这种鬼鬼祟祟的样子让人很不舒服，所以我母亲就指着女裁缝的背影对另一个妇女说，看见了吗？女裁缝从乡下抱了个孩子！

天赐就是那个孩子。街上人人知道天赐的名字，就因为他是女裁缝抱来的孩子。大人议论这件事，一会儿说抱的是女裁缝亲戚的孩子，一会儿说是从孤儿院抱来的孤儿，孩子们不关心这一套，他们认为大人透露了一个秘密，秘密的核心是天赐低人一等，他们掌握了这个秘密以后就在街上寻找天赐的踪影，人人都喜欢追天赐，他的怯懦自卑的眼神简直就是一个信号，它示意别人：我很草包，我怕你们，你们来追我吧，你们大家都来打我吧。所以大家都不客气，孩子们看见天赐就欺负他，就连我妹妹，屁大的一个小女孩，也模仿我，拿了个粉笔在街上追天赐，一定要在他背上画一个叉，画不到就跺脚哭鼻子。

说天赐的故事必须剪辑，从他十三岁的时候说起比较像个故事。这一年天赐突然之间发育了，长成一个有点驼背的小老头的样子，我们去阀门厂游泳，看见他独自在更衣间角落里换游泳裤，我们看见了他欲遮还露的羞处，它们雄赳赳的，乌黑而茂盛。让人不由得感到佩服，似乎突然发现这个可怜的家伙在奋发图强，终于干了一件大事。弱国变成了强国。从此没有谁再把天赐当成一个玩偶或出气筒，这当然是后话。也是这一年，天赐在他家的阁楼上发现了那只地球仪，用我妹妹时髦的语言来说，地球仪改变了天赐的一生，所以天赐的故事简单说来又是一只地球仪的故事。

女裁缝把地球仪藏在阁楼上。阁楼是她堆放布脚料的地方，她每年都要把它们收集起来卖给街上扎拖把的人，她不让天赐上阁楼，怕他把收拾好的布脚料弄乱。女裁缝忽略了那只地球仪，她以为将它用塑料纸包好藏在角落里，就把一个秘密藏好了，她注意到天赐有几次从阁楼上下来，脸上头发上都蒙着灰垢，天赐说楼上有老鼠，他去捉老鼠，她居然就信了，她忘了天赐已经十三岁，而且早熟，恰好是无事生非的年纪。

有一天故事就开始了。女裁缝在缝纫机前忙碌的时候猛地看见天赐站在她面前，手里抓着那只地球仪。天赐将地球仪转动着，让一块蓝色的标示着海洋的区域对着女裁缝，他说，印度洋上写了个名字，这个毕刚是谁？

缝纫机勤劳的声音戛然而止，女裁缝抬起头，目光掠过地球仪上那个暗淡的名字，哀怨地看着她的养子，让你不要上去乱翻的，她说，这东西没用，我要把它扔掉了。

是地球仪啊，买一个要很多钱。天赐指着印度洋上的那个名字，说，这个毕刚到底是谁？

女裁缝又低头踩响了缝纫机，她说，你问他干什么？跟你没关系的。

肯定跟我有关系。天赐说，他跟你有关系，跟你有关系，跟我就也有关系。

女裁缝说，你这孩子太烦人了，没看见我在赶活吗？我没心思跟你说他的事，现在他跟我也没有关系了，我不想提他的名字，茶杯，替我把茶杯拿来。

天赐把茶杯递到他母亲手里，然后他压低声音在女裁缝耳边轻声说，你不说我也猜出来了，天赐嗤地一笑，毕刚就是爸爸，是我——爸爸。

女裁缝像是被什么刺了一下，她脸上窘迫的笑容很快被一种愤怒替代了，他不是你爸爸！她说，你没有爸爸，没有就是没有，不能随便拉个人当你爸爸，他怎么能算你爸爸？

天赐的脑袋扭来扭去的，他斜着眼睛看那只地球仪，没说什么，他坐在缝纫机旁边，斜着眼睛，看地球仪上那个人的名字：毕刚 1965 年 9 月购于桃花路。过了一会儿，天赐把那行字念了一遍，然后他说，桃花路就是东风路吧，东风路上哪儿有卖地球仪的？从来没见过哪家店卖地球仪。

我不知道。女裁缝说，你别坐在这里烦我，去淘米做晚饭。

天赐对女裁缝一直是顺从的，他拿着淘米箩走到米缸旁边，这时候他突然嘻地一笑，说，我要是姓毕就好玩了，叫毕天赐，毕天赐，多好玩。

你就是没有姓也不姓那个毕。女裁缝说，好好挑石子，昨天你怎么淘的米，差点崩掉我的牙。

水池在外面的街上，天赐端着淘米箩出去的时候，两只脚在门槛上蹭来蹭去的，女裁缝抬起头盯着他，说，你又搞什么鬼？门槛都让你蹭坏了。天赐说，我一去淘米脚就痒。女裁缝说，什么脚痒，你就是喜欢听那个吱吱嘎嘎的怪声，你这孩子怪毛病多。天赐这时候回过头，看着情绪烦躁的女裁缝，你生什么气？他说，我又没说他是我爸爸，我只是说，他差一点就当了我爸爸。

尽管女裁缝架子大，对谁都是提高警惕保卫祖国的样子，关于女裁缝短暂的婚姻，街上的人还是知道个来龙去脉。毕刚曾经是女裁缝的丈夫，一个远郊中学的地理教师。他们住在南门汽车站附近的时候，有人在女裁缝的铺子里见过毕刚，说他伏在熨衣桌上备课，一个瘦弱的戴眼镜的人，看上去文质彬彬。女裁缝的顾客都知道新婚夫妇关系不好,却不知道是哪方面不好,女裁缝又不肯说,他们就胡乱猜测,猜什么的都有,就是没人想到是毕刚脑子有问题。谁能想到女裁缝这么精明小心的人,会嫁个脑子有问题的人呢?后来毕刚的身影就从裁缝铺里消失了,女裁缝死要面子,她骗人说毕刚去援助非洲人民了,但一个惊人的滑稽的消息很快在南门汽车站一带传开了,说毕刚在上海机场精神病发作,他强闯海关,说要去瑞士的什么地方开联合国会议,被抓起来了。像毕刚这么严重的罪行,本来枪毙他也不过分,但因为他脑子有病,有关方面就把他送进精神病院去了。

这都是女裁缝搬到我们街上来以前的事,她以为这么搬个家就把不光彩的历史一笔抹掉了,其实哪儿有这么便宜的事,你不肯说自己的事,别人就替你说,这是我们街上的很古老的传统了。人的两个耳朵眼虽然小,但也抵不过几千只大嘴,这么说那么说,所以毕刚的事情最终传到天赐耳朵里也不足为怪。

天赐是个有心事的孩子,他的心事不告诉我们,我们也不稀罕知道他的什么狗屁心事,他从十三岁那年开始悄悄地寻访毕刚,女裁缝经常站在她家门口,尖声叫着天赐的名字,她还问我们有没有看见天赐,说这个混账的孩子,他把淘米箩扔在水池里,人不知跑到哪里去了。

天赐跑到嘈杂拥挤的南门汽车站去了。天赐提着女裁缝买菜用的布包,装出一副要出门的样子混在候车的人群里,他的目光始终追随着入口处的那个女检票员。女检票员大概有五十左右的年纪,大概快要退休了,站在那儿懒洋洋的。而且喜欢向人翻白眼,她向天赐也翻了不少白眼,但天赐还是固执地盯着她。天赐知道那个女检票员是毕刚的姐姐。

女检票员向厕所走去,她看见天赐跟上来了。天赐在后面用一种饱满的声音叫她,姑姑,姑姑!女检票员就回头,有点厌烦地看着天赐,她说,你这孩子怎么这么缠人,我告诉你多少遍了,我不是你姑姑,我跟你没有关系。

你不是我亲姑姑,但你算是我的姑姑。天赐不依不饶地跟着她,他说,我不影响你工作,你只要告诉我,毕刚在哪里?他现在在哪里?

我知道你是她抱养的孩子。女检票员嘴边流露出一丝鄙夷的笑意,她说,你要知道,你跟毕刚没有关系,毕刚和她早就离婚了,你和她现在跟我们毕家没有任何关系。

我不要关系。天赐说,姑姑求你了,告诉我他在哪里,我只要知道他在哪里。求求你告诉我,我来了三次了,难道你是铁石心肠吗?

你别以为找到他对你有什么好处。女检票员最后松口了,她在一张废车票上飞快地写了一个地址,气冲冲地扔给天赐,她说,我实话告诉你,他脑子不好,他刚从精神病院里出来。

我不知道天赐为什么要拉我一起去塔镇。那天我母亲让我去女裁缝家拿她的裤子,女裁缝不在家,我看见天赐站在窗口发呆。我问他,你在发什么呆?他扭捏了一会儿,就把那张废车票拿出来给我看了,他向我描述塔镇的那座宋代砖塔是多么值得一看，他让我陪他一起去，我一时糊涂，就答应他了。

在开往塔镇的区间车上，天赐把我当成了知心朋友，他把他寻找毕刚的事情一五一十地告诉了我，我可不领这份情，我说，他跟你有什么关系？费这么大的劲去找个疯子，我看你脑子也有病。天赐就狡辩说，他不是疯子，脑子有病不等于就是疯子！

毕刚其实不是住在那座有名的砖塔下面。我到了那儿才发现上了天赐的当，可是已经来不及了。我们已经来到了一所中学的校办农场里，农场里倒是种满了黄瓜西红柿，摘下来就能吃，但上当的心情是很恶劣的，弄得我毫无胃口，我骂骂咧咧地跟着天赐向黄瓜地边的小屋走，听见从小屋里传来了收音机播送国际时事的声音，播音员正在说黎巴嫩、穆斯林、游击队什么的。我觉得天赐急促的脚步突然放慢了，可以看出他是个不折不扣的胆小鬼，临近小屋窗口时，他居然喘起粗气来，他还说，你走在前面，我跟在你后面。

我们从窗口看见了毕刚的小屋，屋子是临时搭砌起来的，一部分墙壁用旧报纸糊住了，还有的墙壁干脆露出了杂乱的颜色各异的砖头和水泥。屋子里有床、锅灶和一张桌子，一个瘦弱的穿破汗衫的男人坐在那张桌子前，他在听收音机，他一直面对着窗口，我确信他看见了我们，但他就是没有一丝反应，好像我们不是人而是两根树枝。

我听见天赐还在喘粗气，他还用胳膊捅我，意思是让我先说，我想又不是我要来找他，让我说个狗屁啊，所以我就把他推到前面来，我说，不是找到了吗？你要干什么，快说啊。可天赐僵硬地伏在窗台上，就是一个屁也放不出来。我急眼了，说，你在这儿犯傻好了，我去看塔了。

就在这时候里面的毕刚说话了，他说，不要去看塔，怎么看它就是个塔，你们应该知道世界上正在发生什么事，听听今天的消息，黎巴嫩和以色列又开战了，我问你们，你们站在谁一边？

天赐有点发愣，紧接着他就松弛了，自作聪明地嚷道，当然站在黎巴嫩一边！

错了！毕刚忽然笑起来，说，哪一边也不能帮，各打五十大板，我要是埃及就要出面解决这件事，我要出动航空母舰，我考考你们，假如埃及出军，他们到达黎以前线的最佳路线怎么走？

这回天赐傻眼了，我当然也不知道，但我即使知道也不愿意被一个精神病人考来考去的。我们站在窗外，看着小屋里的毕刚，必须承认我是第一次见到这种类型的精神病人，这种精神病人让人耳目一新，但我还是不愿意被他考来考去，天赐却犯贱，他说，我要是看着地球仪就知道，没有地球仪，我不知道。

然后我就看见毕刚弯下腰．从桌子底下搬出了一样东西。是一只用报纸糊起来的自制地球仪，虽然粗陋简单，但细密的国界线和仿印刷体的字迹使它看上去令人信服。我以前有一只标准的地球仪，不知丢哪儿去了，毕刚把自制地球仪小心地放在桌子上，他说，这是我凭印象自己画的，误差率不会超过百分之五。

我记得天赐就是这时候开始像打摆子一样颤抖起来，他瞪着窗内的那只地球仪，我觉得他又要说什么傻话了，但这次他的嘴唇也颤抖起来，结果什么也说不出来。

同学，我考考你。毕刚将地球仪转动了一圈，让西亚东非部分对着天赐，他说，我考考你，埃及的航空母舰怎样才能最快地到达黎以前线？

天赐瞪着毕刚手里的地球仪，他张大了嘴，可就是说不出话来。突然之间，完全出乎我的意料，这个没出息的家伙呜呜地哭起来了！他张大了嘴，突然莫名其妙地哭起来了，然后我看见他转过身子，向校办农场的门口走去，走了几步，他开始飞快地奔跑，他像个疯子一样跑了，把我丢在小屋外面。

荒唐的塔镇之行使我恨透了天赐，我本来就瞧不起他，这次就更加有了瞧不起他的资本了。从塔镇回来的第二天，我在理发店门前碰到了天赐，他穿着理发店的白围兜出来，想跟我解释什么，我根本就不听他的，我对他说，以后谁要跟你在一起玩，谁就是傻×！天赐像个女孩一样，可怜巴巴地低着头，看我是动真格的了，怏怏地回到了理发店里。他没有做任何辩解，因为他明白我不要听他辩解。

我说到做到，从天赐十三岁起，我就没有再和他一起玩过。当然其中更重要的原因不在我的决心，这年冬天我们一家搬到父亲单位的职工宿舍去了。

天赐后来的生活我略知一二，都是我的快嘴的妹妹告诉我的。我必须说明我对天赐沉闷无味的生活并没有丝毫同情，这是我的忙碌的生活造成的。谁都知道天赐没有朋友，我有很多朋友，而时光流逝，孤僻的天赐必将越来越孤僻，我妹妹对天赐的现状无论怎么添油加醋也不能唤起我的兴趣。唯一让我感兴趣的其实是一件不幸的事情，是女裁缝不寻常的死。我妹妹告诉我进入老年的女裁缝有一天试穿为别人缝制的寿衣，一只胳膊刚刚套进去，人就突然咽气了。这样的死法使人们对女裁缝的一生留下了深刻的记忆。那寿衣最终她自己穿了。我妹妹说天赐在女裁缝的葬礼上哭得晕了过去，让街坊邻居一致称赞他的孝行，说女裁缝还是有福气，没有白养了这个儿子，也有人说天赐是为自己哭，女裁缝一生对天赐的身世守口如瓶，她这一去就把秘密永远封存了。

聪明的读者会猜到天赐的故事中另一个重要人物是毕刚。当然是毕刚，多年以后这个丧失了思维和体力的老人来到香椿树街，寄居在铁路桥的桥孔里，几个收破烂的好心人为他提供了残羹剩饭，把这个古怪的老人当成了自己群体的一员，他们住在桥洞里整整一个秋天，这期间天赐每天骑车从另一个桥洞中经过，他知道旁边废弃的桥洞里住着一群无家可归的人，他一定曾经见到过独自坐在里面的毕刚，但是天赐不可能认出那个肮脏而苍老的人就是毕刚。

那年冬天特别寒冷，特大寒流将那些收破烂的人驱向温暖的南方，却不知怎么把毕刚留在了香椿树街上。事情说起来有点神奇，那天夜里北风肆虐，风把天赐家的一扇窗户吹开了，天赐从床上下来关窗，看见一个流浪汉模样的人坐在他家的门槛上，天赐就随口对窗外喊，去桥洞，那里暖和。他看见流浪汉回过头来，那种乐观而迷惘的眼神使他觉得似曾相识，老人说，我不冷，只是有点饿。天赐看见老人打开了身边的那只纸箱，然后我所说的那神奇一幕就拉开了，老人捧出一个圆溜溜的东西站在天赐的窗口，他说，这是手工地球仪，误差率不超过百分之五，小伙子，你给我一碗剩饭，我把地球仪给你。

我们现在无从描述天赐当时的感受，天赐不是个善于表达内心的人。我们知道的只是这么一个事实，从那个寒冷的冬夜开始，天赐收留了毕刚，当然香椿树街的邻居们大多不知道毕刚这个名字，他们的口径是天赐做善事，收留了一个流浪的患有精神病的老人。街上的孩子不懂事，我妹妹的孩子那天就跑回家，对妈妈说，天赐叔叔把一个疯老头藏在家里！

我知道天赐做了件什么事。上个星期我去香椿树街办事，路过我熟悉的天赐家的门洞。他家的门板新刷了红色的油漆，一张纸夹在门楣下面：小心油漆。我站在他家门前犹豫了一会儿，好奇心最终战胜了文明礼仪，我来到窗前，透过半掩的窗户向里面张望了一眼，应该说我运气不错，一眼就看见一个老人坐在藤椅上，身穿天赐工厂发的工作服，头上戴着一顶绒线帽，手里抓着一瓶孩子喜欢的娃哈哈饮料。他在看电视。尽管事隔多年，我还是从他安详而乐观的眼神里认出来了，那就是塔镇的毕刚。

女裁缝的故居现在住着两个男人，棉布特有的气味已经消失了，那台缝纫机不见了，墙上衣架上各种衣服裤子不见了，屋子里面却比以前更显凌乱，我下意识地四处寻找那只地球仪，突然发现那个带有传奇色彩的宝贝是在老人的身后，他的藤椅和身体把它挡住了。正是这时候毕刚发现了我，对于一个隔窗窥视的人他没有任何敌意，他指着电视机对我说，美国人又要打南斯拉夫了，我早知道巴尔干半岛三年就要打一次仗，又让我猜到啦！

　　我忘了我是如何回答毕刚的，也许我根本就没有和他搭话。我自己的事情还忙不过来，谁去管这等闲事呢。我惦记着去办我的事情，当我骑车经过化工厂那里时，一个熟悉的身影骑车从我旁边一掠而过，那个人是这故事的主人公天赐。我看见他的自行车后座上拖着一只煤气瓶，他没看见我。他没有向我打招呼。我不能确定要是我把他叫住他对我会是什么态度，现在我们不仅不能算是朋友，连街坊邻居都不是了。我看着那个背影风风火火地远去，忍不住笑出了声，我要是坦承我发笑的原因读者们会讨厌我，但我当时确实是笑了，这是不以人的意志为转移的，一个人从小就让人发笑，长大了还是让人发笑，就像天赐的那些莫名其妙的亲人，尽管看上去酷似亲人，但他们终究是来得莫名其妙。

你丈夫是干什么的

孕妇和她的女友坐在阳台上,一个看上去很臃肿,一个却苗条得有些过分。孕妇从塑料椅子上艰难地站起来,她的眼光向下辐射,叹了一口气说,怀孕太难看了,我现在看不见自己的脚,我不知道自己穿着哪双凉鞋,昨天我从镜子里看见自己走路的样子,活像一只企鹅。

女友的脸上露出一种调皮的微笑,装什么蒜,她说,我看你心里很得意,把自己比做企鹅,企鹅多可爱,为什么不把自己比做一只鸭子?

鸭子就鸭子,反正都一回事。孕妇突然想起来什么,她问女友,你说你来推销什么?什么东西?

杀虫王。女友嘻地一笑。

就是灭害灵之类的东西吧?孕妇说,你怎么回事?好好的办公室不坐,整天东跑西颠推销灭害灵!

杀虫王。女友纠正说,不是灭害灵,是杀虫王,最新产品,是第六代杀虫剂。高科技产品,药效强烈,无毒无害。

反正都一回事,就是杀蚊子苍蝇的嘛。

还有蟑螂。女友说,天上飞的,地上爬的,见一个杀一个,害虫死光光。

你向我推销没用。我们家住高层,没这些害虫。孕妇抬起她的一只脚,又抬起另一只,忽然叫起来,我穿着鸳鸯鞋啊,黑色的是他的拖鞋! 怪不得有点不对劲,你就看着我穿鸳鸯鞋? 你就不跟我说一声?

你丈夫是干什么的? 女友调皮地一笑,看着窗外,说,你丈夫,他是干什么的?

建筑设计。孕妇说,等会儿就回来了,他明天到深圳去见几个港商。你死了这条心吧,他帮不了你的忙。你丈夫呢,你丈夫现在干什么?

女友脸上的笑意一下就凝结了,她的架在膝盖上的腿撞到了一盆龟背竹,龟背竹的肥厚浓绿的叶子颤动起来。孕妇知道自己多嘴了,她其实已经猜到了几分,她本来决定不问的,但不知怎么那句话还是脱口而出了。

散了。女友说,他去年就滚蛋了。

孕妇负疚地看了女友一眼,将盆栽往旁边移动了一下。

为什么现在的人都喜欢养龟背竹? 女友目光炯炯,她说,他也在家里养了一盆,比你们家这盆还要大,说起来也怪,他一走我看着龟背竹横竖不顺眼,我就觉得它是世界上最厚颜无耻的植物,有一天窗外一堆苍蝇嗡嗡乱飞,我就拿着公司的杀虫王冲出去,对着苍蝇就是一通扫射,我们公司的产品质量就是不错,看着苍蝇一个个落在地上,全死了。我摇了摇罐子,里面还是满的,我就想把一罐药都喷了。你猜怎么着,我想也没想，对着那盆龟背竹又是一通扫射，就像给它浇水一样，我把一罐杀虫王全用光了！

龟背竹死了吧？

那还用说？女友挥挥手说，别说是一盆龟背竹，就是个人，吃这一罐也半死不活了。

孕妇用一种惊悸的眼神看着女友，她张大了嘴，想说什么，但最后却被女友的情绪感染了，两个女人对视着，突然一起咯咯地大笑起来。

高层建筑外面的天空渐渐地变得灰暗。客厅里的电视机一直打开着，一个油头粉面的男播音员正指着气象云图，播送明天的天气预报。两个女人现在坐在沙发上，女友面对电视机，说，上海天气不错，我的运气也不错，到哪儿都是大晴天。

孕妇听见门外有什么声音，她侧着身子听，分辨了一会儿，说，怎么还不回来？这会儿该回家了。

女友说，不是你丈夫？

孕妇说，不是，他的脚步声我能听出来。明天要出差，他应该早就到家了，多半是让他买机票去了，他们单位女的多，老的多，什么事都落到他的头上。

深圳那一带也是晴天，不过就是热了一点。女友嗑着瓜子，说，他出差你给他收拾东西吗？

我从来不替他收拾。孕妇笑了笑说，倒是我出差的时候他愿意替我收拾，他属于那种很细心很有条理的男人。

你福气好。女友斜睨着孕妇，拉长声调说，就怕他对谁都很细心，都很有条理啊。

孕妇打了女友一巴掌，说，你少来挑拨我们夫妻关系，我对他很放心。

孕妇看了看墙上的挂钟，看得出来她有点心神不定。她从客厅走到厨房，又从厨房走到客厅，像一只企鹅或者像一只鸭子，然后她用一种决绝的语气对女友说，不管他了，我们吃饭。

就在餐桌上她们谈起了在上海的共同的女友小宁。孕妇起初对小宁的近况一无所知，她建议女友到了上海去找小宁，说她可以住在小宁那里，省下住旅馆的钱，孕妇发现女友的表情很怪，她还说，怎么啦，你跟小宁后来闹翻了？女友就大叫起来，你还问我怎么啦？你真的不知道小宁的事？你要让我住到监狱里去陪她呀？

就在餐桌上孕妇听说了小宁的事，女友还因此把她劈头盖脸地数落了一番，她说，亏你还算小宁的朋友，她的事情都上了全国各地的晚报，你现在连报纸也不看？

怀孕以后我很少看报，用眼过度对婴儿不利，孕妇说，急死我了，小宁到底出了什么事？

泼硫酸！女友几乎是恶狠狠地吐出了这三个字。

谁泼她硫酸？孕妇瞪大眼睛站了起来，她注视着女友的表情，又笨拙地坐了下来，说，吓死人了，你说清楚，到底是谁泼谁的硫酸？

她向人家泼硫酸。女友的声音低沉下去，她用筷子敲了一下碟子，喂，你别这样看着我行吗？是小宁泼人家硫酸，不是我。

吓死人了。孕妇说，不会是同名同姓弄错了吧？小宁，那么文静那么害羞的人，怎么可能泼——你让人怎么相信？

不相信也得相信。我给她母亲打过电话。女友看着桌上的一盆白糖西红柿，她说，这是上个月各地小报的头条新闻。上个月我在外面跑，沿路买小报消遣，看见的都是小宁的事，还有她的照片，就像电影明星的照片，放得好大，我攒下一大堆报纸，都是小宁的事，小宁的照片，厚厚的一堆，不知道拿它们怎么办，扔也不是，留也不是，我就把报纸理整齐了藏在火车行李架上了。

孕妇一直把手按在她的隆起的腹部，似乎是怕腹中的婴儿受到这意外的惊吓，过了好久她才恢复了冷静，对女友说，你吃饭，边吃边说。她泼的到底是谁？

一个女孩子，才二十三岁。女友说，用报纸上的话说，是一个无辜的纯洁可爱的女孩子，而且长得特别美。

三角恋爱？孕妇沉吟着说，我就猜到是三角恋爱。女人犯罪多半是为了爱情。

用报纸上的话说，不是什么三角恋爱。女友说，是小宁多疑，心胸狭窄，那女孩是她男朋友的同事，他们经常在一起，但两人之间并没有什么特殊关系——你别这么看着我，这都是报纸上说的，不是我说的。

我不相信小宁会这么没头脑，她是个聪明的人。孕妇说，假如不是三角恋爱，假如小宁不是爱得太深，她不会做出这种事。

谁管他们是三角还是四角？女友说，我奇怪的是小宁那么理智的人，怎么会对别人下这种毒手。我看见报纸上登的那女孩的照片，一张脸全毁了，不忍心看，我不明白，是什么样的男人值得小宁为他疯狂，做出了这种事。

我没见过那男人。孕妇说。

我也没见过。女友说，听说相貌堂堂，风度很好。

相貌堂堂的男人多半不会是什么好人。孕妇说。

电影里那种爱情骗子风度都很好。我就从来不相信什么风度。女友说。

对那个陌生男人的非议使她们轻松了一些，女友埋头喝下了半碗鸡汤，边喝边说，我那年去上海，小宁也为我煲了鸡汤，她喜欢在汤里放枸杞，汤有点发甜，不过也挺好喝的。

以后你再也喝不到她的鸡汤了。她判了十八年，出来头发都白了。孕妇注视着女友油润的嘴唇，她说，我还是想不明白，她为什么去泼那个女孩？假如她觉得男朋友背叛了她，应该去泼男的，换了我，我就泼那个男的！

换了我，我两个都泼！女友说。

她们被自己的语言震惊了，两个人对视一眼，忽然都笑起来。这时候门外的过道上响起了一阵细微的声音，孕妇立即站了起来，如释重负地舒了一口气，说，他回来了。我能听得出脚步，是他回来了。

丈夫在灯光下收拾行李，孕妇坐在床上看着她丈夫宽厚的背影,隔着虚掩的门,能够听见从卫生间里传来女友洗漱时的水声。

她怎么样?孕妇听着卫生间里的动静,说,是不是比以前漂亮了?

我不知道。丈夫笑了笑说,这要问你,你不是说女人才懂女人吗?

好像比以前性感了。孕妇说,这要问男人,你觉得呢?

我不知道。丈夫仍然笑着,说,她是不是性感,要问她丈夫。

孕妇欲言又止,卫生间的水声停止了,女友的脚步声懒懒地通向另一个房间。屋子里显得异常安静。

你明天走。她明天去上海,你们可以一起去机场。孕妇说。

不行。我们在单位集合,坐单位的车去机场。丈夫说。

那带上她嘛,有什么关系,你们的航班就差一个小时。孕妇说。

丈夫犹豫着,他把两双袜子卷起来放进箱子,说,行,让她搭车没问题。

孕妇仍然看着丈夫,她看见丈夫的背影在灯光下晃来晃去的,投在墙上,就像一幕单调的幻灯片。孕妇听见她丈夫答应了她的请求,但她很快就改变了主意。算了,算了,她说,你还是管你自己走吧,她还能多陪我一个小时。

随便你们。丈夫回过头问孕妇,你知道我的游泳裤放哪儿了?

带游泳裤？孕妇看上去有点意外，你们到深圳还要去游泳？

我们住小梅沙，那儿有浴场。丈夫说，怎么啦，深圳很热，下海游泳不很正常吗？

我没说不正常。我是说你们这次去一定很快活。孕妇笑了笑，走到门边把房间的门轻轻关上，然后她说，祝小姐也要去的吧？

她当然要去。丈夫说，深圳的项目是她联系的。

我知道深圳的项目是她联系的，你告诉过我。孕妇说，她当然要去，你们在那儿游泳肯定游得很快活。

你又来了。丈夫宽宏大量地笑了一声，他在抽屉夹层里找到了游泳裤，放在身上比着，他说，我胖多了，现在穿可能会嫌小。

胖什么？你还是很匀称。孕妇说，祝小姐还夸你体型好呢，你忘了？

你胡说些什么？丈夫又笑，她什么时候夸我体型好的？她从来不夸别人。

她不夸别人，可夸过你，你不要没良心。孕妇说，你其实记得这事呢，假装忘了，去年圣诞节聚餐时候她夸你体型好，你高兴得满脸通红，怎么就忘了？

好了好了，我说不过你。丈夫关上箱子，脸上是一种坦荡的无辜的表情，你该休息了，来了客人忙了一天，该休息了。他说，我看你今天有点兴奋，这样对胎儿不好，医生不是说你的情绪要保持稳定吗？

我很稳定，不稳定的是你。孕妇说，我看你这次出差特别高兴，好像小鸟飞出了笼子。

我说不过你，随便你怎么说。丈夫息事宁人地讪笑着，走到孕妇身边，把她的肩膀往下压，该睡了，他说，明天要出门，你朋友明天也出门，她已经睡了，我们也该睡了。

你们都出门，留下我一个人。孕妇说，明天我也走，到我妈妈那儿去，我才不愿意一个人留在家里。

让你妈妈来。丈夫说，你身子不方便，不要出门。一切为了孩子，你自己说的。

他们很快就睡下了。两个人距离大约有一拳之隔，丈夫的手穿过妻子的头发和脖子，轻轻地揽着她的肩膀，另一只手关掉了台灯。房间一下就陷入了漆黑之中。

孕妇的眼睛执着地睁大了，仰望着天花板上的模糊的白光。她能听见丈夫粗重的鼻息和墙那边卫生间龙头的残漏声。孕妇意识到丈夫刚才说出了一个事实：她很兴奋。今天她确实很兴奋。今天她很想说话。

你记得小宁吗？孕妇说，上海的那个小宁，以前来过我们家，送我檀香扇那个，你还记得她吗？

哪个小宁？丈夫翻了个身，说，瘦瘦的带金丝眼镜？说话很腼腆的那个？她怎么啦？

她上了报纸。孕妇说，她成了新闻人物，你每天看报，怎么没看到小宁的事？她的照片都上了报纸，你怎么会没看到？

到底什么事？丈夫敷衍着孕妇，他说，说简单点，明天我要起早，我瞌睡得厉害。

我一说你就不瞌睡了。孕妇先卖了个关子,然后用平淡的语气说,她丈夫有外遇,小宁往她丈夫脸上泼了一大瓶硫酸!

丈夫的嘴里果然发出了一种类似惊叫的声音。他说,够残忍的,看不出来,那个女孩敢用这种手腕,她连说话都会脸红啊。

你大惊小怪的干什么?孕妇用胳膊捅了丈夫一下,你天天看报,这种第三者插足的悲剧没听说过?

听是听得很多,可没有认识的人干这种事,丈夫的手从孕妇肩膀上移开了,在哪儿挠了一下,然后他咂嘴感叹说,人不可貌相,那个小宁,她看上去那么文静,怎么下得了这种毒手?

狗急还跳墙呢。孕妇在黑暗中说,她是被逼急了。女人都一样,不能容忍欺骗。她情愿同归于尽。

愚蠢的女人。愚蠢。丈夫说,都是一念之差,要是冷静下来这种事就不会发生了,同归于尽?这是最愚蠢的解决问题的方法。

她丈夫欺骗了她三年。孕妇说,那个男人也够可恶的,我不同情她丈夫,我同情小宁,今天一天小宁的脸老是在我眼前晃。

再可恶也不能往人脸上泼硫酸。丈夫突然想起什么,说,我好像是看到过这个报道,不过和你说得不一样,是那个女的多疑,向她男朋友的同事脸上泼硫酸,被毁容的女孩子是无辜的。

你肯定看得不细致。孕妇说,都泼了,男的女的,都被小宁泼了硫酸。

我肯定看到过她的照片,可是我不知道她是小宁。丈夫说,照片不清楚,就是清楚我也不一定能认出她来。愚蠢。太愚蠢了。早点睡吧。太残忍了。睡吧。

丈夫说话的声音渐渐地疲惫了,很快孕妇听见了他的第一声呼噜。孕妇知道她现在说什么他都听不见。她侧过脸在黑暗中观察丈夫的面容,他显得很疲倦,表情从容舒展,似乎并没有受到任何震动。这使孕妇感到莫名的失落,她用手指捅他的肚子,睡着了?孕妇压低声音骂道,没心没肺的东西,怎么就睡着了?

已经夜阑人静。孕妇是经常失眠的,但所有迹象都表明今天与以往不同,以前她能够借助胎儿的声音使自己恢复镇静,她总是能听见腹中生命的各种声音,今天她听不见了,她的耳朵里灌满了丈夫香甜的鼾声,只有他的鼾声。那种讨厌的声音加剧了她的焦躁,她坐起来,努力地把丈夫的身子转向一边,她的努力奏效了,丈夫的鼾声戛然而止,她听见他迷迷糊糊地说,早点睡吧。

孕妇无法入睡。她屏息倾听着胎儿的声音,却什么也听不见,胎儿一定是睡着了。他们都睡着了,可她却无法入睡,孕妇感到焦躁不安。她想与其这样不如起来去和女友聊天,女友反正是个夜猫子。她轻轻地下了床,穿过黑暗的房间和客厅,站在女友落脚的小房间门前听了一会儿,里面寂然无声,从门缝里漏出了一些灯光,证明女友还开着灯,她多半还没有睡。孕妇推了一下门,这才发现女友把门反锁了,她无从判断女友现在在干什么。孕妇对女友的行为感到意外,她为什么把门反锁上呢?难道在她家里有什么值得戒备的事情吗?

孕妇突然觉得很生气,她决定回到自己的床上去,靠自己的力量与失眠症作斗争。孕妇的脚被什么绊了一下,低头一看,是一只旅行袋,是女友把她的旅行袋放在门口了。孕妇在黑暗中盯着女友的旅行袋,依稀能看见袋子上的拉链松开着,露出里面的一个柱形的金属罐。孕妇知道那就是女友到处推销的什么杀虫王。

孕妇轻轻地将金属罐从袋子里抽出来,一点声音也没有。然后她蹑足走进厨房,打开厨房的灯,在灯光下仔细地打量那只金属罐。金属罐设计简洁流畅,红色黄色的色块中躺着一只苍蝇、一只蟑螂,还有几只垂死的蚊子。孕妇晃动着那只罐子,听见罐子里响起一阵压抑的液体流动的声音。孕妇不知道自己要干什么,她打开了金属罐的小阀门,孕妇并不知道自己要干什么,她对着水池开始喷射药液,孕妇知道自己家里没有苍蝇,没有蚊子,也没有蟑螂,但她对着水池开始了杀虫的工作,她闻到了杀虫液的芳香,听见了液体在压力下喷涌而出的声音,就是那种声音使失眠的孕妇感到无法言表的快乐和惬意。

大约是午夜两点钟,女友被客厅里杂乱的声音所惊醒,她披衣冲出去,看见孕妇和她丈夫挤在卫生间里,一个狂叫着,一个哭泣着,男的站在浴缸里,正用淋浴龙头冲洗他的脸部,他嘴里不停地叫喊着,你在梦游,你是在梦游!而孕妇站在她丈夫身边，手忙脚乱，一边哭泣一边用毛巾在他脖子上徒劳地抹着。

深更半夜的，你们在闹什么？女友大声地问。

孕妇受惊似的回过头，女友看见她满面泪光。孕妇指着卧室的方向，说话的声音因为发颤而模糊不清，蟑螂，孕妇说，一只蟑螂，我们家，有一只蟑螂。

别听她胡说，我们家没有蟑螂。丈夫在水龙头下面喊叫着，她是在梦游，她把杀虫剂喷了我一脸！

有一只蟑螂。孕妇仍然哭泣着，她的手始终向外面指着，就是有一只蟑螂，它在那儿爬，你们没听见，我听见了。

她是在梦游！丈夫叫着女友的名字，麻烦你把她扶到床上去，让她躺下，让她休息。她这么折腾对胎儿很不利！

女友是个反应敏捷的人，她很快意识到发生的事，于是她一手架住孕妇，一手把卫生间的门拉上，对里面说，好好冲洗，杀虫王药力很强，要想不落痕迹，起码冲洗半个小时。

女友把孕妇扶进房间的时候，看见她的杀虫王横卧在地板上。女友捡起罐子晃动了一下，发觉里面已经空了，女友吐了吐舌头，说，我的妈呀，六百毫升，让你一口气喷完了！

孕妇无动于衷，脸上的泪水已经凝结成一层灰暗的光晕，她把脑袋藏在被子里，一只手伸出来握住了女友的手。屋子里充满了杀虫剂浓烈的并不宜人的芳香，女友屏住呼吸握着孕妇的手，那只手冰冷冰冷的，很湿润，很柔滑。女友一直忍不住想笑，但是心却怦怦地跳，她认为自己现在应该说点什么，或者是开导的话，或者是安慰的话，但她就是想不出说什么，幸好孕妇在被窝里说话了,孕妇在被窝里嗤地一笑,她说,六百毫升怕什么?我学过化学,六百毫升杀虫剂也比不上六毫升硫酸。女友一下子就放松了,她听了听卫生间的动静,对被窝里的孕妇说,可怜的人,他还在洗呢。孕妇沉默了一会儿,说,没关系,洗干净就好了,就当我跟他开了个玩笑。

独立纵队

小堂告诉他表哥,他所以在香椿树街成为光杆司令,主要是处于一个不利的地形。这都要怪他家的房子不前不后,不东不西,孤单单地坐落在化工厂的边门旁,干脆他要是住在化工厂里也行,可他偏偏就住在外面,这样他既不是化工厂宿舍楼的孩子,也不是葵花里千勇他们那一伙的,他就只有一个人。表哥安慰他说,别怕,有人欺负你找我。小堂那天跟着表哥在游泳池学游泳,他看着表哥雪白的细瘦的大腿,迟疑了一会儿,说,我对千勇的哥哥提过你的名字,他说他不认识你。表哥有点尴尬,说,谁要他认识我?我是西大街独立纵队的。他看看小堂,突然嘻地一笑,说,你也是独立纵队嘛,回去就告诉他们,谁也别来惹你,你是香椿树街独立纵队的司令员。

小堂在西大街他姑妈家住了一夜,第二天他提着一只西瓜回到了香椿树街。才离开了一天,街道就显得陌生了,桥下水果店的柜台后面出现了一个年轻的从未见过的女店员,她不知在和什么人说话,一边说一边咯咯地放肆地笑着,有个男的半蹲在装满毛桃的箩筐旁边,屁股向大街的方向翘着,小堂看见那个女店员突然挥手在那个屁股上打了一巴掌,啪地一响,小堂忍不住笑出了声,他发现柜台后面的人抬头向他这里张望,就扭过脸快步跑过了水果店。小堂扭着脸笑,他的这种怪模样引起了丰收的注意,丰收正守着他奶奶的凉茶摊子,他惊讶地看着小堂和他手里的西瓜,你脑子坏啦?丰收冲着小堂骂,走路还咧着个嘴笑,偷西瓜啦?小堂指了指水果店,一时不知该怎么描述水果店的事情,就简单地说,打屁股!丰收却仍然瞪着小堂:脑子坏了?丰收虽然以前跟着千勇,但现在千勇把他开除了,小堂现在不怕他,他对丰收说,我的脸归我使用,要笑要哭随我的便,关你屁事!丰收被小堂这句话震住了,他嘴里咦咦地叫了几声,猛地眼睛一亮,对小堂说,你他妈的别神气,千勇要找你算账!小堂这时候已经走到浴室门口了,小堂的脚步应声停顿下来,他站在浴室门口,回头向丰收望了一眼,又望了一眼,丰收埋下脑袋看起了连环画,他看不清他脸上的表情,因此无法判断丰收的话是真是假。小堂环顾着正午时分空寂的街道,一种非凡的勇气从天而降,小堂突然向丰收叫喊了一声,我谁也不怕,我是独立纵队的!

  临近葵花里的时候小堂听见了一阵熟悉的喧闹声,那种声音由哑铃、石锁落地的声音和男孩们起哄吵闹的声音组成,小堂听见一个男孩尖叫着,开除,开除他!那是千勇的声音。小堂有点心神不定,他看见葵花里的门口有两个男孩守着,一左一右,像是两个哨兵。小堂知道他们确实是千勇的哨兵。葵花里的门上现在有一行字:出入葵花里请出示通行证。那行歪歪扭扭的字当然是出自千勇之手。千勇的哥哥千刚是香椿树街青年的领袖人物，千勇就狗仗人势称王称霸，谁都知道千勇狗屁不如，可谁都知道千刚厉害，所以男孩子们就投靠了千勇，他们觉得投靠了千勇就是投靠了千刚。小堂远远地看见豁嘴叼着香烟走进葵花里，并没有出示什么通行证，豁嘴是千刚的朋友，他不用遵守千勇的规定。小堂知道那种画在硬纸板上的通行证只是针对他们这一拨男孩的，他也知道街上有好多男孩向千勇交了一块钱，得到了那张通行证。丰收曾经问他有没有买葵花里的通行证，小堂说，买它干什么？谁要到葵花里去？去那儿就是看千刚他们练身体，又不让你练，有什么用？小堂现在想起了这件事，他猜丰收一定去向千勇检举了，如果千勇真的要找他算账，一定与这件事有关。

小堂走过了葵花里的大门洞，两个哨兵都比小堂小，其中一个不时地擤着鼻涕，小堂不怕他们。他用眼角的余光向里面瞄了一下，看见千刚他们围着满地的哑铃和石锁，每个人都光裸着上身，露出结实的肌肉。他没有看见千勇和他的一帮狗腿子。小堂提着西瓜匆匆地走过葵花里，将装西瓜的网线袋从右手换到了左手。冷不防地他听见了千勇的声音，把他拦住，把他拦住！小堂感觉到从身后卷过来一阵风，一眨眼，千勇和烂泥他们就堵在他面前了。

小堂惊慌地靠到墙上，看着千勇，他看见千勇手里甩着一根链条锁，千勇的额头上长了个热疖，上面涂着紫药水。小堂意识到自己的惊慌会带来什么样的后果，他极力摆出一种轻松的姿态，说，你玩链条锁呀？

千勇却不吃这一套，他始终用挑衅的目光瞪着小堂，说，你是化工厂的人吧？是你不让丰收来买通行证的吧，你说要玩去化工厂和宋文他们玩，是你说的吧？

小堂惊叫起来，没有，我没说过，是丰收造谣！丰收一贯造谣，你是知道的，他的嘴巴全世界最烂！

千勇冷笑了一声，说，那你的嘴巴就干净了？你们化工厂的人嘴巴才是全世界最烂的，你们不是说要消灭葵花里吗？来呀，来消灭啊，什么本事也没有，鸡蛋还想碰石头，哪天我把你们化工厂小孩的嘴全部用大便堵起来，看你们还嘴硬！烂泥在旁边帮腔说，哪天我带一颗炸弹去你们化工厂，不消一秒钟，你们化工厂就报废了！

我不是化工厂的！小堂一着急就口不择言了，他说，你们的眼睛长到屁股上去了？我住在化工厂隔壁，不在化工厂里面。我跟宋文他们没有关系！

住在化工厂隔壁就等于住化工厂，你一定是宋文的奸细。千勇仍然气势汹汹瞪着小堂，他用链条锁的锁头在小堂的下巴上蹭了一下，说，给我从实招来，你是不是宋文的奸细？烂泥这时候在旁边提醒千勇，烂泥说，千勇，他刚才说你眼睛长屁股上啊。

小堂一直注意着千勇的链条锁，他知道链条锁能把人的脑袋砸一个窟窿。小堂放下西瓜，将千勇的链条锁往旁边推，他说，我骗你是小狗，我从来不跟宋文他们玩，我瞧不上他们。

烂泥先叫起来，花言巧语，骗人！那你今天交代清楚，你为什么不买我们的通行证？你自己不买，还劝丰收也不买。你还是一个教书（唆）犯！

小堂不看烂泥，他一直用诚恳的目光看着千勇，他说，我没钱，我妈妈从来不给我一分钱。丰收有钱，他帮他奶奶卖凉茶，有好多钱。

千勇嗤地一笑，说，你是猪脑子呀？谁的钱是爹妈给的？都是从家里偷出来的嘛。你不会从家里偷啊？

我外公天天在家。小堂说，我没机会偷他们的钱。

千勇似乎有点相信小堂的说法了，他把链条锁卷起来放在裤袋里，他的目光落在小堂的西瓜上。一只西瓜折合一块钱。千勇突然说，你要不要用西瓜换通行证，随便你，我不强迫你。烂泥在一边补充说，给你一个机会，这是考验你，你放聪明一点。

小堂咬着嘴唇，他的脑袋扭来扭去的，斜着眼睛向哪儿张望着，大约过了一分钟，他说，好吧，你先把通行证给我。千勇从裤袋里掏他的通行证时，小堂的一句话让千勇恼羞成怒，小堂说，这只西瓜一块五毛钱，你还要补我五毛钱。千勇就举起拳头对准了小堂，他说，你敢跟我要五毛钱？你吃了豹子胆啦！

小堂是个识时务的男孩，他后来没再坚持要那五毛钱。他把通行证放进衬衣口袋就往前走了。离开香椿树街才一天的时间，街道和街上的人群就显出几分陌生，有些人哭丧着个脸，好像家里死了人，有的人表情鬼鬼祟祟，好像刚刚写了反动标语。小堂现在空着手，一只西瓜换了一张葵花里的通行证，这笔交易是否合算，小堂现在还无法估算。

正午时分，一些搬运工人顶着毒辣的阳光从化工厂的边门里推出一车车的樟脑，一路小跑着向河运码头冲去。樟脑刺鼻的气味钻出麻袋，荡漾在香椿树街上，小堂在床上迷迷糊糊地睡着，两只手轮流驱赶着樟脑的气味，没有什么作用，小堂的午睡就这样被樟脑剥夺了。

小堂记得他做了一个梦，但是却想不起具体的梦境了，唯一记得的是一面火红的旗帜，旗帜上写着四个字：独立纵队。小堂放不下这个梦，他在房间里苦思冥想，仍然不能把那个神奇的梦拼接起来，小堂干脆找出一件旧背心，用钢笔在上面写了四个大字：独立纵队。他把背心穿在身上，背对着镜子照那四个字，手写的字无论多好都没有印出来的威风，你要是穿着它出去，别人会笑话的。小堂在镜子前忙了半天，最终还是把那件背心换下来了。

小堂的外公还在竹制的躺椅上打呼噜，躺椅正对着大门外的街道，加上外公睡觉的时候有一只眼睛总是半睁着，看上去他仍然饶有兴味地监视着街上的行人。小堂走到门边，听见外公的呼噜突然卡住了，他下意识地往后面缩了一下，回头一看，外公还在睡，小堂注意到外公宽大的裤衩起了不该有的褶皱，他的干瘪的睾丸部分又露在外面了。小堂担心门外的路人会看见它，又不想为这事叫醒外公，俗话说急中生智，小堂一着急就到筷筒里拿了一双筷子，小心地提着筷子替外公把裤衩整理好了。外公翻了个身，对小堂的做法一点也不领情，他说，不准出去，小心他们又欺负你。然后就又打开了呼噜。

小堂倚着门，看着那些搬运工人在烈日下的劳动。两个食堂的师傅抬着一桶什么东西来到厂门口，小堂知道那是提供给搬运工的冰冻绿豆汤。小堂认识那个胖的食堂师傅，他从厨房里拿了一只碗，匆匆地跑过去，把碗塞给胖师傅。但胖师傅却把碗推开了，对小堂不耐烦地说，剩下了才能给你。小堂觉得没面子，但他还是耐心地站在一边等。他看见宋文的自行车突然从大街上拐了进来，自行车后面坐着小北京。他们跳下了车，两个人看上去都是满头大汗的，小北京的右手不知什么时候上了石膏夹板，看上去就像《红灯记》中的王连举。小堂以前总是主动地招呼宋文，而宋文对他一向是爱理不理的，这次不同了，小堂反剪着手拿着他的碗，一条腿还满不在乎地抖动着。小堂想他何苦总是去拍他们的马屁，当你成为独立纵队后是不需要同党的，可是世界上的事情就是奇怪，宋文从来都不爱搭理小堂，那天却忽然向小堂招了招手，用一种非常亲切的口气说，小堂你跟我们来！

　　小堂意外地看着宋文，他把手里的碗扣在头上，又拿下来，嘴里咕哝道，来干什么？你们请我吃冷饮吗？

　　小北京说，让你来你就来。我们那里冷饮多的是，没人吃。

　　宋文说，来呀，我有事要问你。

　　小堂犹豫了一下，还是尾随着他们走进了化工厂的边门。他们经过仓库，向宿舍区走去。小堂始终和宋文他们保持着一米左右的距离。小堂一路走一路问，找我干什么？那天厂里放电影，我让你们带我进去，你们不理我，现在找我干什么？小北京回过头皱着眉头，说，啰嗦什么？你是妇女呀？有事就是有事，没事找你干什么！小堂站住了，他看着宋文把自行车放进了车棚，小堂抬头看了看车棚上方的三层楼楼房，那就是化工厂的宿舍，小堂知道宋文家住二楼，小北京就住一楼。小堂想起宋文家的那台电视机，不知道白天有没有节目，他就提示性地说，宋文，去你家玩吧。宋文锁好了自行车，将带有金鱼形坠子的自行车钥匙摊在手上，转了一下，然后他对小堂说，跟我们来。

宿舍楼里光线很暗，楼梯上堆满了各家的杂物。小堂把碗放在谁家的纸箱上，空着手跟宋文他们往楼上走。他们走过了二楼，小堂说，不对，你们去哪里？宋文说，去我们司令部，司令部在三楼。小堂一下就愣在楼梯上了，你们也有司令部了？我怎么不知道呢？小北京回过头瞪着他，说，你别装蒜，我们早就有司令部，你是来过的。小堂这下明白了，他知道小北京指的是一间废弃的厕所，那间厕所下水道坏了，被宿舍里的人封起来，当了储藏间，去年有一天宋文在杂货店买了六只拖把，小堂正好路过那里，是他帮宋文把其中三只拖把送到那间旧厕所去的。

小堂是被宋文推进旧厕所里面的，这一瞬间他后悔了，他知道上当了，可后悔有什么用？他看见储藏间里有五六个男孩等在那里，他们是在等着宋文和小北京，不，小堂其实已经意识到他们是在等他，他看见了墙上用墨水写的标语：叛徒沈小堂公审大会。沈小堂这三个字就像街上布告栏里的杀人犯的名字，被谁用红墨水打了个叉叉。小堂发出了一声狂叫，他拼命想挣脱宋文的两只手，但里面的化工厂的孩子一拥而上，有个戴眼镜的孩子把一团线塞进了小堂的嘴里。小堂的眼泪一下就涌了出来，他不知道这件事情发生的前因后果，惊慌之中他只是一遍遍地尖叫着,你们弄错了,我不是叛徒!小堂知道他们听不清自己的声音,但他还是尖叫着,你们别胡闹,我不是叛徒!

是宋文把小堂嘴里的线团掏出来的,宋文对他的人说,我们要听他坦白,不能堵他的嘴。宋文又对小堂说,你给我放老实点,你要是再敢乱叫乱喊的,我就用樟脑丸塞你的嘴。宋文从一只塑料袋里拿出几颗樟脑,让小堂看,他说,你是知道的,吃下樟脑丸你就变成一个白痴了,你说,你还叫不叫了?小堂大口地喘着粗气,他说,我不叫了,可你们不能冤枉人,为什么把我当叛徒?为什么开我的公审大会?你们先要向我说清楚。

宋文向其他男孩看了看,表示审问开始了。宋文清了清喉咙,说,坦白从宽抗拒从严,你要老实交代,第一个问题,昨天一天你去哪里了?

小堂说,我去我姑妈家了。夜里就住在她家。你们管得太宽了,我不能去我姑妈家吗?

你还嘴犟?小北京几乎是扑过来,用左手点着小堂衬衣的口袋里,他说,这是什么?掏出来给大家看,掏出来就真相大白了,什么姑妈不姑妈的,你是跑到葵花里去告密了!

旁边有人抢先替小堂掏出了那张硬纸板,是千勇手写的葵花里的通行证。那个男孩怪腔怪调地念着:葵花里通行证。有效期一九七四年八月。过期失效。小堂这时有点明白他的处境了,小堂又大叫起来,是他要给我的,不是我向他要的。

宋文说,那不说明什么问题,你有葵花里的通行证,就证明你当了叛徒。证据确在（凿），你还狡辩什么，你还想富于（负隅）顽抗？

小堂一急眼泪又不听话地流了出来，他说，什么呀？你们连什么是叛徒都弄不清楚，还在公审叛徒呢。我不是你们一伙的，你们从来不跟我一起玩，我怎么是你们的叛徒呢？你们这是乱扣帽子。

宋文无疑对小堂的抗辩是有准备的，他说，我就知道你会这样洗清自己的罪名，你说你不是我们的人，那我问你，你住在化工厂隔壁不会错吧？葵花里离你家有三百多米呢，你去投靠他们，就是对我们司令部的出卖，出卖就是叛徒！

小堂不停地摇头，他说，你说什么呀，我怎么出卖你们了？你们从来不搭理我，你们整天干什么我一点也不知道，怎么出卖你们？我没有你们的情报呀。

小北京站在一边怒视着小堂说，还在装蒜，你怎么没有情报？天天在厂门口东张西望的，不是刺探情报是干什么？我问你，你有没有把我们司令部的名单交给千勇？

小堂的眼泪止不住地流出来，他说，什么名单？我根本不知道你们有多少人，你们化工厂的人都不爱搭理我呀。

宋文说，我们不搭理你，你就可以当叛徒了？嘿，你当叛徒倒当出个理由了。我看你就是对我们化工厂司令部怀恨在心，所以当了叛徒，对不对？

小堂先是点头，很快他意识到不该这么诚实地对待宋文的审问，于是他又摇头，他说，反正我不是叛徒，我从来不是你们这一帮的，我也不是千勇他们那一帮的，我怎么会是叛徒？

宋文似乎对小堂的这番辩解很感兴趣,他瞪着小堂,你说什么?你不是我们这一帮的,你又不是千勇他们的人,那你是哪一帮的?

小堂迟疑了一会儿,小堂的脑袋痛苦地垂下来,轻声而坚决地说,我是独立纵队。

废弃的厕所里顿时骚动起来,所有的男孩都对小堂的供词表现出某种好奇和热情,小北京过来托着小堂的下巴说,你说你是独立纵队的?快说,你有几个人?都是谁在你的独立纵队里?

小堂沉默着,他不想回答。小堂这时不再哭了,勇气和豪情突然赶走了心中的恐惧,独立纵队——对这个番号的热爱使小堂的眼中掠过一道明亮的光芒,他抹抹额头上的汗,又撩起衬衣擦干了眼睛,看着化工厂的孩子一个个围过来,小堂猛地大叫一声,你们都是笨蛋,独立纵队只有一个人,就是我一个人!

小堂为他的突如其来的勇气付出了代价,宋文他们先是愣怔着,很快他们被小堂激怒了,他们认为小堂在耍弄他们。小北京说,揍他,这个叛徒,胆敢耍弄我们,狠狠地揍他!不知是谁的声音在小堂的身后一遍遍地重复着:严刑拷打,严刑拷打!小堂转过脸想寻找那个声音的来源,可是宋文一把揪住了他的头发,宋文的表情很严峻,他说,快招,你的独立纵队到底有多少人?你不老实我就把你吊起来了!小堂的脑袋在宋文的手中沉浮,小堂说,你别抓我头发,你抓我头发也一样,我就一个人,一个人也可以成立独立纵队,你们懂不懂?宋文这时猛地松开了手,将小堂撞到墙上,他拍了拍手上的头屑,说,拿绳子来,把这个叛徒吊起来!

他们将小堂悬吊在横跨空中的水管上。小堂的脚一开始还蹬踢着,一开始他觉得身子的坠落使他疼痛难忍,渐渐地就觉得他是在向屋顶上浮升了,他看见化工厂的男孩们围着他嚷嚷着,挥舞着手臂、鞋底还有拖把。在半空中小堂的恐惧感奇异地消失了,他听不见他们的声音了,耳边涌动的是一种类似风吹红旗的声音。他看见了那面红旗,他看见了红旗下排列整齐的队伍,是他的队伍。他看见一条巨大的横幅,横幅上写着威风凛凛的四个大字:独立纵队。小堂在这个瞬间清晰地重温了中午午睡时的梦境,这是他的独立纵队。这就是他的队伍。这就是他的人马。小堂热泪盈眶。小堂的脸俯向他的队伍,露出了狂喜的笑容。小堂被缚的身子开始在男孩们的头顶上向上腾跃,宋文他们有点惊愕地仰望着小堂,他们注意到他的手臂,主要是他的手臂在绳索中挣扎上升,一次次地挥举,小北京叫起来,他要喊口号,快把他的嘴堵住!

他们从拖把上拽下了一些布条,他们手忙脚乱地用布条往小堂的嘴里塞,但是小堂的欢呼声已经喷薄而出,小堂的欢呼声已经尖利而响亮地在废弃的厕所里回荡起来:独立纵队成立啦纵队成立啦成立啦……

开往瓷厂的班车

瓷厂的班车在早晨七点左右途经花庄，散居在城北地带的瓷厂工人都在花庄等候厂里的班车。大约有七八个人，都是中年男女，穿着瓷厂统一的蓝色工装，手里提着装有饭盒和搪瓷茶杯的尼龙丝网袋。七八个工人，先后从公路的北边、南面或者水稻田的小路上匆匆地跑向站牌下面，一般来说人到齐了班车也来了。那辆天蓝色的大客车已经很陈旧，它在公路上慢慢行驶，车身摇摇晃晃的，总是有什么东西在车厢内部响亮地震动，七八个工人的脑袋一齐向右转，其中一个女工捂住了耳朵，她的这个动作很快被证明是合理正常的，当大客车在站牌下艰难地停下时，那刹车的声音听来酷似某种禽鸟尖厉的叫声，极其刺耳。

司机摘下手套擦拭着挡风玻璃上的水汽，是他首先发现了那两个陌生的青年。两个年轻人突然从公路后面的土坡上冲下来，他们一边奔跑一边向汽车挥手，等一下，等等我们！司机回头问后面的工人，说，是什么人？谁认识他们？工人们都站起来看那两个年轻人，不是我们厂的，他们说，大概是花庄的人，又是拦车送病人上医院吧？司机说，不像花庄的人，你看他们的穿戴，哪像农民？可能想搭便车，不给他们上！

他们跑得那么快，司机刚想把门关上，高个子已经将身子挤上了车，他站在车门口舒了一口气，对后面的矮个子说，快点快点，你跑步还不如一只母鸡快！

然后矮个子也上来了，两个人站在车门口，向车上的人又挥了一下手，算是尽了礼数。工人们用好奇或者厌恶的目光打量着他们，不容置疑的是这两个人来路不明，他们都穿着吊在腰上的短式牛仔夹克，白色高腰运动鞋，两个人的脖子上都系着时髦的风格相仿的丝绸围巾。

你们干什么的？司机过来做出驱赶的动作，他说，这是厂车，不是公共汽车，不给搭车。

高个子已经挑了个临窗的座位坐下了，他说，我知道是厂车，不是瓷厂的厂车吗？高个子看着司机，嘴角上的微笑使他看上去很沉着，是瓷厂的厂车，那就对了，他在座位上欠了欠身子，说，我们去瓷厂上班。

矮个子挤到了高个子身边，他的模样显得有点不可一世，他说，你还不相信？嘿，这有什么不相信的？我们是新招的工人，不信你去问劳资科。

司机没有再说什么，他向后面的工人看了一眼，大概是想让他们证实这件事情。供应科的老徐突然想起了什么，他说，今年厂里是招了几个工人，窑上缺工人。老徐的话在车上明显带有一定的权威性，包括司机在内，车上的人都露出一种如释重负的表情。他们看见那个矮个子向老徐竖起大拇指晃了晃，这种手势引起了工人普遍的反感，但是他们也没有过多地计较，他们对司机说，那就快开车吧。

瓷厂的厂车在公路上行驶。它的行驶路线多年来一直没有变化。从花庄出发后途经农田、刑场、砖瓦厂、国营林场、农田、养鸭场、农田、特种油品厂、农田，大约行驶半个小时后就来到了瓷厂。

蒙蒙细雨中，他们看见厂车从桥上响亮地冲下来，与厂车一起下桥的还有那两个年轻人，高个子撒腿奔跑，好像是与汽车竞赛，矮个子打着一把雨伞拼命追赶，他们发现矮个子一直努力地把雨伞向前伸，他想为高个子打伞，这种过于谦恭的举动使站牌下的工人们觉得很滑稽。

一群人湿漉漉地上了班车，他们看见矮个子抢先一步，占住了车门旁边的座位，他收起雨伞，对高个子说，来，坐这里看得最清楚！

他们不知道矮个子想看清楚的是什么，每个工人都讨厌这个矮个子。老徐说，你，你姓什么？我看你别姓你们家的姓，你姓他家的姓算了，你就像他的忠实走狗嘛。矮个子对老徐的敌意不以为然，他说，放你妈的狗屁。他这么草草骂了一句就回过头去和高个子说话，高个子得意地笑着，说，听见没有？人家说你跟我姓算了，人家说你是我的忠实走狗！矮个子用雨伞尖在高个子腿上戳了一下，说，放你妈的狗屁。我跟你说正经的呢，今天要枪毙三个人，七点钟，等会儿我指给你看！

他们都听见了矮个子的胡言乱语，他们认为这个青年人满嘴胡言乱语。厂车天天从刑场经过,但他们从来没有见过一次枪决,他们知道那曾经是一个刑场,但现在它已经被弃之不用了,自古以来杀人的地方总要避人耳目,而花庄附近的刑场离城市越来越近,不合适了。

七点钟。枪决三个人。矮个子带来的这个荒唐的消息还是令人莫名地躁动起来。七点零五分,班车驶过刑场,车上的所有人都向一侧的车窗玻璃靠拢,透过蒙蒙细雨和一片杂树林,他们看见了那个凹陷的乱石丛生的地方,有几只鸟从那里突然飞向空中,除此之外,他们什么也没有看见,什么也没有。正如工人们所预料的,刑场仍然徒有虚名,没有执行的人,也没有五花大绑的死刑犯。

老徐鼻孔里发出一声冷笑,他说,那块地方早不是刑场啦。老徐话音未落,其他工人已经纷纷回到座位上坐下了,他们的表情看上去有点窘迫,大概后悔不该轻信一个小青年的信口雌黄,他们坐在那儿,好像从来没有站起来过,一个女工说,这种天气,怎么会枪毙人呢,子弹会受潮的。

班车在公路上继续行驶着,车厢里很安静。工人们听见矮个子突然说,错过了,时间错过了,七点钟执行枪决,他们不会等的。高个子捏着自己的鼻子,捏紧,松开,又捏紧,发出一串怪声,然后他突然嘿地一笑,我看见了,我看得很清楚啊,三个人,五花大绑地跪在那里,三发子弹,三个人立刻变成三条死狗!矮个子扭过脸,用眼角的余光扫了后面的工人一眼,他说,他们在等车的时候应该听见枪声的,他们肯定没有留心。我没瞎说,今天七点钟枪毙三个人,就在那里,枪毙三个人。

老徐向别的工人挤了挤眼睛，意思是说你们听听这个小青年嘴里在胡说些什么，事实摆在面前，他还在圆谎呢！工人们都会意地微笑，他们示意老徐不要急于戳穿他，且看那小青年怎么继续圆他的谎。

矮个子说，枪声其实不怎么太响，机关枪的枪声就像家里炒蚕豆，也就比炒蚕豆的声音稍微响一点，枪毙人用自动步枪，自动步枪的声音原来很脆，不过法警要是装了消音器，声音就闷了。

高个子说，你他妈的厉害，什么枪都用过？导弹和火箭炮有没有用过？

矮个子说，我没骗你，那三个人已经毙了，只不过他们没有听见，他们的耳朵比聋子好不了多少。

老徐在后面忍无可忍，他说，谁是聋子？你这个小青年怎么说话的？你说话给我注意点！

快到养鸭场的时候矮个子从座位上突然冲到车门前，他对司机说，停车，快停车，我带他去刑场，很简单的事，到底有没有枪毙人，看看有没有血迹就知道了！

司机说，不给停车，你们两个人搞什么名堂，你们是哪个车间的？

高个子仍然坐在原处，他有点得意地看着他的同伴，你是哪个车间的？啊？他说，从窗子里跳出去，你跳我也跳，我不跳是小狗。我要是不跳，你骑在我的身上，我在公路上爬一圈。

工人们看着矮个子。矮个子嘴里骂骂咧咧的，但他终于回到了座位上。两个年轻人仍然挤坐在一起，矮个子向前探着身子，朝窗外张望，他突然叫起来，操他妈的，这么多鸭子啊！

他们发现这两个新工人有点奇怪。老徐有一次看见他们坐在仓库前面，坐在废品堆里抽烟，等他走过去两个人却不见了，只有地上的一堆烟头提醒他，他们在这里坐了很长时间。老徐纳闷，窑上怎么招了这么两个年轻人进厂？怎么没有人管他们呢？

老徐觉得两个年轻人很奇怪。到了第五天他们在花庄上车后老徐就向他们提了一大堆问题，让他扫兴的是他们不愿意与他交谈，而且他们一点也不尊重他。

下班回家你们怎么走的？怎么不见你们搭回家的厂车？

我们跑步回家。高个子说，我们比赛，等我跑到花庄，他还没到化肥厂。他跑得还没老母鸡快。

你们在窑上干什么？老徐的语气多少带有一点盘问的味道，他说，窑上的主任是谁？

你是谁？矮个子向老徐斜着眼睛，他说，你是吕贵生啊？什么都管，你管得比长江还宽。

老徐听他提及吕贵生的名字就不再问什么了，那是瓷厂的厂长。老徐想万一他们真的和吕贵生有什么关系，那自己就确实有点管得宽了。老徐看着一高一矮两个年轻人的背影，忍不住又拍了拍矮个子的肩膀。他说，哎，小伙子，你叫什么名字？

矮个子的肩膀敏捷地向旁边一闪，躲开了老徐的那只手，他说，喂，喂，不要动手动脚的行不行？

老徐缩回了他的手，他不无尴尬地对同事说，他说我动手动脚？我问问他的名字，他说我动手动脚！

矮个子仍然不看老徐，他说，问什么问？你是户籍警啊？什么名字不名字的，我没有名字。

老徐对同事讪讪笑着，他说，没有名字，你们听听，他说他没有名字。

高个子这时回过头来向老徐做了个鬼脸，他说，他骗你，他有名字，他叫一片红，他姓一，名字叫片红。

高个子说完自己咯咯笑起来，一边笑一边用拳头捶矮个子。矮个子还击了两拳，然后指着高个子对老徐说，他姓烂，名字叫黄鱼，烂黄鱼，你记住了吧？

车厢里有人发出了笑声，老徐却笑不出来，他说，这怎么是名字呢，这是你们的绰号吧？

高个子回过头，用一种戏弄的眼光看了看老徐，然后他说，名字就是绰号，绰号就是名字。

他们不记得那是第几天的事了，只记得那天厂车在养鸭场突然抛锚，大客车只好停在公路边。司机钻到车下去修车前让车上的人不要动，他说一会儿就修好了，工人们已经有了对付这种意外的经验，两个女工从包里拿出了毛线活，老徐则利用这段时间出去，在路边方便了一下。他看见两个年轻人尾随他跳下了车。

车上的工人们记得两个年轻人起初站在路边，高个子叉着腰，矮个子有点滑稽地用双手转动自己的脑袋，工人们在看他们，他们在看池塘里的鸭子。天气很好，秋天早晨的太阳映照着水边的池塘、草棚和成群的鸭子，养鸭人在远处，手执鸭哨向公路这边张望。工人们对这种景色无动于衷，他们安静地坐在车上等待着班车重新开动。大约过了十分钟，司机满脸油污地回到车上，车上有人问，又是油嘴堵了？司机说，是油嘴，老毛病。

班车开出去一段路了，老徐突然叫起来，把他们落下了！车上的人很快意识到他们把两个年轻人落下了。司机刹住车，他说，八个人，我习惯了数八个人，又把他们给忘了。车上的人回首向鸭场那里眺望，隔着一大片树林，一大片农田，一大片池塘，他们远远地看见那两个年轻人的身影，一高一矮两个人影，在早晨的光线中向养鸭人那里移动。司机纳闷地说，他们去干什么？车上的人说，谁知道？这两个小伙子！司机又征求大家的意见，要不要回去叫他们？车上的人迟疑了几秒钟后，几乎异口同声地说，不管他们，随他们去！

现在瓷厂的班车上还是原来那七八个工人，瓷厂的班车向瓷厂摇摇晃晃地驶去，他们谁也没料到以后的日子里那两个年轻人再也没有上这辆班车。以后的日子里，班车曾经在花庄多停了三五分钟，但是两个年轻人再也没到花庄来搭车。所有的人都充满疑虑，多年来他们平静而辛劳地往返于遥远的瓷厂，这么奇怪的插曲是罕见的。

是老徐首先开始怀疑那两个年轻人的身份。世界上怕就怕认真二字，形迹可疑的人怕就怕有心人。老徐后来奔波于瓷厂的许多科室和车间，他终于把那两个人的身份弄清楚了，说起来你不会相信，那一高一矮两个年轻人，他们根本不是瓷厂的新工人，他们不知道是什么人！当老徐把这个调查结果告诉同事们时，所有的人都觉得这件事情不可思议，他们都问老徐，那他们天天起早搭车到瓷厂去，到底要干什么？老徐对此也说不出个所以然，他说，谁知道？他们想干什么，要问他们自己了。

瓷厂的班车现在仍然行驶在环城公路上。你可以从那辆崭新的气度不凡的大丰田判断出瓷厂的效益不错，你也可以从班车上急剧膨胀的人数判断出瓷厂人丁兴旺，效益一定不错，这很不容易。瓷厂班车的行车路线没有改变，但是沿途的地名、风貌甚至自然景色都有了根本性的改变。现在花庄一带盖起了无数高楼，花庄前方新建了一座立交桥，人来车往的，显得非常繁华，而花庄在公交车的站牌上也已经更名为花庄新寓。瓷厂的班车从花庄出发，途经新世界游乐场、绿原森林公园、金帆日化集团、日化新村、淡水养殖场、美丽华大饭店，到达瓷厂，当然瓷厂也在两年前更名为瓷光股份公司了。瓷厂的四十座客车每天大约有三十人搭乘，除了老徐偶尔会提起以前的刑场、农田、养鸭场什么的，没有人对这样的记忆感兴趣。

说的是老徐办退休手续那天的事情。也是个秋阳高照的好日子，老徐从瓷厂出来，突然意识到这是个特殊的日子，他不能等下午的班车了。老徐穿过马路来到中巴车的停靠站，他想搭中巴回家，但是路上车子那么多，就是不见去花庄的中巴。

老徐等得不耐烦，心想今天是个特殊的日子，叫出租车回家并不为过，再说叫出租车回家又花得了多少钱，老徐把手伸出去，伸出去没有三秒钟，一辆红色的夏利车就停在他面前了。

这个结局在我们大家的意料之中，老徐碰到了一个人，是当年那两个年轻人中的一个，是那个高个子，是那个叫烂黄鱼的人。老徐虽然年纪大了，眼光却仍然犀利，他一眼就发现出租车司机就是那个什么烂黄鱼。他一眼就认出了烂黄鱼，烂黄鱼却贵人多忘事的样子，一脸的茫然。老徐就耐心地提示他，烂黄鱼终于想起那些往事了，想起那些他显得很不自在，他摆摆手说，咳，那时候瞎混，瞎混。老徐对这个回答不满意，他说，你们为什么天天搭我们的厂车去瓷厂？多远的路啊，再说瓷厂也没什么可玩的。烂黄鱼想了想，说，我也不知道为什么去瓷厂，就是没事干嘛。老徐还是一脸狐疑的表情，烂黄鱼嗤地一笑，你不相信？不相信我也没办法，我们就是玩，没有什么目的。老徐还是摇头，说，不会吧，你们又不是小孩了，怎么会坐车玩？烂黄鱼看上去有点不耐烦了，信不信由你，他的语气也变得像吵架一样，他说，我们没偷你们没抢你们吧？我们在车上没做什么坏事吧？

出租车比厂车快，老徐还有一些事情想问烂黄鱼，花庄的那些高楼已经不识时务地出现在车窗外了。老徐抓紧时间问了他最关心的问题，他说，你那个朋友呢，那个矮个子？他现在干什么？老徐看见对方脸上掠过一丝很古怪的微笑，他说，你笑什么？他在干什么？他也开出租？烂黄鱼眼睛专注地看着前方路面，他重重地吐出一口气，咧嘴一笑，说，毙了。一片红给毙了。

　　老徐嘴里发出了一种惊叹的声音。他的身子莫名地从座位上弹起来，他说，到了，停车！老徐从红色夏利车中慌慌张张地钻出来，他不知道自己为什么如此慌张。烂黄鱼盯着他，一只手摇下了车窗，老徐意识到自己还没付钱，他赶紧在口袋里掏，掏钱的时候他恢复了常态，他向车子里问，他干什么了？干了什么给毙了？烂黄鱼照数收了钱，他拿了一块口香糖塞在嘴里咬着，反问老徐道，你说呢？你说他干什么了？老徐一时愣在那里，看见烂黄鱼在踩油门，老徐下意识地去抓反光镜，可是红色夏利已经从他身边蹿了出去，老徐什么也没抓到。老徐来不及说什么，就冲着车子大声喊道，那个一片红，他对你很好啊！

亲戚们谈论的事情

现在亲戚们都在谈论怀倩的事情,他们就站在医院的走廊上,一堆健康而丰满的声音忽高忽低的,说到怀倩怎么抢下珠珠手里的那瓶农药,说到怀倩怎么将那瓶农药一饮而尽时,姑妈、大嫂、三姐都失声呜咽起来,其他的人也纷纷掏出手帕在眼角周围抹来抹去的,这时走廊上的噪音达到了高潮。那个被他们称做烂货的年轻护士从值班室冲出来叫喊道,安静,安静,你们不知道这里是病房吗?

大家当然都知道这里是病房,但是当你听说了怀倩的事情,当你知道怀倩是个多么善良多么可怜的人,当你知道怀倩喝下那瓶毒药意味着什么,你又怎么能安静下来呢?

怀刚来了,怀刚魁梧敦实的身影一出现走廊上便真正安静下来。亲戚们的目光像乱箭般地射向怀刚,那两个可恶的肇事者之一。怀刚明显地感觉到这种尖利的目光,他突然驻足不前,抓了几下耳朵,眼睛朝走廊尽头的那堆人瞄了一眼,很快就躲闪开了。走廊里一下子安静得出奇,大约过了十秒钟左右,猛地听见怀刚大声吸溜鼻子的声音,怀刚横着挪动了几步，对准墙角的痰盂吐了几口唾沫。

怀刚这么做并不能逃脱什么，他手里提着的一兜水果对于这出悲剧也无济于事。亲戚们都注意到了他手里的一兜水果：六只苹果，七只或者八只桔子。三姐首先忍不住地冷笑了一声，说，现在知道给怀倩送水果了？他什么时候把怀倩当人了？就是一颗苹果核也要留给珠珠吃呢。

怀刚朝三姐瞪了一眼，但那种威胁不像以前那样吓人了。其实怀刚很心虚，这从他红一阵白一阵的脸色上就能看出来。怀刚提着一兜水果往前走，脚步是迟迟疑疑的，他想在亲戚们的眼皮底下闯进怀倩的病房，他想这么做，但这明显是办不到的，姑妈一把就抓住了怀刚的胳膊。

到底怎么回事？姑妈说，你给我把事情说清楚。唉？怎么回事？唉？到底怎么回事？

知道了还问？就那么回事。怀刚说。

怎么回事？你跟珠珠吵架，她拿农药是吓唬你，你怎么能让怀倩喝？唉？怎么让怀倩喝？

不是我让她喝，是她要喝。她从珠珠手里抢过去的。对你们讲过多少遍了，你们还弄不清楚，耳朵里塞了屎啊？

我们耳朵里没塞屎，我看你脑子里倒是长了屎。难道你不知道怀倩那个人，她巴望你们小夫妻好，为了你她什么事都肯做，你就看着她喝？珠珠就看着她喝？唉，你们还是人吗？

对你们讲过多少遍了？我没想到！我跟珠珠吵架与她有什么相干？我没想到她真喝，我抢下瓶子她已经喝了一大半，我又抠不出来！

三姐推开姑妈冲到前面来了，三姐用颤抖的食指指着怀刚的鼻子骂，你的良心让狗吃了，说什么与她有什么相干？亏你说得出口，爹妈死得早，你就是怀倩拉扯大的，没有她就没有你，你说出这种话，你的良心不是让狗吃了让什么吃了？

什么狗呀猫的，那些事跟这事有什么相干？你在这里哇啦哇啦叫什么？脑子里有屎啊？

大嫂推开了三姐，她轻轻拍了拍三姐的肩膀说，别生气了，现在出了这样的事，生气也没用，指望怀倩好了才是真的。大嫂叹了口气又转向怀刚，她说，怀刚，你这个态度不对，出了这样的事，家里人说你几句也是应该的，怎么说你也有责任，那农药瓶上画着骷髅头呢，你无论如何不该让怀倩喝的。

我让她喝的？越说越滑稽了，要我说多少遍？我拦不住她，我抢下瓶子她已经喝下去啦。

也没说是你让她喝的，不过你这么个壮小伙子，怎么也该抢下瓶子的，你力气大嘛。

好了好了，我跟你们说不清楚，我也不想说，你们不是说我让怀倩喝了农药吗？别在那儿摇头，别给我假惺惺的，说了就说了，没关系，我现在认罪，我现在给你们偿命，你，怀珍，你现在给我去拿一瓶毒药来，去找你药房的朋友要一瓶乐果来，我喝给你们看，我让你们舒心，我不喝就不是人，我不喝就是王八蛋。

亲戚们突然鸦雀无声，他们箭矢般的目光被怀刚的怒火折断了几支，慢慢弯曲和碎裂了，他们不再逼视怀刚。只有三姐不依不饶地嘟囔了一句,珠珠不让你喝你会喝吗?三姐的声音很轻,但大嫂还是及时地捏了捏她的手,捏手的暗示再明显不过:不要火上浇油。

走廊里的嘈杂声再次引来了值班室的干涉,被视为烂货的护士又出来了,你们要喝什么?喝什么?要喝什么去冷饮店喝去,不要在病房外嚷嚷!她愤愤地摇晃着手里的一瓶药剂说,这哪儿是病房?这是菜市场!

只有服毒的人安静地躺在病床上。

先看看怀倩的脸,那张比实际年龄更显衰老憔悴的脸现在像涂上了一层蜡,鼻孔里插着两根细橡皮管,再看看怀倩脸上的表情,现在怀倩的表情其实就是没有表情。

二姐握着怀倩的手,怀倩的手冰凉冰凉的,手背上还残留着冻疮的痕迹,而五根手指上被刀割破或洗衣粉浸坏的皮肤看上去酷似石头的纹理。二姐握着这样一只手,想起他们兄弟姐妹凄苦艰难的童年生活,想起怀倩几十年来为这个家庭所做的一切,她的眼眶里便长出两颗珍珠般的泪滴,一颗滴在怀倩的手背上,另一颗后来自己消失了。

二姐说,怀倩,你怎么这样傻?你让他们去打去闹好了,你不是不知道怀刚,他打珠珠一下会让珠珠打他十下,他不是不知道珠珠那人,她真敢喝那瓶农药?她就是真喝了也是白喝,死了也是白死,凭什么你抢过来喝,你的命就这么贱吗?

怀倩说,你们不知道是怎么回事,我不要听他们吵,他们一吵我的脑袋就疼得厉害,像是要炸开了一样,听他们吵架不如让我死了。

二姐说，那你就走开呀，离他们远远的，你也犯不上去抢那瓶农药喝。

怀倩说，你们不知道是怎么回事，我讨厌珠珠的脾气，人不可以那么凶那么自私的，不可以动不动就拿个农药瓶吓人的。

二姐说，你也说讨厌珠珠的脾气了，那你干什么要替她去死？

怀倩说，我不是替她去死，我是想让珠珠有个教训，人不可以拿死去吓人。你们不知道，一点也不知道，我快死了，这回进了医院就出不去了。

二姐捂住怀倩的嘴叫起来，别胡说，医生说你胃里的农药全都清洗干净了，没有危险，听见了吗？不准你胡思乱想。

怀倩微笑了一下，她抬了抬手掌，示意二姐松开她的手，二姐就松开了手，怀倩把鼻孔中输液管移动了位置，脸微微转过去，她说，你捂着我的嘴，我透不了气，死了似的。怀刚是不是来了？你们别骂他，他没有什么错，他其实也不知道是怎么回事，怀刚，可怜的怀刚，你让他进来吧。

不让他进来。二姐却愤然地站起来，她走到门边，随时准备阻挡怀刚的进入，二姐说，他还有什么脸来见你？他要进来就让他跪着，让他一路跪进来！

或许是过于冲动了，二姐的嗓音听来有点歇斯底里，病床上的怀倩被吓了一跳，而病床旁的输液瓶也在挂架上当当撞了两下，怀倩看着输液瓶在挂架上摇晃着，突然莞尔一笑。

你笑什么？二姐不解地问。

我没笑。怀倩轻声说，我笑了吗？

二姐不知道怀倩心里在想什么。

怀刚才不会在这群妇人面前跪下呢，怀刚只是蹲在她们面前。他看见她们的手指在自己头顶上指指戳戳的，他忍受这种指戳并非因为甘心听从妇人的絮叨数落，只是他觉得有点疲劳。当那些手指在头顶上活动得过于嚣张时，怀刚就猛然挥手朝它们拍去，他看见妇人们立即缩回了各自的手指，就像躲避马蜂的螫咬一样敏捷，怀刚的嘴角不由得浮出一丝狡黠的笑意。

你以为怀倩不结婚真是她嫁不出去吗？三姐说，还不是为了你？她怕你照顾不了自己，她要等你成家立业了再离家，这一等等了多少年，白白地把自己耽误啦。

耽误什么呀？现在西方流行独身主义，有六十岁女人都没结婚的，怀刚鄙夷地仰起头说，你们懂什么？你们懂个屁！屁！

话不能这么说。大嫂频频摇头，她说，谁都知道怀倩为你这个弟弟作了牺牲，就说她现在睡的阁楼吧，又闷又小，哪能住人？还不是让你和珠珠能有个好婚房嘛。

北屋也能住，她非要睡阁楼我有什么办法？她非要像老鼠似的躲在那儿，我有什么办法？

你说怀倩是老鼠？你的良心让狗吃了！姑妈的手指再次忍无可忍地指到了怀刚的额头上，怀刚朝她翻了个白眼，但他似乎懂得姑妈是个长辈,所以他的有力的手掌只在膝盖上磨了几下,他朝左右两侧转动着脑袋,让那根手指无法触及自己。怀刚能闪避姑妈的手指,却无法闪避姑妈的言语。姑妈说,良心让狗吃了?哎?你忘了你的小命都是怀倩从河里捞上来的,哎?你忘了你小时候大家叫你小阎王,满世界找不到一个比你更淘气的孩子,还是冬天腊月呀,你坐着那该死的滑板车哧溜一下就蹿进河里去了,你倒是知道喊救命,谁救了你?还是怀倩呀,可怜怀倩还不会游水呢,三步两步就扑进河里去了,也不知道她哪来的蛮力,反正就是把你捞上来了。等我们赶到了,看见她紧紧地抱着你坐在地上发抖,可怜她的头发都给你抓掉了好多,她的棉袄袖子也给你扯掉了,怀倩那孩子从小就懂事呀,我们一到她就嚷嚷说,给弟弟熬姜汤,给弟弟熬姜汤,她还舍不得那半截棉袄袖子,让我们去把那袖子捞回来。

姑妈的声音这时候噎住了,走廊里的亲戚们鸦雀无声,又有人开始吸鼻子掏手绢,他们的目光也再一次集结起来,像乱箭一样射向怀刚。

怀刚仍然蹲在地上,但你能清晰地听见他的呼吸慢慢急促粗重起来,他的脑袋不安地扭过来又扭过去,这有什么?她掉进河里我也一样会救她的。怀刚讪讪地笑了一笑,但你从他脸上已经可以看到他内心的不安,怀刚站起来,眼睛看着墙说,怀倩她现在没事吧?没有人回答他。怀刚的眼睛茫然地扫过亲戚们,又盯着病房的门说,水果是珠珠买的,她想来我不准,我让她过几天再来。还是没有人接过怀刚的话茬,但亲戚们现在似乎看到了他们满意的局面,他们互相交流着目光,姑妈首先长长地吁了一口气,她想对怀刚说什么,一块手帕被她捏紧了又松开,她想说什么的,但突然又有一股什么火气蹿上来,于是姑妈斜睨着侄子,只是在鼻孔里哼了一声。

怀刚不想对亲戚们说什么了,他来医院不是为了跟他们说话的。怀刚去推病房的门,门却关紧了,他透过门上的玻璃朝里面张望,望见的是二姐怒气冲冲的脸,那张脸贴在玻璃上,故意遮挡怀刚的视线。怀刚只是从二姐的耳垂下看见了怀倩的病床,看见怀倩的一堆散乱枯黄的头发,它们像一堆枯草堆在雪白的枕褥上。

我来了,让我进去。怀刚敲着门喊。

你回去,怀倩不想看见你!二姐在玻璃那侧尖声说。

让我进去。怀刚用水果兜击打着病房的门。

你还有脸来见怀倩?她刚被抢救过来,你还想来要她的命吗?二姐的嘴离玻璃太近,她说话的热气很快就使玻璃上凝了一层水珠,因此怀刚后来只看见二姐的两片模糊的急速抖动的嘴唇,二姐说,你要是真有那份心,以后别再把怀倩当佣人支使,别让珠珠再骑在她头上,现在别来伤怀倩的心,她不想看见你!

怀刚看不见病床上的怀倩,也听不见她的声音,他想撞门,但医院不是一个适宜于撞门的地方,怀刚对着门喊了一声,怀倩,我来了。怀刚这么喊了一声就愣在那儿了,他依稀闻见走廊上弥漫着一股强烈的刺鼻的异味,他的两侧鼻翼紧张地收缩,再放松,那股异味让怀刚想起了那只可怕的农药瓶,怀刚往后退了一步,然后他听见走廊上回荡着那个尖厉的声音：不想看见你。

不、想、看、见、你。

怀刚不知道那是谁的声音。怀倩的声音和二姐的声音听来是极其相似的，所以怀刚无法分辨那是怀倩的声音还是二姐的声音。

我想见怀刚，你为什么非不让他进来？怀倩虚弱的目光落在门玻璃上，玻璃上现在像蒙了一层雾，怀倩其实什么也没看见。

你有胃口见他，我还没这个胃口呢。二姐坐到床边说，这回让他好好清醒一下。

又不是他的错。我说过多少遍了，你们不知道这是怎么回事，我不想说这事，可现在看来不说不行了。

说什么事？你别吓唬我。

我这回真的出不了医院了，过几天我要转到肿瘤病房去，你们不知道，我得了肝癌，去年就查出来的，你们不知道，我本来就活不了几天。

你别吓唬我，怀倩，你要吓死我了。

我为什么吓唬你？你们不知道，我这样快死的人最恨别人拿死来吓唬，我恨珠珠，她活得那么好，还怀着孩子，她凭什么拿着农药瓶来吓唬人？

二姐木然地瞪大了眼睛，眼睛里又有珍珠般的泪滴在生长，很快就长圆了、很快就无声地坠落下来。

她活得好好的，不该拿着农药瓶来吓人，你们不知道，快死的人最怕说死，你们不知道快死的人，快死的人最恨别人说死这个字。

二姐抹了一把泪说，你不该瞒着我们，你不该再做怀刚他们的佣人的，前几天我还看见你在给他们洗床单，你怎么还给他们洗呢？

反正洗不了几次了，等我死了让他们记得我的好处，我这大半辈子什么也没有，落下的也就是这好人的名声，还有什么呢？

二姐抱住怀倩呜呜地哭泣起来，二姐一边哭一边说，你是累出来的病，你是让他们气出来的呀！怀倩任凭二姐摇晃着她的身体，现在她随便二姐怎么说了，她已经无力去更正或澄清别人对自己的说法，还有别人对别人的说法。怀倩现在对一切无动于衷，她觉得疲倦极了，她觉得自己的心突然变成了一个黑洞，她觉得自己该安静地睡上一觉了。

后来二姐蹑足走出了病房，她捂着脸站到亲戚们中间，半天说不出话来。三姐扒掉二姐的那只手，看见她的眼睛肿得像两颗核桃一样，闪烁着一种紫褐色的光。

二姐不说话没什么，二姐一说话走廊上便再次嘈杂起来，起先是三姐呜呜地哭，很快亲戚们尤其是几个妇人都哭开了，哭声中还夹杂着其他人七嘴八舌的疑问。有人想进病房去安慰怀倩，被二姐坚决地拦住了，二姐说，谁也别去吵她，她大半辈子从没睡过午觉，现在让她好好睡个午觉吧。

亲戚们的哭声戛然而止，是那个烂货护士砰地一声出来了,她像一只鞭炮砰然炸响,你们这些人怎么搞的,现在又没有死人,你们哭什么哭?她说,要哭丧就到太平间去哭。

烂货。姑妈低低地骂。

烂货,你们家才死了人呢!二姐却朝烂货吐去一口唾沫。

走廊上的这群人几乎同时扭过脸直视着那个年轻护士,现在他们的目光又一次组成了箭阵,那么多目光乱箭般射向一张故作镇静的脸,年轻护士也许感觉到了某种疼痛,她张大了嘴在走廊另一端站着,忽然一转身就溜走了。

欺软怕硬的烂货。姑妈鄙夷地说。

这群人中间还数二姐最冷静,二姐后来看见窗台上的那些水果,便想起了怀刚,二姐说,咦,怀刚呢,他人呢?

表嫂说,走了,你不让他进去,他就走了。

二姐数了数兜里的水果。六只苹果,七只桔子。二姐说,哼,这些烂水果抵得了怀倩的一条命?

二姐说着说着就不冷静了,她的眼泪又像珍珠般地嵌在眼眶里,最后她用一种严肃的语气对亲戚们说,谁也别去告诉怀刚和珠珠,他们的良心让狗吃了,别让他们觉得怀倩白死了,别让他们觉得自己脱得了干系。

怀倩喝了农药,他们脱不了干系,其实这也是亲戚们一致的看法。

犯罪现场

启东有一天满头大汗地闯到莫医生家，说他祖母死了。启东拉起圆领衫的下摆在额角和鼻子上胡乱地擦着，露出一个浑圆的食物过剩的肚子。"我祖母死了！"启东一连说了三遍，说到第三遍时他已经不再结结巴巴，他的目光绕过莫医生和他手里的书，像一束探照灯的灯光照亮了橱柜上的那堆东西：听诊器、血压计、红十字药箱和一只异常光滑而洁净的铝盒。莫医生没有留意启东的目光，他一边穿上白大褂一边说，"什么时候死的？"启东说，"刚刚死的，莫医生你干嘛把针筒藏在饭盒里？"莫医生这时突然意识到什么，他的脚步停在橱柜旁边，"已经死了？"莫医生皱着眉说，"死了我去有什么用？你叫我去干什么？"启东咽了一下唾沫，脖子扭来扭去的，"我没说她死了，也许，也许她还没死透呢。"他偷偷地瞄了莫医生一眼，又说，"你是医生嘛，不找你找谁？"

你知道莫医生那个人的，他是个古道热肠的好心人，虽然他的医术囿限于治疗感冒惊风一类的病症，但只要你求助于他，他总是一丝不苟地把你的嘴用木片撬开，把听诊器按在你胸口,听你的心是如何跳动的,我们街上不知有多少人的心跳声被莫医生听过。所以那天莫医生照例拿起听诊器塞在口袋。"去了也不一定有用,"莫医生说,"可不去也不行,都是街坊邻居嘛。"

莫医生随手拉上门走到街上,走了几步突然发现启东不见了,他想启东应该在前面带路的,怎么一下子就不见人影了呢?他高声喊了几声,没听见启东的回应,倒是几个妇女满脸堆笑地跟他打招呼,莫医生柔声应酬着,一边大步流星地朝街东走,他心里想启东肯定先跑回家去了,病人的亲属们跑起来都像一阵风,这没什么奇怪。莫医生一边走一边又想起启东的祖母,那个眉毛上长了三颗痣的老妇人,几天前还看见她提着一篮腌菜在街上走呢,怎么突然就不行了?莫医生对这件事突然有点疑惑,但你知道莫医生那个人,救死扶伤是他的最高信条,有人在奄奄一息地等他,他不容许自己产生这样那样的疑惑。在通往启东家的路上,莫医生预先设想了老妇人的病症,他猜那肯定是脑溢血,肯定是脑溢血。

莫医生不知道他随手把启东反锁在家里了。

我们至今难以确定那天的事是一次意外,还是谁蓄谋已久的计划。让人哭笑不得的主要是启东,莫医生拉门的时候他一声不吭,鬼知道他葫芦里卖什么药?唯一可以确定的是启东愿意被反锁在莫医生的家里。

门被拉上后光线突然暗了下去,启东的心随着撞门声怦然一跳,然后它也渐渐地沉到一种奇妙的幽暗中去了。启东张大了嘴,呼呼地喘着粗气,他闻到一股酒精或者乙醚的气味,有点刺鼻，但也令人警醒，眼前的处境酷似某个梦境的翻版，启东只是记不清什么时候做过这个梦了，你可以想象他当时脸上的表情，一个间谍潜入敌方的档案库该是什么样子？启东就是那样，他握住一支假想中的手枪，朝屋子的门窗瞄准着，一步步往橱柜那儿退去。

启东打开了橱柜上的那只铝盒，不出所料，盒子里装着整套的注射用品：三个针筒，七八个针头，二瓶普鲁卡因还有一堆药棉。启东先是抓起针筒往口袋里塞，转念一想他为什么不连盒子一起拿走呢。启东想把铝盒往口袋里塞，但口袋太小了，塞不进去，一着急就把口袋撕扯坏了。启东抓着铝盒在莫医生家里徘徊，他在假想莫医生失去了这只铝盒会怎么样，会怎么样呢？不会怎么样的，他是个大好人，启东想他这样的大好人不该把他当小偷的，再说，他是个医生，医生才不会稀罕针筒针头这些东西呢。

墙上的自鸣钟当当地敲了几下，突然敲响的钟声使启东吓了一跳，启东决定离开莫医生的家。当启东从门上的气窗缝里一点点地挤出脑袋时，他最后打量了一眼莫医生的家，古旧的漆色剥落的家具，有点潮滑的水泥地面还有被他最后撞到的电灯绳，它们都在启东的视线里摇摇晃晃，启东仍然觉得这幕画面像一个梦境，这个梦境很像一个熟悉的犯罪现场，只是他想不出究竟在哪儿见过这个犯罪现场了。

启东落地的时候差点踩到一只猫的尾巴，他认出那是理发师老张的猫。老张的猫用冷峻的目光瞪着启东，它的叫声听起来夸大其词地尖锐，启东挥起手朝猫做了一个打耳光的手势，他说,"你他妈的瞎叫什么?我又不是小偷!"

眉毛上有三颗痣的老妇人是启东的祖母,有一天她躺在床上午睡,突然看见一个瘦长的男人站在纱布蚊帐外面,男人伸手要撩起蚊帐,老祖母便像一个姑娘一样尖声大叫起来。

"原来是莫医生!"是莫医生老祖母就放心了,但她仍然不知道莫医生为什么突然造访。她掩饰了惊慌之色起床招待客人,但她的眼光仍然疑窦丛生,试探着莫医生的来意。

莫医生脸色苍白,他在藤椅上坐了三次,结果都站起来了,莫医生说话吞吞吐吐的,他说,"你不像……你没什么不舒服吧?"

"就是偏头疼。"老祖母说,"老毛病了,都是让启东气出来的。"她端详着莫医生的脸,犹豫了一会说,"我看莫医生你的脸色倒不太好,你也没什么不舒服吧?"

"我不,我不太舒服。"莫医生苦笑起来,他的手在白大褂口袋里愤怒地抓挠着,但他就是不愿意把愤怒摆到脸上,"启东,启东这孩子,"他说:"启东是不是很喜欢撒谎?"

"就是,没有他不敢撒的谎。"老祖母蓬乱的脑袋左右摆动起来,"我不能骂他,一骂他,他就对别人说我死了,说我死了。"她的声音突然堵在喉咙里,巨大的悲愤之情使老祖母的诉说语不成调,"有一次他打电话到火葬场,火葬场……装死人……车……车就开来了。"

莫医生没有让她再说下去,他挥了挥手,好像要把这件不愉快的事情驱走,然后莫医生就匆匆告辞了。老祖母追出去向莫医生要几张麝香药膏,莫医生没有听见,他大概还在思考启东撒谎的原因，启东的祖母看见莫医生突然站住，回过头说了一句无关痛痒的话，"不要骂他，骂有什么用？他毕竟是个孩子嘛。"

那天傍晚时分莫医生神情空茫地来到公共小便池附近，逢人便问，"你看见启东了吗？"人们都反问他，"莫医生你找启东干什么？"又有人说，"刚刚见他在码头上呢，你现在去肯定能找到他。"莫医生站到一只废油桶上朝码头那儿瞭望了一会儿，旁边有人说，"启东肯定在码头上，你去找他吧。"但莫医生最后摇了摇头，他说，"算了，算了，他毕竟还是个孩子嘛。"说完他踮着脚尖走到了小便池边，我们都听见莫医生一边小便一边沉重地叹息着。

我们当时不知道莫医生是什么意思。那天夜里理发师老张的猫暴死在街头，老张用一只畚箕装着死猫沿街咒骂一个不知名的凶手，老张不知道他在骂谁，我们就更不知道了。我们街上有许多人自以为聪明盖世，但没有一个人具备侦探必备的嗅觉和眼光，没有人会把老张的死猫与莫医生在小便池边的言行联系起来，更没有人会由莫医生寻找启东的事件中想到那只猫的死因了。

你知道老张的死猫仅仅是开始，后来街上发生的怪事就不可收拾了。

启东给老张的猫打了一针，猫很快就死了。事情进行得如此干脆有效，出乎启东意料之外。启东原先并没有想置猫于死地，他记得那天夜里拿着针筒在街上走，他只是想给什么东西打针，一时却找不到目标。走过浴室外的煤堆时启东又看见了老张的猫，猫的眼睛让启东想起恫吓、目击者和敲诈勒索这些字眼，猫爬过煤堆时频频回首的样子显得诡秘而阴险，启东不怕那只猫向莫医生告密，但当他决定把猫作为第一个注射对象时，脑子里确实闪过了哪部电影中杀人灭口的画面：一个杀手捧着鲜花去敲一个女人的门，枪就藏在那束鲜花里。启东杀猫的灵感就来自这里。后来他用一包鱼干诱捕了老张的猫，他为猫注射了自己配制的针剂，针剂中含有盐、糖、味精、蓝墨水等多种物质，启东最满意的就是针剂的蓝色，他相信那是世界上独一无二的针剂。

启东回家时街上已经是漆黑一片了，老祖母拿着一支手电筒倚门而立，"你还知道回家呀？"老祖母说，"我以为警察把你抓走了呢。"启东不理睬她，他觉得手上黏黏的很不舒服，而且有一股难闻的怪味，老张的猫那么脏，启东想那么脏的猫死了也是活该。老祖母撵着启东，用手电筒照他的脸，她说，"你肯定是做坏事了，我管不了你，写信让你爹回来收拾你！"启东不理她，他打开水龙头，一遍遍地往手上抹着肥皂。老祖母用手电筒照启东的手，不知是老眼昏花还是神经过于紧张，她把黑色的皂沫看成一种红色，"启东你杀人啦？"老祖母尖叫起来，"启东你把谁杀啦？"

惊惶的老祖母把手电筒扔在地上，启东俯身捡起它，冷静地关掉了电源。启东嗤嗤地笑了几声，然后低声嘀咕了一句，"要杀人第一个把你杀了。"老祖母说，"你说你把谁杀了？"启东便不吱声了，这么威胁老祖母只是出于对她的厌烦，就像他到处报告祖母死亡的消息只是想看看别人的反应。启东认为他做的一切都是有道理的，只是他无法说清这种道理，即使说清了别人也听不懂，就像老祖母，不管你对她说什么，她总是作出错误的理解，而且还喜欢大惊小怪地哇哇乱叫，所以，他干脆什么也不说。

启东把针筒放在铝盒里，把铝盒藏在抽屉里，他记得盒盖闭合时发出清脆的咯嗒一声，这种声音后来在夜梦中再次出现——在梦里他打开了铝盒，他拿着一支针筒在一条人声鼎沸的街道上走，街道上的人七嘴八舌地争吵着，他看见自己威风凛凛地闯进人群中心，"你们都给我闭上嘴！"他听见自己严厉的声音，有几个人仍然固执地喋喋不休，他就亮出了那支针筒，撩起这个人的衣袖，扒下那个人的裤子，给他们每人都打了一针。启东清楚地记得针筒中水剂的颜色，不是蓝色，它是黑色的。

启东最初是把一些小动物做他的试验品的，主要是左邻右舍的鸡。

那些鸡夜间猝死在屋前房后，鸡主人剖开鸡腹时有一种黑色汁液溅出来，他们以为那是病毒。"杀鸡的时候启东还凑近了看热闹呢！"后来有几个妇女撇着嘴这么说。说起来我们许多人都注意到启东走路有点鬼头鬼脑，他把手插在口袋里，眼睛也斜着看人，我们之所以对启东无所察觉，是因为看不见他口袋里的那支针筒。事情败露以后曾经有人说他看见过启东口袋上的黑渍，说他曾经把它与死鸡腹内的黑色汁液联系起来，那已经是无济于事的废话了。

只有莫医生一个人知道启东口袋里藏着什么，假如莫医生像我们一样聪明就好了，可这个大好人却不聪明，他完全没有想到街上纷纷死去的鸡鸭猫狗与那盒针筒的关系。他想找到启东把那盒东西要回来，但你想想吧，启东那孩子怎么会甘心把它交出来？

启东看见莫医生就溜，有一天他从桥上一阶一阶地蹦下来，恰好撞在莫医生怀里，莫医生就一把抓住了他。莫医生说："你以后不能骗人了，就是骗人也不能说你祖母死了，怎么能这样对待老人？你小时候生肺炎，不是你祖母天天背你来打针，你自己就死啦。"启东不说话。莫医生说："你怎么把我打针的东西都偷走了？偷去干什么？"启东扭过脸说："我没偷，你说我偷有什么证据？"莫医生一下子反倒给他问住了，莫医生笑了笑说："好，不算偷，那我问你，你拿我打针的东西去干什么？那又不是小孩子玩的，你想给谁打针呀？"启东猛地昂起脖子说："我没拿！"他甩掉了莫医生的手跑出去，跑出去几米远，启东回过头，恶狠狠地说，"给你打一针！"

莫医生那次被启东吓了一跳，主要是启东眼睛里莫名的怒火，它使莫医生感到惊愕，他这辈子从来没见过别人的这种怒火，他的一颗善良温和的心被这种怒火严重地灼伤了。莫医生不知道启东是怎么回事，直到后来也不知道，据他后来回忆说，那天的事让他特别伤心，孩子们恶语伤人总是可以原谅的，但他开始担心启东拿着那盒东西做出什么坏事来，从那天开始，莫医生一直在寻找启东，他想把那只铝盒要回来，但他索要东西的方法或许太仁慈太迂腐了，启东每次都从他身边轻易地逃脱。莫医生也曾经去启东家，他刚走到门边，门就从里面撞过来，把他的鼻子撞出了血。这件事终于使莫医生肝火上升，他捂着鼻子对门内喊："启东啊启东，这样下去你会走上犯罪道路的！"启东却在门内说："你才会犯罪呢！"莫医生说他一辈子与人为善，不动肝火，没想到最后会对一个孩子生这么大的气。

事情是从一个星期天的早晨开始变坏的，莫医生正要去白铁铺给铁匠老王打针，走到半路上就给马凤山堵住了。马凤山背上驮着一个啼哭不止的小男孩，马凤山说："不好了，我儿子手腕上鼓出一个大黑包，莫医生你给看看吧。"莫医生抓过小男孩的手，果然看见腕上有一个大黑包，皮肤下好像积了一包污液。莫医生下意识地叫起来："危险，这是哪个医生给孩子打的针？"马凤山说："不是医生，是启东那杂种干的，他骗孩子说打预防针，那杂种，那杂种，不知把什么打到孩子手里去啦？"

莫医生的脸色立刻变得煞白，他掏出一块手帕把小男孩的胳膊扎紧了。"送医院，以防万一。"莫医生的声音听上去很虚弱，他说，"就怕他找到了静脉，不会的，他不会找到静脉。"莫医生说着摇了摇头，他注意到马凤山的表情很紧张，他想安慰马凤山几句，但最后却在他肩上推了一把，"快去医院，"莫医生说，"我不能陪你去了，我得去找启东，我一定要把那盒东西要回来，姑息养奸会惹出大乱子来的。"

莫医生背着红十字药箱在街上疾步如飞，我们都看见他了。那天莫医生神情异样，对路上所有挥手微笑的熟人视而不见，我们都以为是谁家出了流血事件，便有人跟在他身后走，你知道跟着莫医生走是常常能看到热闹的。

走过石码头时莫医生站住了。马凤山家的几个大人正围住启东吵吵嚷嚷的，有人逼着启东把针筒交出来，马凤山的妻子已经把手伸进了启东的口袋。启东的双手死死捂住口袋，他像一匹受惊的小马左冲右突，终究没有冲出大人们的包围圈。莫医生听见启东狂叫着。嘴里发出一串污秽不堪的骂街声。莫医生终于忍不住他的怒火，他冲过去大叫了一声："把他摁住，把他摁住！"

莫医生的指令使马凤山家的人有点惊讶，但他们很快听从莫医生的话，齐心协力把启东摁在了地上。你可以想象启东反抗时又咬又蹬的样子，但他毕竟是个十三岁的孩子，最后我们看见启东被许多手紧紧地压在地上，启东的叫骂声渐渐地变成受辱的啜泣。

莫医生怒不可遏，那几乎是莫医生一生中第一次愤怒，他从启东的口袋里拿出了那支针筒，我们看着莫医生熟稔地朝空中推出一股细细的黑水，把针筒放回了红十字药箱里，我们看着莫医生取出一支干净的针筒，又取出一瓶纯净透明的针剂，有人凑近了看那瓶针剂，看见那是一瓶链霉素注射液。

莫医生怒不可遏，他扒下了启东的裤子，他在启东又白又胖的屁股上打了一巴掌。"你喜欢打针？你以为打针好玩？你以为针筒是拿来做坏事的？"莫医生手执针筒高声责问着，他颤抖的声音使在场的人为之心酸，他眼睛里的怒火却使人感到陌生而震惊，这时不知是谁说了一句："莫医生也发火啦！"

莫医生当然是发火了。莫医生怒不可遏。那天我们看着莫医生向启东的屁股注射了链霉素，注射了整整一针筒的链霉素。我们记得莫医生的手抖得很厉害，而启东的屁股开始时还像一只苹果，后来就像一只鼓胀的气球了。

假如你稍具医学常识，你会知道链霉素过量是导致人们后天失聪的原因之一，我们街上的人本来是不会懂得这种常识的，但莫医生给启东打针的故事家喻户晓，嘴唇传播的是故事，而人类的许多知识就这样借着故事传播开来了。

启东就是那个年轻的白铁匠，人人都知道他是一个聋子。因为启东是个聋子，他敲铁皮就敲得特别响，遇上雷雨天气，遇上启东在白铁铺里敲铁皮，你就别想听见天上打雷的声音。孩子们听从父母的告诫，至今不敢去招惹白铁铺里的那个聋子，而年长的人们每次看见聋子启东，不由自主便想起已故的莫医生，他们都记得莫医生是怎么死的，但没有人忍心谈论他，在他们看来缄默是怀念莫医生的最好方法。

现在我们遇上看病打针的事就不太方便了，医院离我们这儿很远，假如是头痛脑热的小病，我们干脆就不去管它了。

红桃 Q

有些人就是改不了小偷小摸的毛病，在我们香椿树街上这种情况尤其严重，你稍不留神家里的腌鱼、香烟甚至扫帚就会失踪，所以那天当我发现我的扑克牌少了一张红桃 Q 时，我立即想到有人偷去了我的红桃 Q。

你不知道我有多么爱护我的扑克牌，那是我在一九六九年唯一的玩具，我常常用它和我哥哥玩一种名叫大洛克的游戏。玩扑克牌是不能缺少任何一张牌的，也正因为如此，我在每一张牌后面都写了我的名字，我以为这样一来谁也不会来偷我的扑克了，可是我错了。我去向我哥哥打听红桃 Q 的下落，他说，丢一张牌算什么？我们学校李胖的儿子都丢了，一个人丢了都没人找，谁替你找一张破牌？我从他的表情里察觉出某种蹊跷之处，几天前他向我借一毛钱，我没理睬他，我怀疑他故意偷走了红桃 Q 作为对我的报复，我这么想着就把手伸到他的枕头里、床褥下还有抽屉中搜查起来，你知道我哥哥不是什么好惹的人，他突然大叫起来，你他妈的把我当牛鬼蛇神呀？你他妈的敢抄我的家？说着他就朝我屁股上狠狠地踹了一脚。

后来我们兄弟俩就扭打起来了，后来当然是我挂了眼泪灯笼，我哥哥一看局面不堪收拾，纵身一跃就跳到了窗外的大街上，隔着窗子他对我说，你真他妈的没骨气，丢一张破扑克牌有什么了不起的？不就是一张红桃Q吗，哪天我给你弄一张红桃Q不就完了？

我哥哥是个吹牛皮大王，即使他说那番话是认真的，我也不相信他能弄来那张红桃Q。那是一九六九年，我们这个城市处于一种奇怪的革命之中，人们拒绝了一切娱乐，街上清寂无人，店铺的大门半开半闭，即使你走遍整座城市也看不见一张扑克牌的影子。你想象一九六九年一个雨雪霏霏的冬日，一个孩子在布市街（当时叫红旗街）一带走走停停，沿途爬在每一个柜台上朝货架上张望。营业员说，这位小同志你要什么？孩子说，扑克牌。营业员便都皱起了眉头，语气也不耐烦了，哪有什么扑克牌？没有！

我这么精心描述我当时寻觅扑克牌的情景，只是为了让你相信，我说的一切都是真的。

我跟随我父亲到上海去就是为了买一盒新扑克牌。从我们那座城市坐火车去上海大约需要两个钟头。那是我生平第一次坐火车，但我不记得当时是什么心情了，况且两个钟头的旅程过于短暂，只记得我父亲一直与邻座谈论着橡胶、钢铁什么的，谈着谈着火车就停下来了，上海到了。

一九六九年的上海是灰蒙蒙的死城，我这么说其实多半是一种文学演绎，因为除了那些土黄色的有钟楼的大圆顶房子，还有临近旅社的一长溜摆放豆制品的木架，我对当时上海的街景几乎没有什么记忆。我跟随出公差的父亲走在上海的大街上，眼光只是关注着路边每一家店铺的玻璃柜台。你应该相信，即使是在一九六九年，上海的店铺也比我们那儿的店铺更像店铺，不管是肥皂、草纸还是糖果糕点都整洁有序地摆放在柜台货架上，有几次我一眼就看见类似扑克牌的小纸盒，但每次跑过去一看，那却是一盒伤湿止痛膏或者是一盒香烟，上海也没有扑克牌？上海也没有扑克牌，这让我失望透顶，我想香椿树街上的那些妇女常常叽叽呱呱地谈论上海的商品，她们把上海说成一个应有尽有的城市，现在看来全是骗人的鬼话。

我说过我父亲公务在身，他没有时间陪我在店铺里寻觅扑克牌，他要赶在别人下班前办完他的事情。在一幢灰白色的挂着许多标语条幅的水泥大楼前，父亲松开了我的手，他把我推到传达室的窗前，对里面的一个中年女人说，我上你们革委会办点事，你替我看一下我儿子。我看见那女人漠然地扫视着我们，鼻孔里哼了一声，出公差还带着孩子？什么作风！

我父亲无心辩解，他拎着一只黑色公文包匆匆地往楼上跑去，剩下我一个人站在上海的这座陌生的水泥大楼里，站在一个陌生女人冷冰冰的视线里。我看见传达室的炉子上有一壶水噗噗地吐着热气，那些热气在小屋里轻轻地漫溢着，墙上的毛泽东画像和几面红旗便显得有些湿润而模糊，那个女人的双手一直在桌下做着某种机械动作，偶尔地她抬起头朝我瞟上一眼。我突然很想知道她在干什么，于是我撑住窗沿腾起身子，朝桌子下面的那双手看了一眼，我看见一只苍白的手抓着一只圆形绣花架，另一只苍白的手捏着绣花针和丝线，我还看见了那块白绢上的一朵红花，是一朵绣了一半的硕大的红花。

你干什么？女人发现了我的动作，她几乎是惊恐地把手里的东西扔在桌下，她伸出一只手来抓我的胳膊，但我躲闪开了，我发现那个女人的眼睛里露出一丝凶光，她从桌上捡起一支粉笔朝我扔过来，嘴里恶声恶气地说，哪来的小特务小内奸？鬼头鬼脑的，给我滚开！

我逃到了街道的另一侧。我觉得那个女人莫名其妙，她把两只手藏在办公桌下绣花莫名其妙，她对我喷发的怒火更是莫名其妙。我其实不在乎她把手藏在桌下干什么，不就是绣一朵花吗，为什么要偷偷摸摸的呢？我想假如知道她是在绣花，我才懒得望她一眼，问题是她不知道我的心思，其实当我撑住窗沿看她的手时，我最希望看见的是扑克牌或者只是一张红桃 Q。

我第一次去上海充满了失落感，我父亲拉着我的手在上海的街道上怒气冲冲地走，他说，扑克牌，扑克牌，你知不知道那是封资修的东西，那不是什么好东西！

现在我可以确定当年随父亲投宿的旅社临近外滩或者黄浦江，因为那天夜里我听见了海关大钟、小火轮以及货船汽笛的声音，我还记得旅社的房间里有三张床，每张床上都悬着夏天才用得上的圆罩形蚊帐。除了我和父亲，房间里还住着一个操北方口音的男人，那个男人长了一脸硬如猪鬃的络腮胡子。

起先我一个人睡一张床。灯开着，窗外的上海在一种类似呜咽的市声中渐渐沉入黑暗，我看不见窗外的事物，我只是透过蚊帐看着房间的墙。墙是米黄色的，墙上有一张爱国卫生月的宣传画，我觉得宣传画上那个手持苍蝇拍的男孩很像我们街上的猫头（猫头也许与失窃的那张红桃Q有关，他是我的重点怀疑对象），我想了一会儿猫头与红桃Q的事。突然就看见了墙上的那摊血迹，真的是很突然地看见了那摊血迹，它像一张地图印在墙上，贴着床上的蚊帐，离我的枕边仅仅一掌之距。

墙上有血！我朝另一张床上的父亲大叫起来。

哪来的血？我父亲从床上欠起身子，朝我这里草草地望了一眼，他说，是蚊子血，夏天谁打蚊子时留在墙上的。

不是蚊子的血。我有点惊恐地研究着墙上那摊血迹，蚊子的血没有这么多！

别去管它了，闭上眼睛好好睡，马上要拉灯了。父亲说。

我看见那个络腮胡男人钻出蚊帐，他三步两步地跳过来，掀起我床上的蚊帐，是这摊血吧？他看了我一眼，掉头用一种明亮的目光盯着墙上的那摊血迹看，然后我看见那个男人做了一个令人震惊的动作，他把食指放进嘴里含了一会儿，突然伸到墙上的血迹中心狠狠地刮了一下，又把食指放回到嘴里，我看见他微微皱了皱眉头，往地上啐了一口唾沫。

是人血。他三步两步地跳回自己的床，在蚊帐里嘿地笑了一声，是人血，我一看就知道是人血。

刹那间恐惧使我的心狂跳起来，我扑向父亲的那张床，什么也没说，一头钻进了父亲的被窝。

是从谁头顶上溅出来的血，我一看就知道了。络腮胡男人说，你要用锥子戳谁的头，血溅到墙上就是那样子，用皮带头抡也差不多，我一看就知道了，这儿肯定押过人。

那不可能，这是旅社。父亲说。

旅社怎么就不能押人？络腮胡男人在蚊帐里再次发出了轻蔑的笑声，他说，你好像什么都没见过，我们单位的澡堂都押过人，那血可不是在墙上，是在天花板上，天花板上呀，你知道人血怎么能溅到天花板上？你没亲眼见过，让你猜也猜不出来。

别说了，我带着孩子。我父亲堵住那男人的话茬说，我带着孩子，孩子胆小。

那男人后来就不再说了。灯熄灭了，旅社的房间也突然陷入一片黑暗之中，包括墙上的那摊血迹也被黑暗湮没了。除了一种模糊微白的反光，我看不见旅社墙面上的任何东西。我听见对面床上的男人打起了浊重的鼾声，后来我父亲也开始打鼾了。

孩子们胆小，那天夜里我一直抓着父亲的一条胳膊，我想象着旅社里曾经发生的这件事情，想象那个流血的人和手拿锥子或者皮带头的人，一时无法入眠，我记得我清晰地听见了上海午夜的钟声，我想那一定就是著名的海关大楼的钟声。

第二天上海没有阳光，天色始终像灰铁皮似的盖在高楼与电线杆的上端，我父亲捧着一张纸条，带着我在一家巨大的商场内穿梭，纸条上列着毛线、床单、皮鞋尺码之类的货品清单,那是邻居们委托父亲购买的。在那座明显留有殖民地气味的建筑物里,人比货品更为丰富芜杂。在皮鞋柜台那里,我差点与父亲失散,我走到文具柜台前,误以为柜台里的一盒回形针是扑克牌。当我沮丧地坐回到试鞋的长椅上,突然发现坐在旁边的不是我父亲,是一个穿着蓝呢子中山装的陌生人。

后来我张着嘴站在椅子上哇哇大哭,我父亲慌慌张张地跑过来,扔下手里的东西就在我屁股上打了两下,他说,让你别乱跑,你偏要乱跑,告诉过你多少遍,这是上海,走丢了没地方找你。我说我没有乱跑,我去找扑克牌了。我父亲没再责备我,他拉着我的手默然地往外面走,上海也没有扑克牌,父亲像是自言自语地说,或许小地方小县城还有扑克牌卖,等我去江西出差时给你看看吧。

大概为了抚慰我,父亲决定带我去黄浦江边看船。我们走到江边时空中已是雨雪霏霏,外滩一带行人寥落。我们沿着江边的铁栏杆走,我第一次看见了融入海洋的江水,江水是灰黄色的漾着油脂的,完全违背了我的想象。我还看见了许多江鸥,它们有着修长而轻捷的翅膀,啼叫声也比香椿树街檐前树上的麻雀响亮一百倍,当然最让我神思飞扬的是那些船舶,那些泊岸的和正在江中行驶的船舶,那些桅杆、舷窗、烟囱、锚柱以及在风中猎猎作响的彩旗,我认为它们与我在图画本上描绘的轮船如出一辙。

雨和雪后来一直飘飘洒洒地落在上海的街道上,直到我和父亲登上那列短途火车的车厢。我的上海之旅结束得如此仓促,再加上恶劣的天气使午后的时间提前进入黑暗,我印象中的回程火车是灰暗而寒冷的。

车厢里几乎是空荡荡的,每一张木制座椅都透出一股凉意。我们原来坐在车厢中部,但那儿的窗玻璃被打碎了,因此父亲领着我走到了车厢尾部,那儿临近厕所,隐约地会飘来一股尿味,但毕竟暖和多了。我记得父亲脱下他的蓝呢子中山装裹在我身上时我问过他,这火车没有人?就我们两个人?父亲说,今天天气不好,又是慢车,坐这车的人肯定就少了。

火车快要启动的时候突然来了四个人,他们挟着车窗外的寒气闯进那节车厢,四个男人,三个年轻的都穿着军用棉大衣,只有那个年长的戴口罩的人穿着与我父亲相仿的蓝呢子中山装,他们一进来我就知道外面的雪下大了,我看见那些人的帽子和肩头落满了大片的雪花。

我想说的就是那四个匆匆而来的旅客,主要是那个戴口罩的老人,让我奇怪的是他始终被另外三个人架着挤着,他们走过我们身边,选择了车厢中部我们原先坐过的座位,他们好像不怕那儿的冷风。我看见那个老人坐在两个同伴中间,他朝我们这里转过头来,但那个动作未能完成,那个花白脑袋好像被什么牵拉着,又转了回去。隔着座椅,我看见的是几个僵硬的背部,有一个人摘下头上的帽子拍了拍雪,仅此而已,我没有听见他们说过一句话。

他们是什么人?我问父亲。

不知道。我父亲也一直冷眼旁观着,但他不允许我站起来朝那群人张望,他说,你给我坐着,不许走过去,也不许朝他们东张西望。

火车在一九六九年的风雪中驶过原野，窗外仍然是阴沉沉的暗如夜色，冬天闲置的农田里已经蒙上了一层薄薄的雪衣。父亲让我看窗外的雪景，我就看着窗外，但我突然听见车厢中部响起了什么声音，是那四个人站了起来，三个穿棉大衣的人簇拥着戴口罩的老人穿过走道，朝我们这里走来。我很快发现他们是要去厕所，让我惊愕的还是戴口罩的老人，他仍然被架着推挤着，他的目光从同伴的肩上挤出来，盯着我和父亲，我清晰地看见他的眼泪，那个戴口罩的老人满眼是泪！

　　虽然我父亲用力把我往车窗那侧拉拽，我还是看到了三个人一齐挤进厕所的情景，其中包括戴口罩的老人。另外一个年轻人站在门外，他比我哥哥也大不了多少，但他向我投来的冷冷一瞥使我吓了一跳，我缩回了脑袋，轻声对我父亲说，他们进厕所了。

　　他们进厕所了，进去的是三个人，但那个戴口罩的老人没有出来，出来的是两个年轻人，我听见那三个穿棉大衣的人站在车厢连接处耳语着什么，我忍不住悄悄歪过脑袋，看见的是那三个穿棉大衣的人，其中一个正把大衣领子竖起来护住耳朵。我看见的是那三个穿棉大衣的人，他们推开另一节车厢的门，消失在我的视线里。

　　我不知道戴口罩的老人怎么样了，我很想去厕所看一眼，但我父亲不准我动弹，他说，你给我坐着，不许走过去。我觉得父亲的神态和声音都显得很紧张。不知过了多久，列车员领着一群带着锣鼓铜钹的文艺宣传队员走进我们这节车厢，我父亲终于把一直抓着我的手松开，他舒了一口气说，你要上厕所？我带你去吧。

厕所的门虚掩着，推开门时一阵狂风让我打了个哆嗦，我一眼发现厕所的小窗敞开着，风与雪一起灌了进来，厕所里没有人，那个戴口罩的老人不见了。

那个老人不见了。我大叫起来，他怎么不见了？

谁不见了？父亲躲避着我的眼睛说，他们到另外一节车厢去了。

那个老人不见了，他在厕所里。我仍然大叫着，他怎么会不见了？

他到另外一节车厢去了，你不是要撒尿吗？我父亲望着窗外的风雪说，这儿多冷，你快点尿吧。

我想撒尿，但我突然看见厕所潮腻的地上有一张扑克牌，说出来你简直无法相信，那正是一张红桃Q，我一眼就看见那是红桃Q，是我丢失了而又找不回来的红桃Q。你完全可以想到我的举动，我弯腰捡起了那张扑克牌，准确地说是抢起了那张扑克牌，我抹去了扑克牌上的泥雪，向我父亲挥着它，红桃Q，正好是一张红桃Q！我记得我父亲当时急遽变化的表情，错愕，迷惑，震惊，恐惧，最后是满脸恐惧，最后我父亲满脸恐惧地抢过那张红桃Q，一扬手扔到窗外，嘴里紊乱地叫喊着，快扔掉，别拿着它，血，牌上有血！

我敢打赌那张扑克牌上没有一滴血迹，但我父亲那么说似乎并非谵妄之言。一九六九年的上海之旅在我的记忆中有一个神秘的句号。关于那个戴口罩的老人，关于那张红桃Q。整个童年时代我父亲始终拒绝与我谈论火车上的那件事情，因此我一直以为那个戴口罩的老人是个哑巴，直到前几年我已能与父亲随便地谈论所有陈年往事时，他才纠正了我记忆中错误的这一部分，你那时候还小，你看不出来，父亲说，他不是哑巴，肯定不是哑巴，你没注意他的口罩在动，他的舌头，他的舌头被，被他们，被……

我父亲没有说下去，他说不下去，他的眼睛里一下子沁满了泪，而我也不需要再说什么了，其实我也不喜欢多谈这件事情，多年来我常常想起火车上那个老人的泪水，想起他的泪水我心里就非常难受。

无论如何红桃Q仅仅是一张扑克牌而已。现在我仍然喜欢与朋友一起玩扑克，每次抓到红桃Q时我总觉得那张牌有某种异常的分量，不管是否适合牌理，那张牌我从不轻易出手，我也不知道为什么，我习惯把那张牌留到最后。

告诉他们,我乘白鹤去了

儿女们没有见到过那只白鹤,他们的年纪都不小了,可是没有谁见到过白鹤。老人说每天黄昏那只白鹤会到水塘边饮水,长长的嘴巴浸在水中,松软的羽毛看上去比新轧的棉花更白更干净,它就站在离核桃树三步远的地方饮水,有时候青蛙从水草丛中跳到岸上,它就扑开翅膀飞走了,有时候牛在地里哞哞地叫起来,它就扑开翅膀飞走了。春天以来老人一直在向儿女们叙述仙鹤饮水的情景,但儿女们说他们就在水塘边灌溉耕地,他们从来没见过什么白鹤。

老人就站在离核桃树三步远的地方,弯着腰背着双手观察白鹤在水塘边留下的痕迹,他想要是白鹤留下几对足印或者一片羽毛,他就可以证明它来过了,可惜的是白鹤来去匆匆,什么也不肯留下。即使这样老人也不会怀疑自己的眼睛。他的一生都依赖自己的眼睛看天气,看庄稼,看人来人去,他的眼睛到了七十三岁仍然清朗明亮,谁要是说他老眼昏花,那他自己才是瞎了眼呢。

老人绕着核桃树踯躅了几圈,抬头望树,树枝和树叶上也没有留下白鹤的羽毛,老人长时间地仰着头,脖颈有点酸了,他就按住自己的脖子,慢慢地倚树坐下来。又是黄昏,天边的云朵像一堆未被燃尽的柴堆,他所熟悉的原野、孤树、池塘和房屋又发出一种低沉的叹息声,这种声音只有他能听见,儿女们有耳朵,但他们是听不见这种声音的,他们不相信天黑前的家园会发出叹息。老人在树下坐着,他摸出旱烟袋吸了几口,一阵剧烈的咳嗽声从喉咙里滚出来,他觉得背后的树也被他咳得摇摇晃晃了。或许在烟的事情上儿女们说得对,女儿说他的身体一半是毁在烟上,或许是不该再吸烟了。老人把烟袋里的烟丝倒在地上,很快又捡起来,他想我这是怎么啦,真的是老糊涂了吗?不吸就把烟丝留在烟袋里,怎么把好端端的烟丝倒掉了呢?

老人坐在核桃树下,脸上久久凝结着一种自责的表情。池塘对岸翻地耕种的人们早已经走了,儿女们不在那儿了,除了大片翻起的黑土块,除了从土地深处发出的那种叹息声,四周一片寂静,连原野尽头的太阳也寂静地往地上沉落。老人想等会儿天就黑了,天一黑儿女们就要来喊他回去吃晚饭了,他们对他还不坏,没有嫌他老来多病,但他们只会对他说,爹,回家吃饭了,爹,上床睡吧。他们根本不知道他的心思。他的心思谁知道?核桃树是知道的,核桃树下的白鹤也是知道的,它们不会说话,它们就是说给儿女们听,他们也听不明白,他们根本就不相信那只白鹤在池塘边饮水嘛。老人远远地听见家里人喊他的声音,他站了起来,在离开核桃树之前,他捡起一根树枝,在池塘与核桃树之间的地上来回走了几步,最后他用树枝在泥地上画了一个很大的圆圈。

一个小男孩在池塘边捉泥鳅,一个小女孩在核桃树下捕蝴蝶,他们是老人的孙子和孙女,老人带他们来看白鹤,白鹤的踪影迟迟不见,而老人靠着核桃树睡着了。

白鹤怎么还不来呀?小女孩没有抓到蝴蝶,就伸手去抓老人的耳朵,你说白鹤在池塘边喝水,我怎么没看见白鹤呢?

太阳烧得正旺呢,白鹤还不会来。老人睁开惺忪的双眼望了望天空,他说,太阳一下山白鹤就会来的。

白鹤住在哪儿?住在大山里吗?小女孩问。

不是,白鹤从很远的地方飞来,又飞到很远的地方去。老人说,连我也不知道白鹤住在什么地方,大概在一千里之外吧,白鹤住在我们看不见的地方。

小男孩抓到了一条泥鳅,他用衣服包住泥鳅,跑过来向老人展示他的战利品,我抓到了一条泥鳅。小男孩对他祖父说,你把泥鳅切碎了扔进水里,那只大鸟就会来的,大鸟最喜欢吃泥鳅。

那不是大鸟,老人说,是白鹤,白鹤是最吉祥的鸟,白鹤飞到哪儿,哪儿就有一个人乘着白鹤到天堂去。

你要乘着白鹤去天堂吗?小男孩问。

我想乘着白鹤去天堂,可我不知道白鹤肯不肯驮我去。老人唇边掠过一丝悲凉的微笑,他站起来沿着地上划出的圆圈走了几步,他说,不是什么人都能乘上白鹤的,我也不敢想我能乘上白鹤,可我说什么也不会让他们把我拉到西关去。

他们拉你到西关去干什么？小男孩说，谁要把你拉到西关去呀？

西关有个火葬场。老人对孙子比划了几下，嘴里发出毕毕剥剥模拟火焰的声音，他说，人到了西关就化成一股黑烟，看着你爹你叔叔你姑姑他们吧，等我一死他们就会把我拉到西关去，他们商量好了，他们要送我去火葬。

你不想去就不去呗，小男孩话一出口就知道自己说错了，于是他咯咯地傻笑起来，你要是死了就不能动了，我明白了，小男孩说，你要是死了，他们想拉你去哪儿就去哪儿。

对了，他们想拉我去哪儿就去哪儿。老人摸了摸孙子的头发，忽然剧烈地咳嗽起来，老人揪着自己的喉部，一边咳嗽着一边说，我让他们……长成……人……他们……要……把我变成……烟。

小男孩发现祖父的眼睛里突然噙满了泪，他用手去抹了抹祖父的眼睛，你别怕，小男孩想了想安慰祖父道，他们是吓唬你的，人怎么会变成烟？人不会变成烟的。

人会变成烟，老人终于止住了咳嗽，老人一动不动地靠在核桃树上说，人是会变成一股烟的。

春天午后的阳光照耀着祖孙三人，蜻蜓在池塘的水面上飞，粮食种子在池塘边的泥土下生根发芽，蒲公英在路边开出了黄色的小花，那些年幼的生命都环绕着七十三岁的老人飞翔或者生长，老人朝它们挥了挥手，他靠在核桃树上又闭上了眼睛，但他刚睡着就被孙女的声音吵醒了。

小女孩跳到地上的大圆圈里蹦着跳着，她大声说，为什么要在这里划一个大圆圈呢?

别在里面玩。老人睁开眼,他朝孙女摇着头说,那是爷爷的地方,你们别在里面玩。

这是你睡觉的地方吗?小女孩说,家里有床,床上才是你睡觉的地方呢。

等爷爷死了就不能睡家里的床了。老人摇着头说,爷爷只能睡在这儿,就连这儿也睡不成,他们会把我拉去西关的,你爹你叔叔你姑姑他们,他们肯定会把我拉去西关的。

你要是把自己藏在这里,他们找不到你就不会拉你去西关了。小男孩眼睛一亮,忽然拉住祖父的胳膊说,你要是钻到地下死了,他们找不到你,你不是可以永远躺在这里吗?

不能躺在这里,小女孩尖声说,这里没有床,还会有毒蛇来咬你的。

老人转过脸凝望着孙子,他把小男孩揽到怀里说,你刚才说什么?让我钻到地下去死?那是个好办法,可我怎么能钻到地下去呢?

活埋。男孩眨巴着眼睛想了一会儿,大声说,活埋就是挖个坑,把人埋进去,再把土盖住,你喘不出气来就会死,这样你不就钻到地下去了吗?

聪明的孩子。老人的身子哆嗦了一下,他的眼神黯淡无光,所以他的笑意看上去凄苦而无奈,多么聪明的孩子,老人紧紧地搂住孙子说,可是谁来给我挖这个坑呢?爷爷年纪大了,力气没了,挖不了这个坑,谁肯来为爷爷挖这个坑呢?

我来挖,男孩说,我会挖坑!

我也会挖坑!女孩也在旁边唯恐落后地叫起来。

你们太小了,老人推开了孙子,一边揉着眼睛一边埋下头来说,挖坑是个力气活,你们干不了的。

干得了,我挖过坑的。男孩在焦急之中暴露了一件秘密,他附在祖父的耳边说,你记得三叔家的那头羊吗?那头羊不是走丢的,是被我活埋的!

老人下意识地伸出手去,他想揪孙子的耳朵,但手伸出去后便疲乏地落下来,落在膝盖上,老人的手在膝盖上哆嗦着,他说,埋羊和埋人不是一回事,羊是牲畜,可爷爷是一个人,爷爷还是一个活人呀。

人也一样嘛,把坑挖大一点不就行了吗?男孩说。

可是你怎么能把爷爷活埋了呢?我是你爷爷,没我就没有你爹,没我也就没有你,你怎么能把你亲爷爷活埋了呢?老人捂着胸又咳嗽了一通,他卷起衣角抹了抹眼睛,说,那不行,你爹知道了非揍死你不可。

只要我们保密,他们就不会知道。男孩回头看了眼他的妹妹,他说,你别担心她,她不敢说出去的,她要敢说出去,看我不揍死她。

老人笑了笑,他不再说话。他闭起眼睛想着孙子的那一番话,老人的嘴角上残存着那丝宽和的微笑,但他知道眼泪正在不知不觉中流出来,他听不见眼泪滚落的声音,只听见四周的土地仍然散发着沉沉的叹息声。

男孩把手放在老人的鼻孔下试了试,他说,爷爷,你还在呼吸吧?

我还在呼吸，我还活着呢，老人仍然闭着眼睛靠在核桃树上，他说，带你妹妹到池塘那边去玩吧，别太吵，你们不是想看白鹤吗？太吵就会把白鹤吓跑的。

小男孩带着小女孩跑到池塘那侧捉泥鳅，他们站在一条新开的沟渠里忙乱了一会儿，没有再捉到一条泥鳅，却看见沟渠里扔着一把铁镐和一把铲子，不知是谁在挖好沟后忘在那儿了。小男孩起初没在意那两件农具，但是在不见白鹤也不见泥鳅的情况下，他觉得很无聊，后来他就捡起了它们，一手拖着铁镐，一手拖着铲子朝核桃树下走去。小男孩一边走一边对小女孩说，你什么都不懂，爷爷害怕火葬，他不想被火烧成一股烟，他想把自己埋起来，埋人一定要先挖一个坑！

他们走到核桃树下时发现老人睡着了，老人睡梦中的脸让兄妹俩想起了冬天里丝瓜架上的最后一条丝瓜，兄妹俩站在地上的那个大圆圈，他们朝老人看了一会儿，又互相小声地嘀咕了一会儿，后来哥哥就模仿大人挥起铁镐，在大圆圈的中心挖下了第一块泥土。

铁镐的声音再次惊醒了老人，老人睁开眼说，我让你们别吵，怎么还在这儿吵？白鹤会被你们吓跑的。

没有白鹤，小女孩说，爷爷你骗人，我爹说你老眼昏花，把池塘里的鹅当成白鹤了。

白鹤会来的。老人抬头望了望天空，他说，太阳还很高呢，等太阳落山白鹤就会来的。

小男孩把铁镐藏在身后，把铲子踩在脚下，他看见老人的目光轻易地找到了它们,突然黯淡,突然又亮了。老人凝视着那两样农具,一直喘着粗气,小男孩便有点惊慌失措,他说,是你自己要活埋的,你可不能去跟我爹告状!

我不告你的状。老人笑了笑,垂下头用手揉着眼睛说,我睡糊涂了,睡这么会儿就把自己的话给忘了,是我自己要活埋的,我不想让他们拉去火葬,我不想变成一股烟,我想留在这里让白鹤把我带走嘛。

爷爷你忘了?要活埋就要先挖一个坑呀!小男孩说。

是得先挖一个坑,可是这个坑要挖得很大很深,要能把爷爷的身体藏住,你能挖得那么大那么深吗?老人说。

不用挖得很大,只要挖深就行了,你可以站进去的。小男孩说。

聪明的孩子。老人慈爱地看着孙子,还有孙子手中的铁镐,还有地上的铲子。过了一会儿老人说,那你就挖吧,抓镐抓得高,挖起来会容易些,挖吧,要是有人问你在干什么,你就说挖坑种树。

小男孩响亮地答应着,再次挥起了铁镐,他对他妹妹说,闪一边去,你什么都不会干,别在这儿碍我的事。

小女孩朝祖父跑去,她伏在祖父的膝盖上看着她哥哥挖坑,她说,爷爷你别把自己埋起来,埋起来透不出气,你会死的。

老人在孙女的脸上亲了一口,他说,聪明的孩子,爷爷是会死的,可是死在土里比死在火里好,死在火里爷爷就变成一股烟,死在土里爷爷还能看见白鹤,爷爷想让白鹤带着走呢。

老人紧紧地搂着孙女,看着他的孙子挖坑,老人说,歇口气再挖,别累着,爷爷现在觉得有点力气了,让爷爷自己来挖几镐吧。

池塘那边的小路上偶尔有人经过,有人看见老人带着孙子孙女在核桃树下挖土,他们以为那祖孙三人是在种树,他们想老人疾病缠身,多年未做农活,那么个老人也只能栽栽树了,还有人看见老人带着孙子孙女坐在池塘边东张西望的,他们听说过老人与白鹤的事情,他们从来没见过白鹤,因此就不相信那件事情,他们捂嘴一笑,说,这老汉,今天带着孙子孙女来看白鹤呢。

黄昏时候池塘边仍然没有白鹤饮水的身影,核桃树下的土坑却挖得很深了,参加挖坑的祖孙三人都已经累坏了,他们坐在潮湿的新土堆上俯视着脚下的深坑,看见阳光无力地透过核桃树投在坑内,坑内似乎闪烁着许多碎金的光芒,看上去温暖而神秘。

老人替孙子抹去了额上的汗,他说,看把你累成什么样子了,可你不知道你帮爷爷干了件多大的事呀。

男孩说,不累,等会儿盖土就省力啦。

老人让孙子去听深坑里的声音,他说,你听见坑里发出的声音了吗?那是泥土在下面叹气呢,泥土其实一年四季都在叹气的。

男孩趴在坑沿上听了会儿,抬起头说,没有叹气,土里什么声音也没有。

你也听不见。老人摇了摇头说,你们都听不见泥土叹气的声音，只有我知道它在叹什么气，现在泥土正为我叹气呢。

爷爷，你是不是不想进去了？男孩端详着祖父的脸，他说，你怎么哭了？是你自己要这样的，你要是不想埋就别埋了，我们回家吧。

不，我就要进去了。老人缓缓地站起来，他扶住孙子的肩膀说，我是高兴才掉的泪，你才这么小，却帮了爷爷的大忙，现在爷爷真的要藏起来了，等会儿盖土的时候千万别怕，你得把爷爷盖得严严实实的，他们才找不到我，千万别怕，记着你是在帮我，爷爷不想变成一股烟呀。

我不怕。男孩看着手里的铲子说，我会用铲子，铲土很容易。

老人朝池塘上空观望了一会儿，自言自语着，太阳下山了，白鹤该飞过来了。老人扣好了衣服的扣子，又转向呆坐在旁边的小女孩说，等会儿你别朝爷爷看，你看着池塘，你会看见白鹤的，喏，白鹤就在那边喝水。

老人小心翼翼地滑进了深坑中，祖孙三人的劳动竟然巧夺天工地容纳了老人的身体，老人站在坑内，仰着脸对孙子露出了满意而欣慰的笑容，他说，好孩子，现在开始铲土吧，记住，一铲接住一铲，我不让你停你就千万别停，来，开始铲土吧。

男孩顺从地开始铲土，除了几声沉闷的咳嗽声，他没再听见祖父的嘱咐，祖父已经嘱咐过了，不让他停他就不能停。于是男孩一铲接一铲地往坑里填土，他看见潮湿新鲜的黑土盖住了祖父花白的头发，这时候他犹豫了一下，他说，爷爷，再填你会透不过气的,他听见了祖父在泥土下面的回答,祖父说,别停,再来一铲土,告诉他们,我乘白鹤去了。泥土下面传来的声音听来很遥远,但却是清晰的,男孩记住了他祖父最后一句话,他想祖父在泥土下面或许也能透气的,他还在说话嘛,他说他乘着白鹤去了。

那天夜里男孩一手拉着他妹妹,一手拖着把铁铲回到了家,男孩站在门口拍打着身上的泥土,他突然觉得有点害怕,他用一种尖厉的声音对大人们说,爷爷乘着白鹤去啦!

稻草人

没有一只鸟。

七月的棉花地很干燥,在一些茂密的叶子和棉铃下面,土地呈现龟裂散乱的曲线。沉寂的午后,阳光烤热了整个河岸,远处的村庄,远处那些低矮密集的房子发出烙铁般微红的颜色。这是七月的一种风景。

人物是三个男孩,他们都是从村里慢慢走过来的。三个男孩年龄相仿,十四五岁的样子,有着类似的乌黑粗糙的皮肤,上身赤裸,只穿一条洗旧了的花布短裤。在到达河岸之前,他们分别从西南和东南方向穿越了棉花地,使棉花叶子发出了经久不息的摩擦声。

荣牵着他家的山羊来到河边。荣的背上驮着一只草筐是满满的带着暖意的羊草。起初荣并没有想到河边来,他还没有吃午饭,肚子很饿,但是他的羊一边沿路吃草,一边往河边走。荣就宽容地跟着羊,他想这是因为河岸上水草茂盛的缘故,羊总是喜欢朝那边走。荣从八岁起饲养这只山羊,到现在已有好多年了。羊的年龄比荣小,但是看上去它很苍老了。曾经雪白的毛皮现在灰蒙蒙的,有一种憔悴不堪的气色。

环绕村庄的河流迟滞地流着,在炎热的空气里河水冒出若有若无的凉气。一棵柽柳的枝干朝河面俯冲,许多柳叶浸泡在河水中,一只鹅可能离群了,在水上慌乱地游着,它的叫声显得异常焦虑。

荣坐在岸上,他觉得阳光刺眼,随便从地上捡了一张废报纸盖住头顶。没多久他又把报纸拿下来了,他发现报纸上有一滩暗红色的血印,很脏,而且被什么人揉成一团又重新展开了,荣不知道那上面的血是谁留下来的,他皱了皱眉头,慢慢地把报纸撕碎,撕成很小很细的条状,用唾沫粘在下巴颏上,忽然又感觉到那血的存在,于是扯下那些碎纸条,重新再撕碎,直到它们变成一些淡黄色的碎屑。荣站起来,把旧报纸的残骸扔进了河里,他看着它们在水上漂流,像光斑那样闪闪烁烁的。

后面就是棉花地。棉花地里站立着一个造型简单的稻草人,一根杂树棍子,顶着一只破草帽,而稻草人的手是由两片金属齿轮仿制的,两片齿轮随随便便地挂在树棍上使稻草人的形象显得古怪而又虚假。

荣不知道那个稻草人是什么时候竖起来的,他以前从来没有在棉花地里竖过稻草人,况且现在没有鸟,好久没看见天上的鸟群了。荣眯起眼睛走过去,他首先端详了一下稻草人,他觉得它很像人,但又很不像人。荣拍了拍它的身体,纹丝不动,树棍扎得很深。荣摘下了稻草人的草帽,戴到自己头上。在烈日下一顶草帽的作用远胜于那种肮脏的旧报纸。实际上荣就是朝那顶破草帽走过来的。他站在棉花地里面对着唯一的稻草人，感觉到坚硬的阳光在破草帽帽檐上噼啪作响。荣很快地看见了那两片齿轮，齿轮有点生锈了，边缘可见明显的磨损，但它们对于荣来说是一种新奇的物质。荣动手去摘齿轮。费了很大的劲也没有摘下来，他觉得奇怪，它们看上去是那么随便地挂在树棍上。荣咬着嘴唇研究了几秒钟，他发现齿轮孔正好紧紧扣住了树棍，也就是说齿轮和树棍的直径同等，配合得天衣无缝。荣是个聪明的男孩，他想他要取到这两个齿轮只有从根本上着手，他必须把稻草人从棉花地里拔起来。

荣拖着树棍走出棉花地，听见两片齿轮与石砾砖块碰撞时的清脆响声，当他猛然回头时，发现齿轮终于脱离了树棍的束缚，它们在滚动了一小段距离后停住，落在河岸边。荣拖着杂木树棍追赶齿轮，追到那里他就扬手把树棍扔到河里，这时候荣已经不需要那根树棍了。

后来荣就蹲在河边清洗那两片齿轮，他模仿村里人磨刀的方式，用一块石砾砖在齿轮的锈斑上打磨，很快地齿轮就闪出了上等金属的光泽，被太阳光一照，显出原有的冷静而优美的面貌。

山羊在草地上吃草，荣在河边清洗齿轮，他们之间暂时中断了联系。

轩和土兄弟两个在河的下游。轩坐在一条长满青苔的舢板上，土在水里游到对岸，又从对岸游回来。鹅从上游仓皇地游来，柔软的羽毛掠过土光裸的身体，土去抓那只鹅，没有抓住,这时候他看见那根树棍也浮过来,还有一些淡黄色的碎纸屑,它们浮游的速度很快,土拼命地追赶,抓住了那根树棍,然后他举着它踩水,爬到舢板上去。

一根树棍。土说,他抓着树棍朝空中甩,甩下许多水珠来。

你捞树棍干什么?轩说,把它扔掉,扔回河里去。

不,我要它。你说是谁把它扔到河里的?

是风,风把它从树上吹断了。

不是,昨天没有风,天气这么闷热,好久没有风了。

把它扔掉吧,我们该回家了。

我要留着它,会有用的。风怎么会把树棍刮到河里呢?

那么你说是怎么回事?

杀人犯。

什么?

我说杀人犯。去年夏天棉花地里有个杀人犯,他把一个女人杀了,他用树棍敲她的头顶,然后就把树棍扔到河里去了。后来我见到了那根树棍。

你听谁说的?我怎么不知道这事?

他还用一张报纸把地上的血擦掉。然后把报纸撕碎,扔到河里。土加重了语气说。后来那些碎报纸我也见到了。

轩从舢板上跳起来,疑惑地看着土。土紧紧地攥住那根树棍,凝视着流动的河水,土说,你看见河上的碎纸屑了吗?快看,马上就要漂走了。轩顺着土的视线朝远望,他看见那些碎纸屑随波逐流,在河上闪烁最后的微光。

轩和土把舢板系在木桩上,上了岸,他们一前一后穿过棉花地，朝上游走去，在七月寂静的午后，棉花叶子重新发出咔嚓声。

三个男孩相遇的时间是午后一点左右，也可能更早一些，地点是确凿无疑的：在河边的棉花地里。事后人们发现那里的棉花倒伏了一大片，稍远的地方，在肥沃的水草上面还有许多山羊的粪便。

这时候远处的村庄上空炊烟缭绕。午后一点是农人吃午饭的时刻。

荣看见轩和土兄弟俩朝他走过来。他们的身上湿漉漉的，轩走在前面，土在后面，土的手里提着一根树棍。他们走过来时山羊哞哞地叫了几声。即使山羊不叫，荣也知道他们来了。他早就听见了棉花叶子响了，而且他猜到了是轩和土，每逢夏天，轩和土就泡在河里，兄弟俩特别怕热。

你看见一个陌生人走过吗？轩说。

没有，没有陌生人走过。荣说。

你来的时候有没有一个女人在棉花地里？

没有，就我一个人在这里。还有羊，它在吃草。

轩看了看土，土站在河边，他注意地看着四周的动静，摇了摇头。他用那根树棍敲着地，慢慢地朝荣走过来。

你撒谎，你肯定看见他们了。

看见什么？

一个陌生人，还有一个女人。

我没看见，根本没有陌生人，也没有女人来过。到底出什么事了?

有人被杀了。土说,就是刚才,就在棉花地里,你怎么会没看见?

你别胡说八道了,我一直在这里,还有山羊。根本就没有杀人的事情。

你还在撒谎。土朝荣扬了扬那根树棍,你看这是什么?

树棍。这是一根树棍。

不,这是凶器。陌生人用它把女人打死,然后把它扔进河里。你看见他朝河里扔这根树棍了吗?

没看见。

那么你看见他朝河里扔碎纸屑了吗?他用报纸擦血,然后撕碎扔进河里。你看见了吗?

也没看见。我什么也没看见。

土看着荣的脸,叹了口气。他背转身用树棍拨弄着近处的棉花叶子,茂盛的棉花叶被打开了一个缺口,里面很绿很深,望不到尽头。土发现了一个小小的土坑。有碗口那么大,四周的泥土好像被松动过。他注意到荣的眼神里闪过一丝慌乱。

这么说,树棍是你扔到河里去的?

我?我没有,我没有扔树棍。

那些碎纸屑也是你扔到河里去的?

我没有扔纸屑,我干吗要把纸屑扔到河里去?

荣的身体颤动了一下,他忽然感到一种莫名的恐慌,心很沉重地撞击着。他紧紧握紧了两只齿轮,齿轮上的齿孔刺痛了手指。荣抬头看着天空,天空湛蓝而明净,棉絮般的云层若有若无,太阳升得很高很高,阳光也像齿轮一样刺痛了他的眼睛。荣估计时间快到一点了,他想该回家吃饭去了。

我该回家了。荣说。他去牵他的山羊,山羊一直在有条不紊地吃草。荣拍了拍羊的背部,他说,我们该回家了。羊没有动,它依然埋头有条不紊地吃草。荣不明白羊今天为什么这么饿,为什么不听话,他有点焦躁起来,朝羊的肚子踢了一脚,他说,给我离开这里,该回家吃饭了。

临走的时候,荣回头看见土在棉花地里用树棍刨那个小坑,土好像在寻找什么东西。而轩坐在他刚才坐过的地方,不时地用手捧起河水往身上泼。荣牵着羊走出五米远的时候,听见轩突然从后面追过来,堵住他的去路。

你手里拿的什么?轩盯着荣的手看。

汽车零件。荣把两个齿轮摊在手掌上,给轩看,他说,也可能是飞机上的零件,我刚才捡的。

轩的脸凑近那对齿轮看,他伸出手指在上面摸了摸,忽然说,这是我掉的,把它还给我。

荣下意识飞快地把手里的齿轮放到了背后,他轻蔑地朝轩看了看,他说,你胡说,你们兄弟俩都喜欢胡说八道。我才把它洗干净,你就想来冒领。

不骗你,这东西真的是我掉的。轩说,轩绕到荣的背后,想去夺荣手里的齿轮。轩说,你把它还给我。

荣左右躲闪着。他觉得轩和土是前来找碴生事的,他并不怕他们。荣用力推了轩一把,然后站住说,既然你说是你丢掉的,那么你说什么时候掉的,掉在哪里了?你说吧,说对了我就还给你。

昨天掉的，掉在河边上。轩说。

你又在胡说，你才在撒谎。假如是昨天掉的，齿轮上面不会有那么多锈斑，再说，我也不是在河边捡的，我是在稻草人身上摘下来的。

你也在撒谎，哪来的稻草人？轩朝四面环顾了一圈说，这四周哪来的稻草人？

荣这时意识到他现在的困境都是因为从棉花地里拔出了稻草人，他有点后悔，但他不想对轩说。他依然攥紧了两只齿轮，躲闪着轩的手。荣高声说，反正我不会给你，是我的东西为什么要给你？荣边说边跑，他从山羊的背上越过去，朝棉花地里跑，而轩也迅速追了上去，他们在棉花地里追逐时，棉花叶子发出了哗啦啦持续不断的巨响。人们后来看见的那些残棵剩叶就是那会儿倒伏的。

土已经把那个小坑挖得很深了，除了几条蚯蚓和一块古老的青瓦，土一无所获，什么也没有发现，他有点失望。他提着树棍钻出棉花地时，正好看见荣跳进棉花地，看见轩和荣之间紧张的追逐。

怎么啦？是他杀了人吗？土尖声问轩。轩已经顾不上回答，他追赶着荣，他快要追上荣了。土觉得棉花地被他们掀动起来，像潮水一样翻涌起热浪。他看见荣的手里有什么东西，在阳光下亮闪闪的。土尖声喊，抓住他，他杀了一个女人！就是他，杀了一个女人！

土朝荣和轩那里冲过去，他看见荣和轩滚在一起，争抢着荣手里的东西。太阳坠下来在他们之间挤扁了，呼然作响，棉花地里白光四射，土奔跑着，他感到空气坚硬如铁，喘不过气来。土的黝黑的脸上充满了血，他双目圆睁，身体像鸟一样飞起来，他飞到了荣和轩纠缠的两个身体前，粗略地辨认了一下，然后他高高挥起那根树棍，朝荣的头部砸下去。荣轻轻地叫了一声，他从轩的身上翻下来，仰脸看了看那根树棍，荣的神情又惊愕又茫然。土再次挥起树棍，朝荣的头顶砸下去。这一瞬间荣朝那根树棍伸出手，似乎要抓住它。荣的神情又惊愕又茫然。然而他的身体被树棍的打击弹了一下，就伏在地上了。

两只齿轮从荣的手里滑落，无声地滚到土的脚下。

这是什么？土用脚踢了踢齿轮。

别踢，轩抓住了两只齿轮，他说，这是汽车零件，不是飞机零件，是我的。

他用这个杀了人？土说。

他没有杀人，他偷了我的飞机零件。轩说。

土扔掉了手里的树棍。他绕着荣的身体转了一圈，闻到荣的身上渐渐散发出一种淡淡的血腥味。荣的头上出现一个洞孔，从里面汩汩流出一种清凉的血。土这时感到了陌生的冷意，他抱着双肩蹲在那里，腹中突然一阵反胃，土就蹲在荣的身边，呕吐了一大滩污物。

七月的午后，棉花地空寂无人。轩和土兄弟俩静静穿过宽阔的公路，回到村里。站在村头高坡上，他们回头看见荣的山羊滞留在河边,它不认识回家的路。它还在河边吃草。

棉花一天天成熟。七月将近的时候,棉农穿梭来往于棉花地中。有人在田里找到一根树棍,他把它插在地里,棍端压了一只新草帽。他看见树棍上布满一些暗红色的痕迹,就摘了几片棉花叶,把它擦掉了。后来他又用干草扎成两条手臂,绑在树棍上,一个新的稻草人就这样诞生了。

一般说来,棉花地里也有稻草人。稻草人守护着棉花,但是鸟什么时候飞来呢?

西 窗

西窗里映现的是城市边缘特有的风景,浑浊而宽阔的护城河水,对岸的绵延数里的土壤其实是古代城墙的遗址,一些柳树,一座红砖水塔,还有烟囱和某种庞大的工业建筑从水泥厂的工地上耸入天空。河大概有二十米宽,这样的护城河在南方也是罕见的,河岸两侧因此停泊了许多木排和竹排,沿河的居民不知道它们从什么地方运来,也不清楚它们的具体用途,只是看见那些木排和竹排一年四季泊在岸边,天长日久,被水浸透的圆木上长满了青苔,而竹排的缝隙里漂浮着水葫芦、死鱼和莫名其妙的垃圾。

河这边就是香椿树街,我们从小生长的地方。

红朵的祖母在她家门口晾晒腌菜,那天天气很好,久雨初晴的日子使妇女们格外忙碌,不仅是红朵的祖母,许多香椿树街的妇女都在晾晒腌菜,我母亲也在家门口搭木杖准备晾晒腌菜。从外面清晰地传来盐卤从腌菜上滴落在地的声音,以及沿街盘旋的苍蝇的嘤嘤嗡嗡的低鸣,在午后的寂静中我突然听见红朵的祖母与我母亲的谈话。

你看见我家红朵了吗？红朵的祖母说。

没看见，大概在竹排上洗纱吧？我母亲说。

哪儿有她的人影，她把洗纱盆放在门口，不知跑哪里疯去了。红朵的祖母说。

其实红朵当时就坐在我家的西窗前，她无疑也听见了外面的谈话，奇怪的是她的表情显得很漠然。别理她，别让她知道我在你家，红朵对我说。她在藤椅上欠了欠身子，侧首望着窗外。午后的阳光经河水折射投到女孩的前额和脸部，制造了一种美丽的肤色，金黄色的，晶莹剔透的，可以发现女孩的脸部轮廓上还残存着儿童的细小的茸毛。唯有这些茸毛提醒我这只是个十四岁的女孩。

我猜不出红朵瞒着她祖母呆坐我家的理由，也许她想告诉我什么事情，只是不知道怎么启齿，她这样呆坐在我对面看我朝一杆气枪上涂凡士林油，已经好久了。我不知道她想说什么，她这样呆坐在西窗前的藤椅上，除了藤椅残朽的部位偶尔发出几声难听的吱嘎之声，并没有对我造成任何妨碍，但我还是想知道她到底要说什么。

你替我出去看一下，我祖母还在不在门口呢？红朵用一种急迫的声音请求我，使我感到唐突而可笑。

你到底想干什么？我放下手里的枪，走到门口看了看对面的红朵家。红朵的祖母现在正坐在门口拆手套，像往常一样，她把拆下来的纱线塞在一只木盆里，一边腾出手去驱赶那些叮吸腌菜的苍蝇。我返身回来对红朵说，她又在拆手套了，盆里的纱堆满了，你该去洗纱啦。

不，不去，我再也不替她洗纱了，红朵坚决地摇着头，左手手指拨弄着右手的指甲，然后她仰起脸说，你再替我到对面家里看看好吗？看看老邱在不在家。

怎么啦？你到底想干什么？我终于被女孩莫名其妙的遣差惹恼了，我拾起那杆擦了一半的气枪，拍了拍泡桐木的枪柄说，你没看见我正忙着呢，我没工夫给你跑腿。

红朵站了起来，我的恶劣的语气大概出乎她的意料，女孩的脸立刻涨红了，她拎着裙角闪到后门边，惶惑的目光从我的脸上滑落，最后停留在我那杆香椿树街独一无二的气枪上，我看见女孩的黑眸突然亮了一下，她说，我要是有一杆气枪就好了。

对面的门洞里住了两户人家，红朵和她的祖母住在前厢，后面就是泥瓦匠老邱一家。据说那从前是一座尼庵的院落，有一只青铜香炉至今还存留在天井的墙边，还有两棵菩提树在天井里半死不活地遥遥相对。很少有人去那里串门，在香椿树街的妇女堆里红朵的祖母属于令人嫌厌的一类，自私、饶舌、搬弄是非，而且她的身上永远有一股难闻的气味，也许是长年清洗那些肮脏油污的工业手套留下的气味，也许是别的什么。反正妇女们从来不去红朵家串门。至于老邱家的冷清，明显是老邱的患有肺病的妻子造成的，那个女人面黄肌瘦，眉宇间凝结着深深的愁云，白天她坐在竹榻上，往一只破碗里不停地吐痰，夜里她的干咳声很响也很刺耳，即使隔了半条街也能听见。

老邱却是个好人，他的热心肠和乐善好施的品德在香椿树街有口皆碑。不管谁家的房顶漏雨或者有线广播坏了，主妇们都会说，去找老邱来修吧。老邱是个什么活都会干什么忙都肯帮的好人。我们家临河的小屋就是老邱带着几个工友来帮忙修筑的。我的父母偶尔为家事争执的时候也会提及老邱的名字，我母亲说，看看人家老邱，也是男人，你要是及上他的小拇指也就行了。

所以我第一次听见有人说老邱的坏话很不适应，我不知道红朵说的话是真是假。

红朵坐在我家小屋的西窗下，用左手手指拨弄着右手的指甲，过了好半天她从指甲缝里抠出一块黑垢，把它弹到窗外。红朵回过头偷偷地瞥了我一眼，终于说出了那句耸人听闻的话。

老邱不是好人，他偷看我洗澡。红朵说。

红朵说完就走了，她拎着裙角走到后门，端起装满圈状纱线的水盆往河边走。我看见她蹲在木排上，用一根棒槌努力捶打盆里的纱线，远远望去她的背影和姿态就像一个成熟了的香椿树街妇女。

我后来忍不住把这个秘密告诉我母亲。我母亲很诧异，她对红朵的话采取了一种鄙夷的态度。这个该死的红朵，我母亲说，她怎么可以往老邱身上泼污水呢？她家的日子全靠老邱帮衬，老邱待她就像亲生父亲一样。什么偷看她洗澡？骗人的鬼话，她跟她祖母一样，嘴里吐出来的全是骗人的鬼话。

不知从哪一天开始的，红朵总是在黄昏前推开我家的后门，她似乎是利用了去河边洗纱的这段时间前来与我约会。但我们之间并没有通常的初恋之情，我始终无法揣摸她的意图。她有点拘谨有点木然地端坐在西窗前，手臂上还沾着洗纱留下的水渍和肥皂的酸味。她目不转睛地望着我，或者凝视窗外的护城河，但她似乎并不关心我在干什么，也不关心河上驶过的油船和驳轮的动静。我想她或许没有任何意图，她只是想在别人的窗前坐上一会。

离她远一点，我母亲告诉我说，她跟她祖母一样，小小年纪就会说谎，她家的人说谎从来不脸红。

红朵告诉我的一些秘密后来被证实是谎言。譬如她经常说起她的母亲在北京的一家医院里当医生，说她母亲如何美丽，如何喜欢洁净，如何体恤和呵护她，但我后来亲耳听见红朵的祖母描绘的是另一种类型的女人，丑陋、放荡、缺乏人性，把自己的亲生女儿抛在这里不闻不问。事实上红朵的母亲是一个纺织女工，她在丈夫车祸身亡后的第二月嫁给了一个外地的男人。红朵还曾用一种古怪的语调谈起老邱妻子的病情，她说那个病入膏肓的女人很快就要咽气了，即使她不死老邱也会把她弄死。你相信吗？红朵的湿润的手指在窗沿上来回划动，她突然睁大双眼盯着我说，昨天我看见老邱用瓦刀对着他女人，他想趁她睡着的时候砍死她，碰巧我到井边去提水，他就没有下手，不过你等着瞧吧，过不了几天老邱的女人就要咽气。

几天后我就看见老邱推着一辆板车从香椿树街经过。他的面黄肌瘦的妻子靠着棉被坐在板车上，女人虽然满面病色但目光仍然炯炯发亮，并没有丝毫死亡的预兆。路遇者都停下脚步询问病人的病情，病人说，一时半载的好不了，也死不了，就是拖累了老邱。老邱扶着车把站在路上，精瘦的脸上浮现出一丝疲惫的微笑。他的五根粗壮的手指在车把上灵巧地弹击着，发出一种沉闷的类似乐器的声音。我听见老邱说，今天是星期一，每个星期一都要去医院检查的。

我不知道红朵为什么对我说谎。

对于一般的香椿树街人来说，最耸人听闻的莫过于老邱偷看红朵洗澡的谣传。我曾经向红朵问过一些细节，譬如她在两家合用的厨房里洗澡的时候，她的祖母是否替她守着门？红朵说，她是替我守着门的，我每次洗澡都让她替我守着门的。

这就怪了，我审视着红朵的表情追问道，既然你祖母守着门，老邱他怎么能偷看到呢？

他是从窗户里偷看到的。红朵的回答明显是支支吾吾。

还是不对，难道洗澡不拉上窗帘？再说你家厨房的门和窗子是在一起的，老邱如果偷看了你的洗澡，你祖母怎么没发现呢？

红朵受惊似的望着我，她的眼神悲哀、恐慌而显得孤立无援。我看见她的渐趋美丽丰满的身体在藤椅周围坐立不安，她像一只被追逐的兔子蜷缩在西窗下，左手挡住苍白的脸颊，右手顶住她的粉红色的不停颤动着的下唇，大约过了一分钟左右，我听见红朵说出那句更为耸人听闻的话。

我告诉你，你千万别告诉别人。红朵说，我祖母从老邱那里收钱，每次收一块钱。

我惊愕地望着西窗下的女孩，仍然无从判断她的秘密是真是假。我记得那是一个初夏的黄昏，临河的小屋里潮湿燠热，而红朵的白底蓝花裙子在斜阳余晖中闪烁着一种刺眼的光芒。

现在想想无论如何我要为红朵保密，但我不知是由于幼稚还是别的什么，我把这件事作为一条可笑的新闻告诉了别人，从前的尼庵里的隐私很快就在香椿树街上传得纷纷扬扬。有一天我看见红朵的祖母在沿河的石街上追打红朵，红朵逃了几步就站住了，她端起木盆里洗到一半的纱线朝她祖母泼去，换来的是一串肮脏恶毒的咒骂。红朵木然地站在台阶上看着她祖母和河边洗衣的妇人们，她祖母一边咒骂着一边朝红朵扇了三记耳光，我看得很清楚，红朵的祖母一共朝红朵扇了三记耳光。

红朵后来疯狂地向我家奔来，她的因愤怒和屈辱变得雪白如纸的脸贴在西窗玻璃上，我看见女孩的嘴边有一丝血渍，她在窗外啜泣，她在骂人，但所有的声音听来都是含糊不清的。我知道她现在的愤怒缘于我的背信弃义，但我听不清她在骂些什么。红朵想推开我家的后门，但通往河边的后门已经被我父母钉死了。

进入雨季以来红朵不再到我的小屋来。那些日子城市里雨声不断，护城河水每天都在上涨，河岸上的青草疯长着遮盖了满地的瓦砾和垃圾。我凭窗观雨的时候偶尔看见红朵，她穿着一件宽大的塑料雨衣蹲在木排上洗纱，端着木盆来去匆匆，我知道那个女孩不再会偷偷地跑到我的小屋来了。

也就是在这个潮湿的雨季里，红朵突然长成了一个成熟妇女的模样。有一天我看见她和几个女孩并肩走出东风中学的铁门，她的丰满的体态和落落寡合的表情使我感到很陌生。当我的自行车从她身边经过时，红朵猛然回头，直视我的目光充满了蔑视和鄙夷，我听见她用一种世故的腔调对同伴说，这条街上没有一个好人。

我心里突然很难受，而且感到莫名的失落。如此看来红朵以前是把我当成街上唯一的好人了。我不知道她作出这种判断的依据是什么，说到底红朵毕竟只是个十四岁的女孩子。

我家的房顶又漏雨了，泥瓦匠老邱应邀前来补漏，我作为他的帮手和他一起在房顶上度过了一个中午。当红朵扭着腰从街道上翩翩走过时，老邱用瓦刀敲碎了一块青瓦，然后他叹了一口气说，红朵那女孩子老是说谎，她的脑子可能有点毛病。我记得老邱说话的时候脸上呈现着类似青瓦的颜色，眉头紧锁着，看上去抑郁而烦躁，谈到红朵我无言以对，心里有无限的疑惑和猜测。我还是第一次听到老邱对红朵的评价，它有点出乎意料却又在情理之中。

老是说谎，老是说谎，她的脑子肯定有毛病。老邱一边干活一边重复着那句话。我体察到老邱的心情抑郁而烦躁，我没有附和老邱的说法，因为我还不知道这种说法是不是另一种谎言。根据我以往的经验，香椿树街居民是经常生活在谎言和骗局之中的。

站在我家房顶上可以清晰地俯瞰香椿树街周围的街景，红朵的背影已经从街角拐弯消失了，于是我只能看近处，看能干而热心的老邱怎样修筑漏雨的房顶。骤雨初歇的正午阳光灼热而强烈，我的右侧靠近夏日涨水的护城河，左侧就是这条湿漉漉的狭窄肮脏的香椿树街。

红朵从香椿树街突然消失是那年秋天的事，红朵把装满脏纱线的木盆放在木排上，人却不知跑到哪里去了。红朵的祖母第二天挨门逐户地打听红朵的下落，沿河的人家有人看见红朵一边洗纱一边和船上的船员搭话，还有人看见红朵跳到一只运煤的货船上去了。

那天护城河的航道堵塞，有许多船只滞留在岸边。我从西窗里看见大大小小的货船、驳轮和农用机帆船像人群一样在河道拥挤着，到了黄昏时分仍然不见浚通的迹象，船上的人们就靠着桅杆捧着碗吃晚饭。我看见红朵蹲在木排上一边洗纱一边和船上的人搭话，我听见她发出尖厉的快乐的笑声，但我不知道船上的那些年轻男子对她说了什么笑话，那群陌生的异乡来客无疑给红朵带来了一份快乐，但我没有看见红朵跳到哪只船上去，我不相信后来流传在香椿树街的说法，他们说红朵跳到一只运煤的货船上去，跟着船上的一群陌生男人走了。他们说红朵是一个少见的自轻自贱的女孩子。

无论我怎样想，红朵确实是突然离去了。她的洗纱盆还放在木排上，人却突然离去了。那天深夜河道里的船只终于散尽，红朵的洗纱盆依然放在岸边木排上。夏夜的月光照耀着城市的边缘，这个时而热闹时而空旷的地方，护城河水轻轻摇晃着那只孤独的洗纱盆。西窗外漾满汩汩水声。我发现那天深夜的月光出奇地皎洁明亮，月光在红朵的洗纱盆上涂满一层霜雪似的白光，它深深刺痛了我的眼睛。

香椿树街的居民没有谁再见过红朵。

最初我曾怀疑红朵溺水而死的结局，怀疑红朵像那些不幸的戏水孩童一样葬身于木排或竹筏下面，这与人们的想法大相径庭，但我确实被种种可怕的不宜宣扬的设想困扰过。有一天我孤身下河，多次潜到红朵最后驻留的那块木排下面，我想打捞什么，结果是一无所获，我打捞上来的只是些已经腐烂的手套和纱线，即使是这些物品上红朵的气息也已不复存在，我想那是红朵无意遗落或有意抛掷的累赘，只是手套和纱线而已。

后来我不得不默认香椿树街的普遍说法。如此说来红朵就是一个更不幸的女孩了，一个被出卖和抛弃的女孩，有人把红朵抛给一条过路的货船，有人把红朵出卖给一群过路的陌生人。

就这么回事，你从西窗里还能看见什么？

像天使一样美丽

我们街上的女孩与男孩一样,从小到大都有一种自然的群体概念,她们往往是三个一帮五个一伙的,帮派之间彼此不相往来,在街上狭路相遇时女孩们各自对着同伴耳朵喊喊咕咕,有时干脆朝对方吐一口唾沫。这也是香椿树街的一种风俗,我说过香椿树街是有许多奇怪的莫名其妙的风俗的。

小嫒和珠珠两个人的群体很早就形成了。小嫒家住化工厂的隔壁,而珠珠家则在桑园里的底端,她们住得很远,隔着一条长长的香椿树街和江上的石桥,但小嫒和珠珠长期以来一直形影不离。每天早晨珠珠都要去小嫒家,她们两人总是一起走在上学或放学路上的,小嫒长得又细又高,眉目温婉清秀,珠珠矮一点胖一点,但珠珠有一双美丽的黑葡萄般的眼睛。小嫒喜欢穿洗旧的男式军装和丁字形皮鞋,珠珠的军装要新一点小一点,但也是一件军装,她们挎着帆布书包肩并肩走过长长的香椿树街,途中要经过街上唯一的药铺。经过药铺的时候两个女孩就会加快脚步,因为吕疯子每天站在药铺门前朝街上瞭望,吕疯子手里提着一串中药包,看见小嫒和珠珠走过时他会跟她们说话，他经常说的一句话就是你们像天使一样美丽。

你们像天使一样美丽。吕疯子说。

女孩子之间的事男孩们是弄不清楚的，就像国际形势一样风云变幻难以把握。后来听说了小媛和珠珠分道扬镳的消息，暗恋着小媛或者珠珠的男孩都感到吃惊。事情的起因是有一天下午突然降临的暴雨。哗哗的雨声使教室里的中学生人心惶惶。放学时间已经过了，男孩们大多用书包顶在头上朝雨中冲去，女孩们则焦虑地站在走廊上议论纷纷，一边等着家里人送来雨具。那天小媛和珠珠仍然是紧挨在一起的，珠珠大声而快活地指责历史教师在课堂上抠鼻屎，小媛的表情却显得忧心忡忡，小媛望着雨点在操场上溅起的水雾，心里想着这场雨怎么还不停下来呢，她晾在外面的衣裳和被子也许已经被雨淋透了。

他真恶心。珠珠拉着小媛的一条胳膊摇晃着，珠珠咯咯的笑声听来是清脆而不加节制的。你看见他把鼻屎往地上弹吗？你不觉得他很恶心吗？

这雨下得该死，怎么还不停呢！小媛很不耐烦地推开了珠珠的手，小媛说，真急死人了，我妈上中班，晾外面的毛衣和被子都要湿透了。

苗青就是这时候突然招呼小媛的。苗青撑着一顶细花布雨伞从她们面前走过，她们没有说话，她们从来不和苗青说话，但苗青在雨里袅袅地走了几步，突然回过头望着小媛和珠珠。苗青的目光有点高傲有点诡秘地停留在小媛脸上。小媛你来吧，苗青说，我们一起走好了。小媛愣了一下，她看看珠珠。

珠珠毫不掩饰她的鄙夷,珠珠朝走廊吐了一口唾沫。你先走吧,我再等一会。小媛轻声嘀咕了一句。苗青转动了一下手中的伞柄,嘴角浮现出一丝冷笑。她说,狗咬吕洞宾,不识好人心。小媛又看看珠珠,珠珠就尖声骂起来,你嘴里放干净点,谁是狗!你才是狗呢,看见人就乱摇尾巴。珠珠握着小媛的手,她感到那双手正在慢慢滑脱,她看见小媛的脸上有一种窘迫不安的神情,这使珠珠感到惊讶。我要走,小媛朝苗青的背影张望着说,我得回家去收衣裳了。紧接着小媛冲出了走廊,珠珠听见小媛的叫声在雨地里刺耳地响起来,苗青,等等我一起走。

留下珠珠一个人木然地站在走廊上,珠珠看见她们合撑一把伞在雨地里渐渐消失,眼泪就止不住流下来。珠珠少女时代的感情受到了一次最沉重的打击,后来她抹干脸上的泪水,捡起书包抽打着走廊上的水泥廊柱,珠珠的嘴里一迭声地重复着:叛徒,叛徒,叛徒。

第二天早晨雨过天晴,小媛在家里焦急地等候珠珠,珠珠却没有来。小媛回忆起昨天的事,预感到她们之间可能发生的事,她想她今天只能一个人上学了。走进红旗中学的校门,小媛恰恰看见珠珠和李茜在一起踢毽子。珠珠踢毽子的技艺是很高强的,珠珠在等候鸡毛毽下落的时候,用眼角的余光飞快地瞄了小媛一眼。

叛徒。珠珠说。

小媛的脸立刻变得苍白如雪,她迟疑了几秒钟,最后低着头绕过珠珠身边，小媛的手伸进书包摸索着，最后摸到一条鲜艳的粉红色缎带，那是几天前珠珠送给她做蝴蝶结的。小媛从书包里抽出那条粉红色缎带，揉成一团扔在地上，然后她头也不回地朝教室走去。

从这天起小媛和珠珠两个人的群体就分裂了。珠珠已经是李茜她们一帮的人了，而小媛在保持了一段时间的独来独往以后，也就投靠了苗青为首的漂亮女孩的阵营。

小媛现在经常和苗青一起结伴上学。她们走过香椿树街东侧的药铺时，吕疯子依然手提一串药包站在门口。他的头发不知被谁剃光了，脑袋和嘴唇呈现出同一的青灰色，当小媛拉着苗青从他身边匆匆跑过，吕疯子反应一如既往，他的呆滞的眼睛突然掠过一道惊喜的光芒。

你们像天使一样美丽。吕疯子说。

小媛很想知道吕疯子现在看见珠珠是不是也一样说这句话。但小媛是不会去向珠珠打听的，小媛和珠珠现在互不理睬，偶尔在学校或者街上擦肩而过，她们从对方的脸上读到了相似的仇恨的内容。有一次小媛在水果摊前挑选梨子时，听见背后响起熟悉的呸的一声，小媛敏感地回过头，她看见珠珠和李茜勾肩搭背地站在后面，珠珠还用脚尖踩地上的那滩唾沫。小媛再也不想忍让，她毅然从水果筐里拣出一只烂梨狠狠地朝珠珠的身上砸去。她听见珠珠尖叫了一声。那个瞬间对于反目为仇的两个女孩都是难忘的，她们在对方脸上互相发现了惊愕而痛苦的神情。

我说过小媛是个漂亮女孩，小媛投靠了以苗青为首的漂亮女孩的阵营。苗青她们酷爱照相，小媛受其影响也很自然地爱上了照相。起初她们就在香椿树街唯一的工农照相馆照，后来苗青不满于工农照相馆简陋的设备和粗糙的着色技艺，她认为那里的摄影师总是把她的脸照得很胖很难看。苗青建议去市中心的凯歌照相馆，她说她母亲披婚纱的照片就是在那儿拍的，那是家老牌的久负盛名的照相馆，可以随心所欲地美化你的容貌。女孩子们对苗青的权威深信不疑，欣然采纳了她的意见。

五月的一个下午，四个女孩结伴来到凯歌照相馆，她们的书包里塞满了色彩缤纷的四季服装，有式样新颖的毛衣和花裙子，有冬天穿的貂皮大衣，甚至还有一套用以舞台表演的维吾尔族服装。女孩们将嘴唇涂得鲜红欲滴，提着裙裾在照相馆的楼上楼下跑来跑去。只有小媛静坐在一旁，她坚持不肯化妆。苗青把她的胭脂盒硬塞给小媛，她说，搽一点吧，搽一点你就显得漂亮了。小媛仍然摇着头，她说，我不搽，我妈不许我搽胭脂涂口红，她知道了会骂死我的。

小媛穿着那件洗得发白的旧军装照了一张，是侧面的二寸照，然后她换上那套借来的维吾尔族服装，又照了一张正面的二寸照。小媛坐在强烈的镁光灯下，表情和体态都显得局促不安。摄影师让她笑，她却怎么也笑不起来。苗青在一边看得焦急，她灵机一动，突然模仿数学教师的苏北口音说了一句笑话，小媛才露出一个自然的微笑，摄影师趁机抓拍了小媛的这个微笑。小媛最后如释重负地卸下那套舞台服装，她对苗青说，肯定照得丑死了，我以后再也不来照相了。

大约过了半个月左右，小嫄的着色放大照片在凯歌照相馆的橱窗里陈列出来，许多人看见了小嫄的这张美丽而可爱的照片。苗青来告诉小嫄这个消息，小嫄还是不相信，苗青的脸上露出莫名的愠色，她说，你别假惺惺的了，嘴上说不知道，暗地里谁知道你搞什么鬼？

小嫄偷偷地跑到凯歌照相馆去了。那是个有风的暮春夜晚，空气中弥漫着紫槐花浓郁的芬芳，街道上人们行色匆匆。小嫄独自逗留在照相馆的橱窗前，久久注视着那个照片上的女孩，女孩头戴丝织小花帽，身穿维吾尔少女的七色裙装，眼神明净略含忧郁，微笑羞涩而稍纵即逝。那是我自己。小嫄的眼睛渐渐噙满了喜悦的泪水，小嫄第一次意识到自己是美丽的纯洁的。当有人走近橱窗并对着里面的照片指指点点时，她飞快地逃离到街道的另一侧，她害怕别人认出她来。紫槐树在小嫄的身旁轻轻摇曳，风吹落了一串淡紫色的花朵。小嫄望着吹落的紫槐花在空中划过的线痕，突然很奇怪地想起药铺门口的吕疯子，想起他一如既往重复的那句话：你们像天使一样美丽。小嫄打了一个寒噤，欣喜和甜蜜的心情很快被一种恍惚所替代。小嫄在暮色熏风中回家，她觉得很害怕，却说不出到底害怕什么。

红旗中学的女孩子们几乎都知道了小嫄的名字，知道小嫄的照片陈列在凯歌照相馆的橱窗里。后来男生们也见到了小嫄的那张照片，胆大的男生就敢跟在小嫄的身后大喊大叫：何小嫄，新疆人；新疆人，何小嫄。一些低年级的男生则不谙世事,他们对小媛的照片如此横加指责——何小媛,她冒充新疆维吾尔族,她是个搔首弄姿的小妖精。

我告诉你那是在七十年代初期,那时候在我们香椿树街上缺乏新闻,小媛的照片因此成为一件天经地义的新闻被广为传播。人们都对化工厂隔壁的女孩侧目而视,小媛后来的厄运就是在声誉鹊起下慢慢开始的。

何小媛有狐臭。一个女孩对另一个女孩说,你别看她长得漂亮,其实她有狐臭。

那段时间在女孩的群体中充斥着这样的对话,女孩们对这个惊人的发现同样很感兴趣,尤其是珠珠李茜那个阵营里的女孩,她们毫不掩饰幸灾乐祸的表情。她们走过小媛身边时都特意掏出手绢捂住自己的嘴和鼻子,或者用手绢在空中扇来扇去地表示厌恶。小媛起初对此毫无察觉,她以为那是新近流行的向对方唾弃的动作,于是她也如法炮制地予以还击,她听见对方扭过脸骂,臭死了,污染空气。小媛下意识地说,你才臭呢,你才污染空气呢。小媛骂完了突然发现有人盯着她的腋下看,她就摸了摸腋下,腋下什么也没有,旧军装没被划破也没沾上什么脏物。小媛觉得事情有点蹊跷,她问同桌的苗青,这是怎么啦?她们为什么盯着我腋下看?苗青用铅笔刀刮着指甲上的红色染料,她瞟了小媛一眼说,你自己不知道?她们说你有狐臭。

小媛惊恐地望着苗青,小媛的脸很快变得苍白如纸。她的整个身体在椅子上战栗不止,而且怕冷似的缩成一团。这样沉默了很久,小媛从极度的悲痛中恢复过来,她的嗓子已经嘶哑了，她的声音突然爆发把苗青吓了一跳。

谁造的谣？告诉我是谁造的谣？小媛问苗青。

我不清楚，大概是珠珠先说的吧。苗青说。

小媛的眼睛里掠过一道冰凉的光芒，她站起来看了看坐在前排的珠珠。珠珠正和李茜她们在课桌上玩抓骨牌的游戏。我饶不了她。小媛咬牙切齿地发誓，然后她拉住苗青的手说：苗青，你知道我没有狐臭，你为什么不给我作证？苗青没说什么，她仍然想把指甲上的红色染料全部刮光。小媛夺下了苗青手里的铅笔刀，小媛突然举起了双臂，她说，苗青，我让你闻闻我到底有没有狐臭，苗青，你一定要给我作证。苗青抬起脸望着小媛的腋下，苗青皱了皱眉头，小媛听见她漫不经心地回答，现在闻不出来，现在穿着毛线衣，怎么闻得出来？

小媛的双臂僵硬地停留在空中，泪水从她的眼睛里夺眶而出。后来她从课桌下拉出她的帆布书包，捂着脸跑出了教室。正是上第五节课的时间，电铃声在学校的走廊上尖厉而清脆地炸响。男孩女孩都在朝教室跑，而小媛却拽着书包往学校的大门飞奔。小媛没有发现书包里的东西正在沿途掉落，书本，铅笔盒，卫生纸，还有一张照片已经被风吹动，像一个小精灵随风追逐小媛的背影。那是凯歌照相馆陈列照片的样片，虽然没有着色，虽然尺寸小了许多，但它确确实实是那张美丽而骄人的陈列照片。

午后的香椿树街在暮春时分的慵懒和寂静之中，街上人迹寥寥，阳光直射在满地的瓜皮果壳和垃圾堆上，有成群苍蝇在街道上空盘旋。小媛拽着书包跌跌撞撞地跑着，经过药铺的时候,她再次看见了肮脏的形销骨立的吕疯子。吕疯子朝小媛晃动着手里的草药,他说,你像天使一样美丽,不过你要多吃一点药,不要怕吃药。小媛躲开了吕疯子,小媛边走边啜泣着,她说,我不要美丽,你们去美丽吧,你们为什么要造谣诽谤伤害我呢?

小媛对珠珠的报复来得迅速而猛烈。

第二天珠珠上学经过石桥,她看见石桥站着两个高大魁梧的男孩,其中一个是小媛的哥哥。珠珠以为他们在观赏河上的风景,她嚼着泡泡糖走上桥顶,两个男孩冷不防揪住了她的辫子,珠珠刚想呼叫鼻唇之间已经挨了一拳,她听见小媛的哥哥说,你再敢欺侮小媛,我就把你扔到河里去。珠珠跌坐在桥上,嘴里的泡泡糖带着血沫掉在她的腿上,她看见一颗牙齿黏在泡泡糖上。我的牙齿,珠珠尖厉地哭叫起来。但两个男孩已经一溜烟地跑下了石桥。有人走过石桥时看见珠珠满嘴血沫地坐着,一边哭泣一边诅咒着什么人。他们就去拉珠珠的手,珠珠你让谁打啦?珠珠一边哭泣一边说,还能是谁?是何小媛,她跟流氓阿飞勾勾搭搭,是她让他们打掉了我的牙齿。

珠珠是个倔强的女孩,珠珠用手绢包好那颗牙齿去上学。在小媛家临街的窗户前她站住了,她拣起一块砖砸碎了小媛家的窗玻璃,然后冲着窗内高声骂道,狐臭,狐臭,何小媛你有狐臭,你们一家都有狐臭。珠珠看见屋里有一张苍白的脸一闪而过。她知道那是小媛,她知道小媛现在是不敢出来还击的。

珠珠走进红旗中学后径直来到了校长办公室,她打开那块包着牙齿的手绢交给校长看。何小媛跟流氓阿飞勾勾搭搭,珠珠哭哭啼啼地报告校长,何小媛让两个流氓打掉了我的牙齿。

校长和班主任把小媛叫到了办公室,他们让小媛看桌上的那颗牙齿,小媛充耳未闻,她扭过脸去看墙上的两幅宣传画,表情显得漠然而恬静。

是你让人打了萧珠珠?

她活该。

为什么要打她?

她造我的谣。

造什么谣?她造你的谣所以你就可以打她啦?

小媛低头不再作任何申辩。她听见校长和班主任轮流训斥着她,校长要她写一份检查认识错误。小媛的皮鞋在水泥地面上吱吱地摩擦着,最后她站起来说,我不写检查,但是我现在可以告诉你们,珠珠她妈以前是个妓女,珠珠她爹以前当过土匪,珠珠和好几个男生在码头约会,你们为什么让我写检查,为什么不让她写检查?

小媛一口气说完她想好的话,然后就擅自跑出了办公室。她听见校长和班主任在后面愤怒地喊她的名字。她知道她已经惹祸了,但她无法控制这种灼热的报复的情绪,小媛一路奔跑着,她听见自己的心脏急剧地蹦跳着,有什么硬物卡在她的喉咙里,使她感到窒息。小媛在操场上站住了。她对着草坪一口一口地吐着,结果什么也没有吐出来,吐出来的只是一口一口的唾沫。

小媛的厄运就这样来临了。

红旗中学里贴出了一张处分报告，被处分的就是曾经闻名于香椿树街的漂亮的女孩何小媛。布告贴出的第二天，校长打电话给凯歌照相馆，要求撤掉小媛的那张照片。他在电话里告诉对方，那张照片影响了学校的秩序，给校方添了不少麻烦，他请求对方以后不要随意在橱窗里陈列他学生的照片。照相馆的人茫然不知应对，但他们还是作出了积极的配合，很快把小媛的那张照片撤掉了。

小媛从此后变得沉默寡言，她不再和任何女孩子接近，当然包括苗青她们。小媛独来独往地度过了最后的学校生涯。那时候已经临近毕业，女孩们和男孩一样，一半人将去农村或者农场插队劳动，另外的一半人则按政策留城，他们的各个小团体现在分崩离析，形成两个泾渭分明的阵营，去插队的每天挤在走廊上议论着陌生而遥远的未来生活，留城的那群女孩以珠珠为中心，仍然陶醉于课桌的骨牌游戏。小媛一个人站在不为人注意的角落里嗑瓜子或者沉思默想，小媛不想和任何女孩说话，而别的女孩也不想和小媛说话了。

九月的一个早晨，许多披红挂绿的卡车驶进香椿树街，带走了那些上山下乡的女孩子。化工厂隔壁的漂亮女孩小媛也在其中。我看见她站在最后一辆卡车上，胸前的红花反衬出她的苍白和忧郁。小媛没像有的女孩那样哭哭啼啼，也没有像有的女孩那样一路高喊豪迈的口号，小媛倚靠在卡车栏杆上，平静地扫视着欢送的人群，她看见珠珠追着卡车跑着，珠珠手里挥着一条红纱巾。她知道珠珠是来送李茜的。那条红纱巾是小媛送给珠珠的，现在小媛很想把它讨回来，但是锣鼓和喧闹声遮蔽了整个天空，即便小媛真的向珠珠索还红纱巾，珠珠也不会听见，即使珠珠听见了也会装作没听见。小媛是个十六岁的女孩，因此小媛最了解别的十六岁的女孩。

卡车缓缓地驶过药铺的门前，小媛发现吕疯子不在那里，她很奇怪这么热闹的日子，吕疯子怎么反而不见了。小媛站在车上百思不得其解，她就问同车的一个男生，怎么好久不见吕疯子了？你知道他去哪儿了吗？那个男生很费劲地听清了小媛的问题，他用手掌充话筒，在周围的嘈杂声中报告了又一个惊人的消息，吕疯子死了吕疯子天天乱吃药吃死啦。

小媛插队的农场在很遥远的北方。小媛再回香椿树街已经是五年以后的事了，她的以洁白如雪著称的脸在五年以后变得黝黑而粗糙，走起路来像男人一样摇晃着肩膀，当小媛肩扛行李走过香椿树街时，谁也没有认出来她就是化工厂隔壁的漂亮女孩。

只有珠珠一眼就认出了小媛。她们是在石桥上不期而遇的，当时两个女人都很尴尬。珠珠下桥，小媛上桥，她们起初没有说话，走了几步珠珠回过头发现小媛也在桥头站住了。两个女人就这样相隔半座石桥互相凝视观察，后来是珠珠先打破了难堪的沉默。

我在凯歌照相馆开票，什么时候你来照相吧。珠珠说。

我不喜欢照相，你还是多照几张吧。小媛淡淡地笑着摸了摸她的腋下，小媛说，我有狐臭，而你像天使一样美丽。你知道吗？你现在又白又丰满，你像天使一样美丽。

一个礼拜天的早晨

李先生大约在早晨五点钟左右醒来,他不记得自己是被邻家的公鸡啼醒的,抑或是被李太太梦魇中的一条腿压醒的,他记得有什么东西在他胸前重重地敲了一下,然后他就醒了。

是暮春的一个早晨,并且是礼拜天的一个早晨。李先生不用在打开煤炉煮粥的同时心急火燎地批改学生作业。李先生把李太太肥胖的身体温柔地搬动了一下,然后下床找到了四只拖鞋中的两只。右脚觉得紧绷绷的,仔细一看是女鞋,于是及时地作了调整。尽管这样,李先生走到天井里时心情仍然是愉快的,礼拜天早晨总是使李先生感受到一丝别样的安慰和怜悯。

天井里的夹竹桃花开得很鲜艳,花蕊及枝叶间微微蕴藏了几滴露珠。李先生用一把小刀给那些价廉物美的花草松了土,这时候他突然想起李太太昨夜关照的事情,买蹄髈。李先生嘀咕了一句,跳起来就回屋子,他找到菜篮子朝床上的女人嚷嚷了一句我去买蹄髈啦。然后他把旧自行车哐啷哐啷地推出天井,走到外面的香椿树街上。

李先生就是那个骑自行车的人。李先生不管是去学校上课，不管是去杂货店买香烟火柴还是去公共厕所解手，都喜欢骑着那辆破旧的蓝漆已经斑驳的自行车。

自行车的圆锁已经锈蚀得很厉害，李先生没有再配新的，现在他用的是一种自制的由铁丝和废挂锁组合的链条锁，李先生骑在车上时就有一种琅琅之声尾随在他身后。

菜市场的电灯仍然乱七八糟地亮着，电灯下的人头攒动，买菜的人们脸上普遍残存着眼屎和瞌睡的痕迹。李先生看见他班上一个女生在买莴笋，她看见他时眼神好像非常惊恐，一猫腰就消失在菜筐后面，李先生觉得这个女生的表现很滑稽，到菜场买菜有什么不好意思呢？我是你的先生，我不是一样要拎着菜篮来买菜吗？人活着都要吃饭，要吃饭就要买菜的。

给我挑一只蹄髈。李先生对肉贩子说。

这只怎么样？肉贩子从案板上拎起一大块肉，大概有四斤重，便宜一点卖给你好了。

太大了。我家里的让我买一只两斤重的。李先生观望着案板上的一摊摊的肉、内脏和骨头，他说，吃不起，现在的猪肉比人肉还贵。

两斤重的还真难挑。肉贩子的手在案板上摸了一圈，最后拎起一块肉扔进秤盘里，就秤这块吧，看上去肥了一点，其实是肉蹄。

李先生根据形状判断肉蹄是蹄髈的某一变种，于是认可了肉贩子的选择。最后他很干脆地跟肉贩子讨价还价，少付了二角钱。

李先生在替盆栽仙人掌浇水的时候听见厨房里乍然响起一声尖叫，什么蹄髈，是一堆肥膘。李太太伏在菜篮上表情悲痛欲绝，紧接着那块肉从窗口飞过来，恰巧落在李先生的脚背上。

是肉蹄，肉蹄就是蹄髈。李先生捡起肉对李太太申辩道，你怎么把肉当皮球一样乱扔呢？

你气死我了，连肥肉和蹄髈都分不清楚，我从来没听说过有肉蹄这种东西，什么肉蹄？是肉贩子骗你的鬼话，你还当真了，你要把我气死了。

李先生将肉举高了，仔细地检查了一遍，他的愠怒的表情渐渐变得无可奈何，最后他气馁地说，好像是更像肥肉一些，但瘦肉也还不少，就凑合吃吧。

说得轻巧。李太太隔窗厌恶地看着李先生和李先生手上的肉，她提高了嗓音说，多少钱一斤？他是按蹄髈的价格卖给你的吧？

不知道，反正我跟他还价了，我杀了他两角钱。李先生嗫嚅着，以一种息事宁人的态度安慰女人，就算是肥肉吧，做红烧肉也挺香的，我最喜欢吃你做的红烧肉了。李先生拎起那块肉往屋里去，他想把肉放到水池里。但是李太太突然冲过来用身体把他挡在门外，李太太的眼睛里闪着愤怒和怨恨的泪花，这使李先生感到惶惑不安，以往只有在李先生动手打她时，李太太才会有这种激动的反应。

你怎么啦？李先生拎着肉，站在台阶上进退两难，他说，为了一块肉，何必发这么大的脾气？

哭泣的耳朵

你倒是想得开？我问你你每月挣几个钱？那几个钱养家糊口都难，你凭什么白白给肉贩子送去六块钱？李太太穿着棉毛衫和短裤堵住李先生，她的脸因为情绪激愤而变得苍白。李太太突然想起一些伤心事，眼泪忍不住挂了下来，她说，我弟弟的结婚大事，你当姐夫的只肯掏五十元，可你今天白白送给肉贩子六块钱，你真的要把我气死了。

不到六块钱。李先生皱了皱眉头，他不满意李太太这种夸张的说法，我一共付了六块钱，怎么会是白白送他六块钱呢？这块肥肉本身也起码值三块钱。李先生扭过脸看着天井里的夹竹桃花，他停顿了一会说，肉贩子最多赚三块钱，赚就赚吧，只当是买回一只真蹄髈，反正一样地吃到肚里。

你要把我气死了。李太太抬手掠了一下蓬乱的头发，她用一种陌生的严峻的目光直视着李先生，你马上去菜场找那个肉贩子，你把这块肥肉还给他，把六块钱给我要回来。

我不去。我不想为了三块钱一天跑两次菜市场，要不是照顾你身体，我今天也不会去菜市场，也不会买回这块倒霉的肉。

你就这样照顾我。李太太鄙夷地冷笑了一声，然后伸手去夺李先生手里的肉。她说，你不去我去，你不在乎六块钱我可在乎，你身体娇贵一天不能跑两次菜市场，我是做佣人的命，一年四季我哪天不跑菜场？冬天买处理大白菜时我一天跑过五次菜场！

李先生躲闪着退到天井里，李太太不依不饶地冲过来，李先生终于忍不住又打了女人一次，准确地说是连推带搡了一次。李太太跌坐在地上,立刻发出凄凉的哭叫声。

你又打我,你白白送给肉贩子六块钱,还有脸动手打我。李太太边哭边说。

我没有打你,我只是推了你一下。

我天天头晕眼花,你却来动手打我,这日子看来是没法过下去了。李太太边哭边说。

李先生突然想起女人这两天是病着的,于是心里一阵发虚。他低头看了看手中的肉,迁怒于肉但又无从发泄,他舍不得把这块惹是生非的肉扔到香椿树街上去,假如扔出去它无疑会被街坊邻居捡回自己的锅里。李先生抖了抖手中的肉,有一些淡红色的血沫和黏液从指缝间流了出来。他听见女人的哭闹已经转为低声啜泣,她一边啜泣一边倾诉她在家庭生活中的辛劳及其种种不幸。李先生叹了口气,他说,别哭了,为了一块肉不值得这样,我去找肉贩子退赔不就完了吗?

李先生就是那个骑旧自行车的人。阳光已经升得很高,香椿树街的石板路面泛出一种刺眼的光泽。空气中充溢了主妇们生煤炉弄出的煤烟,两侧房屋的屋檐上已经跨满了晾衣的竹竿,来往路人就从煤烟和湿衣服下通过。李先生哐啷哐啷地骑着自行车,曾经有数滴水珠从高空中坠落,落在他的鼻尖上,给他一种奇异的冰凉刺骨的感觉。在街口拐弯的时候,李先生遇到学校的同事朱先生,朱先生下了自行车朝他迎过来,好像有什么话要说。但李先生装作没看见,他用一只手遮挡住自行车龙头上悬挂的肉,加快速度冲过了街口。他听见朱先生在后面喊，喂，老李你上哪儿去？李先生装作没听见，李先生根本不想被熟人知道他这天庸俗的行踪，否则第二天自己将成为办公室的课前闲聊的话题。

菜市场已经渐趋冷落，烂菜叶和鸡屎混杂的气味却依然如故。李先生匆匆忙忙地拨开挎菜篮的人群往里面站。有许多摊贩在提前撤摊，李先生赶到肉市恰恰看见那个年轻的肉贩子在清洗案板，他用潮抹布狠狠地擦着肉案，一些血水夹杂了几星肉沫溅得到处都是。

别撤摊，你骗了我。李先生把那块肉扔到案板上，他指着肉质问肉贩子，你说这是蹄髈还是肥肉？

是肥肉。肉贩子镇定自若地打量着李先生。

可你刚才说是肉蹄，你把它当蹄髈的价格卖给我。一块肥肉你竟然要了我六块钱。

不会的，肥肉是肥肉的价，蹄髈是蹄髈的价，肥肉怎么卖得出蹄髈的价呢？肉贩子绞干了抹布，朝旁边的一辆黄鱼车走去，他说，我天天在这里卖肉，从来没干过这种缺德事，你肯定记错了，要不你就是存心来诈我。

我没记错，就是你。你还说这肉看上去肥了一点，其实是肉蹄。李先生追上去挡住了肉贩子的黄鱼车，他用愤恨的目光盯着肉贩子年轻而红润的脸，他说，你别溜，请先把六块钱退给我，我不会让你这么溜掉的。

我溜？肉卖完了我得回家睡觉。肉贩子鄙夷地扫了李先生一眼，然后跨上黄鱼车的坐垫，他说，你大概是穷疯了，买块肥肉还不想花钱，还想让我贴补你六块钱？你让大家评评世上有没有这个道理？

　　旁边已经围上来一群看热闹的人。李先生气得满脸通红，这种庸俗的局面使他感到一丝恐慌，也使他的一腔义愤转化成另一种自怨自艾的情绪。他拎起案桌上的那块肉嘟囔道，我自认倒霉好了，我要向市场管理委员会反映，一块肥肉竟然卖了六块钱！李先生拎着肉冲出围观的人群，胸口觉得很闷。他朝地上吐了一口唾沫，好像要把心中的怨气一起吐出来。那辆破旧的自行车原来是靠在一辆运货板车上的，板车被人拖走后自行车就倒在了地上。李先生把自行车扶起来，心想我今天真是倒霉透了。然后他发现自制弹簧锁的钥匙不见了，搜遍每个口袋都没有，急得李先生想骂娘，正要弯腰拾砖砸锁的时候，那把钥匙从他手掌心里掉了下来，原来钥匙一直就在他的手心里。

　　李先生骑上自行车，猛然看见那个年轻的肉贩子骑着黄鱼车从他身边擦过，肉贩子骑黄鱼车的动作幅度很大，透露出一股骄横的不可一世的气息，他的背影对李先生是一个强烈的刺激，李先生的与之论争到底的念头也就在瞬间突发而起了。

　　破旧的蓝漆斑驳的自行车发出一阵哐啷哐啷的巨响，李先生现在与肉贩子保持并行的速度，他冷静地对肉贩子侧目而视，就像一个猎人紧紧地盯住狡猾而强悍的猎物。

　　你跟着我干什么？你要是闲着没事，不如回家睡个回笼觉，盯着我有什么用？

　　你骗了我，你得把六块钱退还给我。

别瞎缠了,你想跟我回家?跟我回家也没用,我起早贪黑挣几个钱,凭什么白白地还给你六块钱?一分钱一分货,我从来不做赔本的买卖。

我不是缠你,我桌上还堆着学生作业没批,哪有工夫来缠你?问题是凡事都得讲理,我这样的家庭经济素来拮据,你怎么能白白骗去我六块钱呢?

六块钱,六块钱!肉贩子突然不耐烦地叫起来,难道那块肉就不要钱买吗?什么六块钱,最多一块钱。

李先生感到一阵欣喜,事实上肉贩子至此已经承认了他的欺骗。李先生用力蹬了几下他的破自行车,这时候他也换了一种温和的口气,怪我说错了,不是六块,但也不止一块。根据这块肉的重量和价格来推算,你应该退还给我三块,这样我也不用把肉还给你,带回家做红烧肉其实也好吃的。

三块?你认为肥肉就不是肉啦?有时候你想买肥肉都买不到。肉贩子放慢了黄鱼车的速度,侧过脸对李先生说,最多退还你一块五,算我今天倒霉吧。

两块钱。李先生想了想很坚决地说,你最少得还我两块钱,因为那块肉最多值四块钱。

好吧,两块就两块吧,我缠不过你。肉贩子终于失去了耐心,他单手扶着车把,另一只手伸进围裙的大口袋里掏钱,掏出一大把油腻腻的毛票。肉贩子懒得下车,他就抓着那把毛票隔车递给李先生,算我倒霉,白白赔了两块钱。

李先生匆忙跳下车去接钱。李先生将自行车停在香椿树街与龙门路交会的十字路口,人就站在交通红线内侧清点那堆毛票。李先生在点钱之前仍然没有忘记交通规则。

  他点了两遍，发现总数都是一块八，肉贩子少给了两毛钱，恰恰就是李先生买那块肉时杀下的价钱。李先生的胸口再次感到沉重的一击，他抬起头发现肉贩子的黄鱼车已经疾速通过了十字路口，从他的背影中李先生再次感受到了嘲谑和侮辱。

  回来，你少给我两毛钱！

  李先生举起那把毛票朝马路对面高声大喊，肉贩子没有回头，肉贩子也许听见了也许根本没有听见，要知道十字路口往往是嘈杂和繁忙的，来往的车辆喇叭淹没了李先生嘶哑的声音。

  李先生突然怒不可遏，他骂了一句粗鲁的下流话，然后飞快地骑上自行车去追赶那个肉贩子，他决定跟奸猾而可恶的肉贩子纠缠到底。李先生不顾一切地骑车横贯路口。这是一个不容选择的灾难的时刻，一辆运送冰冻海鱼的卡车迎面驶来，司机在踩动刹车闸的同时听到一声狂叫，然后是自行车被撞倒后发出的清脆的令人恐怖的声响。

  是一个暮春的早晨，并且是一个礼拜天的早晨。阳光散淡地照耀着路口的车祸现场。香椿树街的人们来到路口，看见水泥地上有一滩鲜红的血污，血污的旁边横陈着一辆熟悉的破旧的自行车，现在它已经完全散架了，而自行车笼头上悬挂的一块肥肉却完好无损。在早晨八九点钟的阳光下，那块肥肉闪烁着模糊的灰白色的光芒。

小 莫

名叫诗凤的女人有一天来到我们香椿树街,沿路打听联合诊所的莫医生的住址,诗凤步履匆匆,姣美的面孔被一层愁云拉长了,因此街上的妇女起初并没有留意她的美丽。

有人告诉诗凤,联合诊所去年就关门了,诊所现在改为废品收购站了,但莫医生还住在里面。又问诗凤,你找莫医生看病吗?诗凤拎着一只红色的尼龙手袋,把手袋里的一捆青菜往下面塞了塞,她有点焦躁地环顾着香椿树街两侧的房屋,不是我,她说,是我男人病了。

收购站里照例荡漾着各种废品腐臭的气味,最刺鼻的是那些未及晒干就被变卖的鸡毛。诗凤穿过一堆鸡毛朝院子里走,一只手下意识地捏住了鼻孔。收购站里的店员们指点着诗凤,进去喊一声他就听见了。

诗凤就站在院子里高一声低一声地喊起来,莫医生,莫医生。她看见两侧的窗户都应声打开了,似乎两扇窗后都有人答应。一个蓄胡子的男人嘴里嚼咽着什么,木然地打量着诗凤。诗凤扭过脸看看西边的窗子,没有人出来,对着窗子的是一只老式红木床，床上的蚊帐动了一下，但随之又没有动静了。

你是莫医生吗？诗凤转向窗台蓄胡子的男人问。

你有什么事？

我男人病了，都说莫医生治这病有秘方，我从城北找过来，找得我好苦。

他哪里不舒服？

就是，诗凤说话有点吞吞吐吐，两只手绞着尼龙袋的带子，就是，就是喝凉水喝坏了。

喝凉水喝坏了？窗后的男人审视着诗凤的表情，眼睛突然亮了一下，他很快对诗凤作出允诺，我跟你去看看，我带上箱子马上就来。

诗凤在收购站的院子里等了一会儿，莫医生就穿好白褂背了药箱出来了。诗凤的一只手仍然捂着鼻子以抵御鸡毛烂鞋们的臭气，她心急如焚，隐约听见莫医生在西边屋子里跟谁说了句话，你躺着吧。诗凤并不关心那间屋子里的人，也没有察觉蓄胡子的男人与民间名医莫医生的形象是有差距的，因为诗凤的男人正躺在家里呻吟，诗凤心急如焚。

香椿树街的人们对莫医生的儿子普遍抱有厌恶之感。莫医生的儿子好逸恶劳，终年装病在家，春天在街上串门闲逛，夏天去乡下钓鱼，秋天不知在干什么，冬天则像黑熊在家里冬眠睡觉。莫氏父子品行的强烈反差常常使街头的老人感怀身世，嗟叹时人是一代不如一代了。

人们无法猜度小莫那天随诗凤去行医的意图，只听说莫医生那天有点感冒头晕，静卧在床休息。也许小莫的荒唐的举动是出于对父亲的体恤，但医道不是儿戏，小莫无论如何是不该去替父行医的。

那天恰逢梅雨季节后的七月艳阳天，小莫与诗凤并肩走过嘈杂的香椿树街，一个轻松自得，另一个愁眉紧锁，但小莫似乎不停地用语言排遣诗凤焦虑的情绪，诗凤偶尔露齿一笑，显出少妇特有的腼腆而美丽的风韵。走过铁路桥那边的开阔地时，炽热的阳光直泻行人的头顶，诗凤突然停下来说，等一等，我带着阳伞，诗凤从尼龙包里抽出折叠伞打开，于是小莫就与诗凤合撑一把伞行医去了。

诗凤的家在城北的布市街上，只有一间房子，床、煤炉和马桶也都集中在一起放着。诗凤的男人半倚半躺在床上，两只手捂着小腹，额角上结满了细碎的汗珠子。看见诗凤带着小莫进来，男人的嘴动了动，含糊地叫了声医生然后又轻轻呻吟起来。

小莫站在门口朝床上的男人瞟了两眼，脸上的微笑突然凝结了。小莫想到他马上要做的事，眼神不可避免地有点惶惑和紧张。

诗凤在脸盆里捞起一块毛巾，绞干了替男人擦额上的汗。她说，还像刚才那么疼吗？

男人说，稍好一点，现在是往下坠，好像一块尖的石头在往下坠。

小莫坐在床沿上思考着什么，一只手很鲁莽地朝男人的下腹按过去，是这里疼吗？你说像一块尖的石头？

男人皱着眉头说，疼，像一块尖的石头。

你割过阑尾吗？小莫问道。

割过。诗凤在一旁打断了小莫的问题，她说，是凉水，他口渴，喝了碗凉水。

从床上爬起来喝了碗凉水，男人顺势补充了一句，很明显他不愿意再作更明显的诠释了。他对小莫说，我们听说莫医生治这病是最拿手的。

小莫的表情顿时有点茫然，喝凉水喝坏了？他在心里嘀咕了一句。我知道你是喝凉水喝坏了，问题在于喝凉水怎么能喝坏了呢？小莫这样想着，觉得面前的这个病人确实很滑稽，小莫的嘴上却轻描淡写地说，不用再说了，我知道你这病了，给你开个药方，服上三帖药就会好的。

在打开药箱寻找处方笺的时候小莫很紧张，他的记忆中闪过黄芩、当归、桔梗、车前子这些草药的名字，反正普通的草药都是有益无害的。小莫把父亲的处方笺摊开在油腻零乱的桌子上，使他感到喜出望外的是处方笺的第一页有一张现成的方子，不知是父亲开给谁的。小莫舒了一口气，他镇定自若地把父亲写的方子抄了一遍。

小莫最后拿把蒲扇扇了几下就告辞了。诗凤一边称谢一边把小莫送到门外的布市街上。外面已经是微黑的天色了，小莫突然嘿地一笑，问了诗凤一个奇怪的问题。

他就是你的男人？

是，他怎么啦？诗凤明显不解其意。

他真的是你的男人？

真的是，诗凤惊愕地望着小莫的脸，莫医生你是什么意思？

没什么意思，小莫的手指在药箱上弹出一串音节，朝诗凤做了个鬼脸说，这叫鲜花插在牛粪上，太可惜了。

未及诗凤作出反应，小莫三步两步地跑到街对面去了。诗凤没想到莫医生还是这种调皮的促狭的男人，这与他的名声和身份都不合拍，但诗凤没有时间去细细斟酌了，她要赶在药店关门之前把莫医生开的药方抓来。

最初的问题当然是出在那张药方上。隔天早晨，无所事事的小莫坐在收购站门口与人下棋，他看见那个名叫诗凤的女人急匆匆地走来，小莫的脸立即变白了，昨天的游戏现在终于使他害怕了，小莫开始想往收购站里溜，但转念一想那样事情反而会变得更坏，干脆就站起来迎着诗凤过去了。

怎么样？你男人的病好了吗？

疼倒是不疼了，可是他拉开了肚子，拉了一夜，我怕这样下去他支撑不住了。诗凤赶路赶得气喘吁吁，一夜之间她的红润白皙的脸就变憔悴了，诗凤一把揪住了小莫的胳膊，莫医生，求你再给我男人看看吧。

小莫心里庆幸他的游戏没有出现最坏的结果。没出人命就好，小莫想本来几帖草药也不会出什么人命的，现在他猜父亲留在处方笺上的药方是一帖泻药。她男人拉肚子该怎么办？小莫不知道。小莫不知道是否该及时结束他的游戏，回家问问父亲怎么再给病人开止泻的药。但是现实不允许他暴露真相了，小莫看见诗凤正用虔敬求助的目光凝望着自己，那双眼睛因为数星泪光更添动人的韵味，美丽而感人。小莫情不自禁地拍了拍诗凤的肩膀，劝慰她说，别着急，我这就跟你去。

小莫第二次到布市街的诗凤家里，穿的是白的确良衬衫和肥大的黄军裤，嘴里哼着小调，脚上趿着塑料拖鞋，他的样子与一个著名的中医已经毫无联系。但是诗凤和她的男人可谓病急乱投医，他们被难以启齿的急病折磨得手足无措，对于小莫没有引起任何警惕。

狭窄零乱的屋子里弥漫着一股酸臭之气，诗凤的男人坐在马桶上，双手痛苦地抱住了头部，看样子他已经极度虚弱了。男人偶尔松开手看看小莫，目光是绝望而羞惭的，明明想说什么，结果只是一味地唉声叹气。

泻掉就好了，小莫点一支烟对夫妻俩说，治这病都要泻的，泻掉就好了，那块尖的石头已经排出来了。

可是我怕他的身子撑不住。诗凤说，莫医生你有办法替他止泻吗？

止泻？小莫想了想说，先不止泻，你把药停了，也许他就不会再拉肚子了。

小莫那天在诗凤家里呆了整整一个上午，奇怪的是诗凤男人的泻肚渐渐平息了，男人倚在床头用语言和目光感谢小莫，还吩咐诗凤炒菜留下小莫吃午饭。小莫也没有推辞，留下来吃了顿简单但又美味的午饭。诗凤拿了半瓶粮食白酒出来，小莫平时不怎么喝酒，那天却想喝，而且喝得极快，诗凤的男人就在床上为小莫的酒量叫好。酒意上来后小莫心里残存的那点惶恐也就无影无踪了，他对诗凤夫妇夸口说，以后得了什么怪病尽管找我，保证人到病除。然后他随手抓起诗凤家里的一只旧口琴，用娴熟的技巧对着诗凤吹奏了一首温柔动听的情歌。

香椿树街的人们起初并不知道小莫替父出诊的故事，一件荒唐的事情由于偶然的因素完成得天衣无缝，这在生活中也是常见的。小莫作为香椿树街著名的浪荡青年，也很快地把自己的这场危险的游戏遗忘了，而且他确信他父亲对此一无察觉。小莫仍然热衷于下棋、游泳、闲逛，往女孩子堆里钻，到处插科打诨。小莫的生活仍然是属于小莫的生活。

后来的事情是从秋季的一天开始的，小莫有一天从朋友家聚会回来路过布市街诗凤家的门口，看见门口晾衣竿上晾着那件熟悉的桃红色衬衫，小莫突然就想进去看看。下了车从一条木板隔成的夹弄往里走，恰恰看见诗凤坐在门槛上剥毛豆。诗凤一眼认出了小莫，又高兴又慌张，差点踢翻了装毛豆仁的碗。小莫倒是很坦然，寒暄了几句就坐下来帮诗凤剥毛豆。

他还没下班？小莫问。

没有，他六点钟才下班。诗凤说。

他现在没事了吧？

什么？

我是问他那回的病，现在不疼了？

早不疼了。诗凤有点羞赧地扭过身子去拨弄篮子里的毛豆，过了一会儿她又说，够倒霉的，他现在的身体就不如以前了。

是不是又添了别的毛病？

其实那也不算什么病的，诗凤欲言又止，脸上倏地染了一层酡红色,眼睛只盯着地上的黄黄绿绿的毛豆壳。不说那些了,诗凤岔开话题说,莫医生你等会在这吃饭吧。

小病不治养大病,我知道他是什么病了。小莫观察着诗凤的表情,嘴角上浮出一丝暧昧的笑意,那病其实是最好治的了,就看你愿不愿意治好,我有现成的药方。

诗凤的眼睛仍然盯着地上的毛豆壳,身子则慢慢地从小莫边上移开。就剥这些吧,诗凤抓过装毛豆的碗走到煤炉边,喉咙里突然响起了一声模糊的哽咽,我真够倒霉的。她把一碗毛豆往锅里一倒,又哽咽了一声,我为什么这么倒霉?有时候想想这日子过得没劲透了。

喂,你没打开炉门,怎么炒菜?小莫原地坐着,冷不防提醒了一句。

诗凤就蹲下来把煤炉的风门打开了。

喂,锅里还没放油呢,小莫又说。

诗凤站起来到桌上去拿油瓶,发现油瓶是空的。倒霉,倒霉透了。诗凤一边嘀咕一边烦躁地晃着那只油瓶。

我去帮你打油吧。你告诉我哪家粮油店最近。小莫站起来说。

诗凤拿着那只油瓶没有松手,诗凤第一次抬起头直视着小莫,眼睛里已经一半是泪一半是火了,她的一只手很灵巧地背过去撞上了房门。诗凤的一句话出乎小莫的意料之外,小莫后来对别人说他当时其实并没有思想准备。

诗凤说,他六点钟回家。

哭泣的耳朵

小莫与布市街的诗凤相好的消息很快在香椿树街传开了，因为收购站有个女店员在护城河边亲眼看见了他们从树丛里钻出来。每当小莫从收购站进进出出的时候，女店员们都津津有味地盯住他看，说，小莫，又去钻树丛了？小莫就挥挥手说，钻，不钻白不钻，有得钻为什么不钻？

那是秋风渐凉遍地落叶的季节，香椿树街的小莫沉溺在一场意外的爱情游戏中，每天行踪不定，人们在街上不再容易发现他无聊的空虚的背影。德高望重的莫医生被蒙在鼓里，他猜测儿子是在恋爱，但他确实不知道儿子恋爱的对象是布市街的有夫之妇诗凤。

正如收购站的女店员们所预料的，小莫会惹祸的，她们坐在店堂里可以看到一出好戏。她们后来果然就看到了好戏。有一天三个粗壮的脸色铁青的男人闯进收购站，说要找姓莫的医生。女店员们就用手指后面的院子，男人三步两步跳过满地的破烂，嘴里先就骂起脏话，有个男人顺手操起了地上的一根拖把棍。女店员们发现来者不善，赶到后面一看，已经打起来了。令人瞠目的是三个男人袭击的目标是莫医生，莫医生老夫妻俩和来人扭在一起。莫师母尖声叫喊着，莫医生却脸色煞白，捂着额角上的一个血口说不出话来。

女店员们拥上去拉架，一边喊小莫，东屋里没有动静，小莫肯定是出门了。女店员们突然想到来者肯定是打错人了，打的应该是儿子而不是父亲，于是就一齐喊起来，别打了，打错了，你们打错人了。

幸而三个男人很快罢手了，很明显他们也意识到莫医生不像他们要找的莫医生，操拖把棍的人很扫兴地扔了手里的家伙，拍了拍手说，我说有点怪呢，诗凤怎么会跟个老头？又满腹狐疑地问莫医生，你不是莫医生，那么谁是那个流氓莫医生？愤怒的莫医生拒绝回答他这个问题，也许他意识到自己是在替儿子受过。莫医生试图用云南白药敷在额角的伤口上，但这次突如其来的打击使他双手颤索，无法完成他素日熟练的动作。莫医生一气就把药瓶狠狠地砸在地上，他对三个男人喊，滚出去，快给我滚出去。

整个下午莫医生躺在他的红木床上，低声咒骂着儿子小莫，莫师母陪着他落泪。老夫妻俩都侧耳倾听着小莫归家的脚步声，一直到半夜。半夜里外面有了响动，莫医生对着窗外喊，滚出去，快给我滚出去，可是外面原来是邻居家的一只猫。

小莫一夜未归。

小莫第二天浑身湿漉漉地闪进了收购站的后院，几个女店员发现他的衣服是湿的，就跟进来隔着窗子窥视他。小莫啪地关上了窗子，在窗后说，偷看什么？我在换短裤呢。

莫师母看见儿子平安回家，心里的一块石头落了地，但她不知道儿子为什么浑身湿透了回家，莫师母一边敲门一边问，你怎么搞的，是掉河里了吗？

不是掉河里了，是往河里跳了。小莫说。

好好的为什么往河里跳？

她非要让我跳，我就跳了，她不知道我会游水。小莫说。

莫师母大吃一惊，声音就发颤了。

她人呢？她怎么样了？

不知道，我在河里摸了半天，摸到她的一绺头发，可惜又滑脱了，后来就摸不着了。

闹出人命啦。莫师母眼前冒出无数金星，一下子就瘫坐在地上了。

收购站的后院里乱成一锅粥，幸亏几个女店员帮忙，小莫得以把精神崩溃的父母安顿在红木床上，替他们抹上安神醒脑的麝香膏。正在忙乱的时候，偏偏有个女的来找莫医生配药，小莫就粗暴地朝女病人吼起来，都什么时候了你还来配药？我给你配上二两砒霜。

莫医生的中风症就是从这天开始的，多年来一直受人尊敬的一代名医躺在红木床上，眼睛瞪大了怒视着儿子小莫，却只能保持沉默。小莫这时候如梦初醒，他捡起地上的一堆湿衣服，眼前闪过殉情的诗凤在护城河里漂浮的画面，小莫突然问旁边的几个女店员，你们说我会被判刑吗？

不会的，又不是你杀的她，是她自己要死的，这种事情男女双方都有责任。一个女店员好言安慰着小莫。

谁说不会？另一个女店员却捂着嘴边笑边恫吓小莫，她说，不是无期徒刑就是死刑，反正你小莫已经玩到头了。

从布市街拖来的尸车缓缓地经过了香椿树街，人们都离开饭桌跑到街上观望尸车和那群披麻戴孝的人。许多人都是第一次看见那个名叫诗凤的女人，死者的脸部随板车的行驶节奏左右摇晃着，浮肿、苍白，但依然不失美丽。诗凤的名字已经在香椿树街上流传数日，现在终于以溺死者的姿态在人们的视线里暴露无遗。

尸车停在收购站门口，诗凤的男人还有亲友们执意要将死者停尸在莫家，作为对肇事者小莫罪行的揭露。从古老的风俗传统来说这是一种最有效最彻底的手段，莫家人对此无力拒绝。小莫已经悄悄到外地亲戚家避风，而莫医生夫妇则终日躺在红木床上期待命运对他们一家作出裁决，生死两可，老夫妇已经心如死灰。

死者诗凤就这样在莫家停尸了三日。收购站的女店员们和顾客对空气中更加难闻的气味怨声载道。当然这是香椿树街人作出的一种反应。另一种反应是许多居民捂着鼻子疾步穿过收购站，伸长脖子朝死者诗凤看一会，然后又捂着鼻子离开了。

除了死者诗凤，人们还可以看见诗凤的忠厚而可怜的男人，他在向围观者细述小莫作为骗子害死诗凤的全部经过，我们以为他真是莫医生，谁知道他是骗子，诗凤的男人絮絮叨叨地说，谁知道他是个恶棍，谁知道他是个流氓？

那是秋风渐凉遍地落叶的季节，香椿树街的所有话题几乎都贴着小莫展开，人们不得不从小莫的童年时代开始回忆，回忆里几乎全是顽劣和荒唐，小莫从小到大竟没有做过一件值得赞誉的事，如此看来小莫最后惹出人命案子也不足为怪了，小莫假如要吃官司也是活该。可惜的是死者诗凤，一时的糊涂牺牲了自己年轻美丽的生命。收购站的一个热衷于巫术的女店员回忆初见诗凤的情景说，她一进来我就猜到这个女人会大祸临头，我看见她的身后拖拽了一条红光。

一朵云

我们已经习惯于在人行道或斑马线上行走的城市生活,世界上许多美丽、原始而充满神秘色彩的地方,比如高山、沙漠、冰川、草原和森林,现在只是人们心目中的旅游胜地,有人在夏季搭乘飞机、火车和汽车长途跋涉到达那里,最后带回许多人与自然亲密相处的彩色照片,也有人想去那些地方而最终因为种种原因未能成行,不去也没什么,他们的城市生活依然如故。

毛拉乌达的诗人兼哲学家、画家浩克的故事非同凡响,但他的荒漠之死却不能让现在的少男少女竖起耳朵,浩克的另外一个朋友有一次不耐烦地对我说,别再提他的事了,提它干什么?连晚报的花边新闻栏也挤不进去。

直到一九八七年春天,我才收到了浩克的一封来信,那时候浩克已经失踪三年之久,他的瘦削的忧郁的脸只是在朋友们的集体合影里闪烁智慧的光芒。应该说当时我已忘了他了,我当时注意到信封和内页的字迹有些怪,它们像树枝或圆圈一样随意搭配,拙劣而粗蛮,与我记忆中的浩克的字迹毫不相干。我怀疑过这封信的真实性,但我想到字与人一样都是会变化的,也许这就是浩克所说的返璞归真呢?

我从来没有读过这么奇特的信。信的主要篇幅都用于描写一种叫云阵的自然景观。云。云。云。云是如何在毛拉乌达的天空中巡游和变化的。世界上任何一个地方都能看到云,但是毛拉乌达的云阵是别处看不到的。信的末尾写信人话锋一转,邀请我在五月前往毛拉乌达参加他的葬礼。

令人心惊的就是这个葬礼。后来我的毛拉乌达之行也就是为了参加这个莫名其妙的葬礼。

西北边地在五月仍然是一片雪泥荒漠,火车把旅人扔在铁路尽头的小站上,长途汽车把旅人扔在几座泥坯房和漫天风沙中,而你要去的那个地方仍然遥远,隔着山,隔着沼泽,隔着无边无际的开阔地。我难以忘记我在等待浩克的马车时的心情,长河落日在毛拉乌达显示了古典的壮丽磅礴之势,我在小旅店的窗口看见了从前在画报和电影里见到的西部黄昏景色,我看见了云,我看见一朵云从胡杨树林那里轻盈地浮升,很像一只归圈的羊喘了一口气,站住了,然后继续向上浮升,它的色彩由雪白泛出金黄,最后变成橙红色。很快又有一朵云追逐而来,相缀在第一朵云的边缘,刹那间颤动了一下,两朵云合而为一,一边浮动一边变形。第三朵云。第四朵云。第五朵云。那么多的云仿佛听到集结的哨声朝一个方向款款而来,它们的形状和队列像一群孩子的追逐嬉戏;或者就像士兵们在一场战役中的殊死搏斗。

那就是毛拉乌达的云阵，只是在亲临其境后我才相信那不是浩克的艺术虚构。但云阵毕竟只是云阵，天黑了就消失了。我开始想浩克和葬礼的事。在小旅店昏暗的豆油灯下枯坐，听见大风卷过戈壁荒原，沙粒击打着远处近处的胡杨树，我觉得我正在接近浩克的那种神秘诗化的生活。

旅店老板娘不知道浩克的底细，她把浩克叫做北京来的气象员。"北京来的气象员早回北京了，我看见他开着卡车从山口过。"老板娘看见我脸上愕然的表情，高声说，"你那样瞪着我干啥？我不骗你，冬天就走了，我亲眼见他从山口过，他那汽车轮子打滑，我还帮他垫树棍来着，他亲口对我说，他要回北京啦。"

剩下的夜晚一下子变成独自猜谜和推理的夜晚，风沙仍然吹打房屋寥寥的小镇，窗外的天空漆黑无边，狼嗥声忽远忽近地传来，我所熟悉的城市生活似乎消失在久远的另一个世纪里。我开始感到某种恐惧，恐惧来自浩克诡秘的行踪，也来自此次旅程扑朔迷离的终点。

第二天早晨我被旅店老板娘推醒了，她说，"有个女人，有个女人来接你了。"我到窗口朝外一望，看见一辆马车停靠在胡杨树下，一个陌生的扎绿头巾的女人正牵拉着马缰朝旅店窥望，那不是浩克，那是一个我从未见过的陌生女人。

我坐上了娜敏的马车，马车吱扭扭地压过砂石路，驶出去好久，我突然发现身边的一个麻袋活动起来，里面露出一个小男孩枯黄的头发和肮脏的脸蛋。我几乎立刻捕捉到了浩克遗传在男孩脸上的特征，一只傲慢的被朋友们戏称为苏格拉底鼻的鼻子，一双恍惚的充满忧郁的眼睛。男孩大概有三岁，他把油腻污黑的手伸到我面前，左右摇晃着，"饼干，饼干。"我终于听清男孩在向我索要饼干。

我打开旅行袋翻找饼干的时候听见空中响起一记清脆的鞭击声，是娜敏的鞭子，鞭梢恰恰落在我的旅行包上。娜敏没有说话，但我觉得她的眼神和表情都在向我发出严厉的警告。

娜敏是个黝黑干瘦的西部女人，她的容貌肯定会被城市的朋友们公认为丑陋。但是在毛拉乌达所有对女性的审美标准都显得华而不实，我看着娜敏的绿头巾在戈壁晨风里飘拂，对于浩克的妻子儿子，对于浩克将要展现在我面前的一切，我都不会大惊小怪。我想从我第一眼看见娜敏，看见我朋友浩克的妻子，我就意识到浩克与我已经毫不相干，我来参加一个古怪的葬礼，除此之外没有什么再让我大惊小怪的了。

"浩克什么时候死的？"我问。

"春天。"娜敏说。

"春天的什么时候？"我问。

"下雪封山的时候。"娜敏说。

"具体是哪一天呢？"我又追问。

"下雪封山的时候。"娜敏说。

我不再追问下去，我看着娜敏执鞭驾马的沉静的背影，心里想毛拉乌达的语言或许与我们也是毫不相干的。

早晨的太阳紧贴在高原之上，太阳离我似乎是一箭之遥，但空气仍然清冷袭人。远远的山口那里有骆驼队通过，清脆的驼铃声隐隐地传过来。我记得我搭乘的长途汽车曾从那里通过，但时隔一天，那个山口对于我竟然显得如此陌生如此朦胧。抬眼望去几朵硕大的云正袅袅地挤出山口，继而在澄碧的天空中飘卷、浮动，早晨的云是洁白而轻盈的，但我注意到它们同样组成了奇异的云阵。

"你在看云吗？"娜敏突然回过头说。

"是的，这里的云确实很神奇。"我说。

"那么你看见浩克了吗？"娜敏说。

"没有，浩克在哪里？"我说。

娜敏没有回答，她在空中甩了一记鞭子，马车疾驶过一条浮满冰雪的溪沟，过了一会儿我听见娜敏用沙哑而平静的嗓音透露了浩克的最新消息。

娜敏说，"浩克变成了一朵云。"

事实上到了气象站我才知道我是一批客人中的最后一个。已经有四位浩克的朋友先于我到达毛拉乌达，一位秃顶的西部民歌采集者，一位留着浓胡须的画家，一位自称流浪者的英俊而不修边幅的青年，还有一位表情妩媚而哀怨的女诗人，她早早地穿上了葬礼适用的黑色衣裙，鬓边斜插一朵白色的野花，据说那是浩克从前深爱过的恋人。

那些人与我一样，都在不同的地方收到了那种奇怪的邀请信。他们似乎都在等待我的到来，每个人看见我时都用询问的目光望着我。

"浩克怎么死的？"

"浩克到底有没有死？"

而那位女诗人用一种失控的声音说，"我告诉你们了，你们却不相信，娜敏用巫术害死了浩克，那女人是个女巫。"女诗人显得特别悲愤，不难看出她对娜敏有一种天生的敌意和仇恨。

我感到惶惑，我只能对他们说，我只是来参加这个葬礼，别的我一无所知。

客人们聚集在油漆剥落的气象观测箱前的草地上，这里或许是毛拉乌达的腹地，或许是世界边缘的边缘了，我们曾经熟悉的浩克身上的诗一般的气息已无从捕捉，我们只能抬头观望浩克热爱的天上的云。云在高原正午的风中呼呼地行走，比浩克的描述更生动，比你的想象更瑰丽。云阵还在毛拉乌达的天上，但发现云阵的人却不在了。在一阵沉默之后，草地上的人们都把目光投向帐篷。帐篷前点着一堆篝火，娜敏正坐在火堆旁煮一壶奶茶。一个像石头一样沉默冷峻的女人，一个不善言辞也不会微笑的女人，她把奶茶分别灌进五只木碗里，把盛着奶茶的五只木碗一字排开，然后返身走进帐篷，娜敏给客人们做饭，但她从来不会招呼你吃饭。

"这个女巫。"女诗人愤愤地望着娜敏的背影，她说，"她肯定是个女巫，她说浩克死了，可她没有浩克的遗体，她说浩克死了，可她连浩克的死亡日期也说不上来。"

男人们对娜敏是不是女巫并不关心，他们更想了解的是浩克的死亡背景，但是毛拉乌达方圆百里人迹寥寥，娜敏不说，谁又能知道浩克的死亡背景呢?

　　流浪者第一个注意到小男孩手里抓着的那根骨头。小男孩独自蹲在红柳丛下，用那根骨头在沙土里挖掘着什么，我们都以为那是一根牦牛的骨头，但流浪者多年来浪迹高原野地，对骨骸素有研究，他突然惊叫起来，他对我们说，"看呀，孩子手里的骨头是人骨！"
　　我们都拥过去看那根人骨，起初只是出于好奇和惊悚，但敏感多疑的女诗人不知被什么灵感触发，她的脸色倏地苍白失血，她一下子倚在画家的肩上啜泣起来，"我知道了，那是浩克的遗骨，多么可怕呀，"女诗人说，"多么可怕，那女巫竟然让孩子玩他父亲的遗骨！"
　　所有人都被女诗人的臆测吓了一跳，纷纷把惊慌的目光投向男孩，民歌采集者抱起了男孩，他故作镇静地抚摸着男孩的脸颊，"淘气鬼，叔叔这里还有饼干，你告诉我这是谁的骨头？"
　　男孩说："阿爸的骨头。"
　　民歌采集者与我们面面相觑，然后他又对男孩说，"淘气鬼，叔叔给你好多饼干，你告诉我，你从哪里捡到的骨头？"
　　男孩指了指远处的山口，他的声音变得高亢而夸张起来，"狼。狼。狼。"
　　我们循男孩的手指眺望山口，群山仍然白雪皑皑，高原公路像一条灰布带垂在两座山的腰间，毛拉乌达，从荒原到荒原，从雪山到雪山，出了山口还是毛拉乌达。我们没有看见狼，除了几辆汽车孤独的小虫似的影子，目光所及还是云，是徘徊在雪山顶上的云。

是狼群吞噬了浩克的生命吗？对于一个小男孩的回答所有人都半信半疑，但至少他们觉得找到了一个解开浩克谜底的突破口。我记得我们怀着某种躁动的心情涌进帐篷，每个人都似乎在逼迫沉默的娜敏打破沉默，围绕着浩克之死，他们的问题像乱箭一样射向娜敏。

娜敏端坐在羊皮褥上，面对桌上的一尊神像保持静默，很明显她对客人们嘈杂的声音充耳不闻。当桌上的印度香旋出最后一缕青烟时，娜敏回过头，她说，"我看见浩克了，他变成了一朵云。"

我们无法从娜敏口中探听到有关浩克的死亡细节，在毛拉乌达你只能忍受一切不该忍受的东西。葬礼始终未有确定的日子，娜敏对客人们说，再等几天。几天过去了，娜敏还是那么说，再等几天。五位客人终于失去了耐心，在旅程中产生了爱情的画家和女诗人有一天不告而别，双双离开了毛拉乌达，作为对死者的哀悼，他们在气象观测箱的木架上系了一条黑色的丝巾。黑丝巾在风中飞舞的姿态肃穆而多情，它使剩余的三位客人原谅了它的主人的背叛行为。

而浩克被狼群吞噬的消息终于被证实了。一个沿溪沟放羊的老人告诉我们，浩克在驾车翻越冰坂的途中被狼群袭击，他说他亲眼看见娜敏带着孩子沿路寻找浩克的遗骨。老人说他不知道浩克为什么要在大雪封山的夜晚驾车远行，他只是根据汽车空空如也的油箱推测,狼群是在浩克下车加油的时候趁机袭击了他,"从来没有人敢空着油箱在毛拉乌达开汽车,我不知道他是怎么了,大概是想回家想疯了。"老人抚须感叹了一声,"到了毛拉乌达就不该想家,他不该撇下娜敏和孩子一个人走,你们知道吗,毛拉乌达人留不住人,毛拉乌达的狼却能把人留住。"

我从两个同伴脸上看到了相似的惊悸之色,接着便是黯然。想象的野马狂奔起来,我似乎清晰地看见浩克陷于狼群的围攻之下,看见一个热爱诗歌、绘画和哲学的人与一群嗜血的野狼在荒漠中的搏斗。我忽然想到在那个可怕的夜晚,传奇、冒险和梦想这些美好的精灵就像那辆没有汽油的汽车,它们是废铜烂铁,在浩克遇难的时候它们肯定无动于衷。

即便有无数的疑问,我们也只能接受这个残酷无理的事实,失踪三年的朋友浩克,那个在许多城市被人们所崇拜的怪人浩克,如今他已被毛拉乌达的狼群分食于腹中。

现在让我来追忆那个死者缺席的葬礼吧。

在淡蓝色的晨光中我们登上了娜敏的马车,我们注意到娜敏那天与往日唯一的区别在于她的微笑,葬礼那天她容光焕发,眼角眉梢显现出一份奇迹般的美丽。而娜敏的男孩也洗濯一新,脏污褪去,我们发现男孩其实有着和浩克一样光洁的肤色和乌黑的头发。

娜敏说,我们去红柳谷地,浩克已经在那里,你们会见他一面的。

没有人提出异议,我把手伸进车角边的布袋里,以为会摸到浩克的遗骨，但摸到的却是还冒着热气的窝头。我没有找到任何葬礼需用的东西，我已经猜到那将是一个奇特的葬礼，但我仍然不知道娜敏将如何让我们见到死者。

红柳谷地的红柳丛在雪泥之中发出潮水似的喧响，这是一个被我们疏漏的风景如画的地方，当我们跟着娜敏走向谷地深处，太阳正从东边的雪山上喷薄而出，谷地里的红柳与人一齐亮了起来，我记得就是那样，红柳与人一齐亮了起来，我头脑中的某个谜团也突然亮了起来，在高原太阳照亮这个葬礼的瞬间，我终于相信我的朋友浩克就在这里。

一只黑色的陶罐耸立在雪地红柳间。娜敏后来就是跪在那只陶罐前。我和流浪者以及民歌采集者也久久地站在陶罐前。

"浩克就在这里，看见那朵云吗？"娜敏说。

我看见陶罐里盛着三寸雪水，我看见娜敏的脸倒映在雪水之上，宁静、庄重而美丽。

"浩克，他变成了一朵云，你们看见那朵云了吗？"娜敏说。

我真的看见陶罐里有一朵云，真的有一朵云，它很像浩克的一个背影，一个侧影，我凑过去再看，我发现它不止像浩克的一个背影，一个侧影，它就是我们寻找了三年之久的朋友浩克。

娜敏捧着黑陶罐面对太阳的情景令我永生难忘，我记得雪泥卵石最终掩埋了黑陶罐里的水，掩埋了水中的那朵云，也掩埋了我们的朋友浩克。红柳丛在突来的风中飒飒歌唱，一个悲天悯人的声音让我震惊，浩克，你们的朋友，我把他还给你们，带上他走吧。

我相信那不是娜敏的声音。

离开毛拉乌达后我再也没去过遥远神秘的西部。我很少远足，我出门时习惯于观察天空的云彩，多年来我一直在探寻人们离家的最佳距离，我想这是很难界定的，假如我说离家太远了你会变成一朵云，你相信不相信呢?